Ein Band der Reihe
›Informationen zur Zeit‹
Deutsche Erstausgabe

Über dieses Buch

»Sie schlossen den Draht an meinem Ohr an. Sofort gaben sie mir eine starke Stromdosis. Mein ganzer Körper und mein Kopf schüttelten entsetzlich. Meine Vorderzähne brachen. Dann wurde ich ohnmächtig. Als ich wieder zu mir kam, lag ich halbnackt in einer Lache schmutzigen Wassers. Sie wollten mich zwingen, aufzustehen und zu laufen. Dabei schlugen sie mich unaufhörlich mit Knüppeln, traten mich und stießen mich gegen die Wände.«

Dieser Bericht einer türkischen Studentin steht für ungezählte andere Schicksale in allen Teilen der Welt. Zahlreiche Regierungen benutzen grausame Foltermethoden, um Aussagen zu erpressen oder politische Gegner abzuschrecken. Polizisten, Soldaten, Ärzte, Wissenschaftler, Richter, Beamte, Politiker sind an Folterungen beteiligt, indem sie direkt schlagen, die Opfer untersuchen, neue Foltertechniken und -Geräte erfinden, Gefangene aufgrund von erpreßten falschen Geständnissen verurteilen, die Folter als Mittel zur Aufrechterhaltung ihrer Macht einsetzen. Und die Folter wird im internationalen Rahmen praktiziert: Experten werden von einem Land zum anderen geschickt, Folterschulen erläutern und demonstrieren die neuesten Methoden, modernes Foltergerät wird exportiert.

Die weltweite Gefangenenhilfsorganisation *Amnesty International* hat auf der Grundlage ihres Informationsnetzes und mit der Unterstützung internationaler Experten zum erstenmal eine systematische Untersuchung über Ursachen und Ausmaß dieses erschreckenden Phänomens begonnen. Dieser großangelegte Bericht ist das Resultat ihrer Recherchen und Analysen.

Amnesty International

Bericht über die Folter

Fischer
Taschenbuch
Verlag

Fischer Taschenbuch Verlag
1.–15. Tausend: Dezember 1975
16.–20. Tausend: Februar 1976
21.–27. Tausend: Februar 1976
28.–35. Tausend: August 1976
Umschlagentwurf: Jan Buchholz/Reni Hinsch
Titel der Originalausgabe: ›Report on Torture‹
Aus dem Englischen übertragen von W. Brumm
Fischer Taschenbuch Verlag GmbH, Frankfurt am Main

Gesamtherstellung: Hanseatische Druckanstalt GmbH, Hamburg
Printed in Germany
680-ISBN 3 436 02257 8

Inhalt

Vorwort zur zweiten Auflage

Amnesty International erhält weiterhin laufend Informationen, die bestätigen, daß die Folter ein wahrhaft weltweites Phänomen ist, das nicht auf eine einzige politische Ideologie oder ein einziges ökonomisches System beschränkt ist. Diese Informationen wie auch entscheidende Ereignisse in jüngster Zeit machen eine revidierte Neuauflage dieses Folterberichts, der ersten internationalen Übersicht über das Phänomen Folter, erforderlich.
Die Darstellungen der historischen, medizinischen und rechtlichen Aspekte der Folter, die die erste Auflage enthält, sind nach wie vor gültig; daher blieben diese Kapitel unverändert. Die Berichte über einige Länder sind jedoch inzwischen überholt, und daher mußten diese Abschnitte auf den neuesten Stand gebracht werden. Dabei war es ein Grundsatz der Überarbeitung, einen neuen Abschnitt hinzuzufügen, wenn neue Informationen über Folterungen in einem Land, das in der ersten Ausgabe nicht erwähnt war, verfügbar waren. So hatten zum Beispiel Saudi-Arabien und Zypern zuvor keine Beachtung gefunden; in der neuen Ausgabe hingegen ist das Material eingearbeitet, das im Laufe des letzten Jahres bekannt wurde. Als Ergänzung dieses Grundsatzes wurde überall, wo frühere Vermutungen durch neue Beweise bestätigt wurden, der Sachverhalt nachdrücklicher geschildert: Folterungen in Süd-Korea etwa sind heute weit zuverlässiger nachzuweisen als vor einem Jahr.
Der zweite Grundsatz für eine Revision war der, daß überall dort, wo radikale Veränderungen im Verhalten einer Regierung gegenüber der Folter eingetreten waren, der Abschnitt über das betreffende Land neu geschrieben wurde. Gelegentliche Unterschiede – bei gleichbleibender Grundsituation – sind jedoch nicht berücksichtigt worden; so wurden die Abschnitte über Länder wie zum Beispiel Indonesien nicht geändert, in denen wohl die Opfer wechseln, die politische Struktur und die institutionalisierte Anwendung bestimmter Foltermethoden jedoch unverändert bleiben. Die Politik der Inhaftierung und Behandlung von Gefangenen in Chile andererseits hat sich seit dem Militärputsch im September 1973 – als der Folterbericht schon im Druck war – erheblich verändert. Die Ermittlungen einer von Amnesty Internatio-

nal wenige Monate nach dem Putsch nach Chile entsandten Delegation ermöglichten es, mit weitgehender Zuverlässigkeit Feststellungen über den Gebrauch der Folter durch die chilenische Junta zu treffen. In ähnlicher Weise hat sich im Laufe des vergangenen Jahres das Verhalten der Regierung zur Folter in Namibia radikal verschlechtert: im Herbst 1973 hat die Regierung Südafrikas im ehemaligen Südwestafrika mit Unterstützung lokaler Stammesführer das öffentliche Auspeitschen als Mittel politischer Unterdrückung wieder eingeführt.

In Portugal, der Türkei und Griechenland hat sich die politische Situation günstig entwickelt. Im Juli 1974 wurden aufgrund einer Amnestie der neuen Zivilregierung die politischen Gefangenen in der Türkei freigelassen; ein ähnliches Resultat hatte der Militärputsch vom April 1974 in Portugal. Als die Militärregierung in Griechenland zugunsten einer Zivilregierung zurücktrat, erhielten auch die griechischen politischen Gefangenen ihre Freiheit zurück. In allen diesen Fällen hatten die vorhergehenden Regierungen jahrelang geleugnet, Folterungen anzuwenden. Es ist jetzt möglich, über jeden Zweifel hinaus zu beweisen, daß diese Behauptungen falsch waren.

Der Folterbericht repräsentiert nur einen Aspekt in der ständigen Kampagne von Amnesty International zur Abschaffung der Folter, die im Dezember 1972 gestartet wurde. Zu den Erfolgen des ersten Jahres der Kampagne zählen das allgemeine Bekanntmachen des weltweiten Phänomens der Folter, die Sammlung von mehr als einer Million Unterschriften aus der ganzen Welt zur Unterstützung einer Anti-Folter-Resolution der UNO und die einstimmige Verabschiedung dieser Resolution, Nr. 3059 (XXVIII), durch die Generalversammlung, die alle Regierungen auffordert, »internationalen Abkommen beizutreten, die Bestimmungen bezüglich des Verbots der Folter und anderer unmenschlicher oder erniedrigender Behandlung und Bestrafung enthalten«.

Höhepunkt der Aktivitäten des ersten Jahrs war die Konferenz zur Abschaffung der Folter, die in Paris am 10. Dezember 1973, dem 25. Jahrestag der Allgemeinen Deklaration der Menschenrechte, eröffnet wurde. Etwa 300 Teilnehmer, unter ihnen zahlreiche international angesehene Persönlichkeiten, die Regierungen und internationale nichtstaatliche Organisationen vertraten, sowie Vertreter der Landessektionen von Amnesty International diskutierten verschiedene Aspekte der Folter und Mittel und Wege, sie abzuschaffen.

In vier Kommissionen diskutierte die Konferenz verschiedene

Probleme: 1. Sammlung und Überprüfung von Informationen über Folterer und Institutionen, in denen gefoltert wird; 2. die sozio-ökonomischen und politischen Faktoren, die die Folter begünstigen; 3. internationale, regionale und nationale Rechtsfaktoren mit Bezug zur Folterpraxis; 4. die kurz- und langfristigen psychologischen und medizinischen Auswirkungen der Folter auf das Opfer.

Die Diskussion dieser Probleme führte zu einer Reihe von Empfehlungen: die Einrichtung einer zentralen Informationsstelle innerhalb von Amnesty International für Informationen über Folterungen; die Formulierung eines ethischen Verhaltenskodex gegenüber der Folter für medizinisches, Polizei- und Militärpersonal; die Kooperation mit Kirchen, Rechtsanwälten, Ärzten, Künstlern, Gewerkschaftern, Lehrern, Professoren etc. und ihren Standesorganisationen zugunsten von Folteropfern; die Stärkung internationaler und nationaler Gesetze, um Verhaftete gegen Folterungen zu schützen; die Erforschung von medizinischen und psychologischen Auswirkungen der Folter; die Erstellung eines Registers von Medizinern, die bereit sind, Folterbehauptungen in einzelnen Ländern zu überprüfen.

Unmittelbar nach der Konferenz beschloß das Internationale Exekutivkomitee von Amnesty International, in Übereinstimmung mit diesen Empfehlungen eine neue Abteilung innerhalb des Internationalen Sekretariats zu schaffen, die ausschließlich für die Fortsetzung der Anti-Folter-Kampagne arbeitet. Diese Kampagnen-Abteilung, die seit Frühjahr 1974 voll arbeitet, kennzeichnet die unveränderte Entschlossenheit von Amnesty International in aller Welt gegen die Folter vorzugehen und ihr ein Ende zu bereiten.

Die Veröffentlichung des Folterberichts in mehreren Sprachen wird dazu beitragen, diesem Ziel näherzukommen. Der Bericht ist schon in englischer, holländischer und französischer Sprache erschienen, die japanische Ausgabe steht bevor. Vorbereitet werden auch Übersetzungen ins Spanische, Türkische, Italienische, Portugiesische und in Urdu.

August 1974 — Amnesty International

Vorwort zur ersten Auflage

Auf den folgenden Seiten präsentiert Amnesty International die erste internationale Übersicht über den Gebrauch der Folter. In den letzten Jahren hat die Presse Berichte über Folterungen in Südafrika, in Griechenland oder in der Sowjetunion veröffentlicht, und ein paar Tage lang war die Welt entsetzt über die Schilderung der Grausamkeiten, die — unter dem Schutz des Staates — einige Menschen anderen Menschen zugefügt hatten. Aber gerade diese Konzentration einmal auf dieses, dann auf jenes Land hat den Blick auf das bedeutsamste Charakteristikum der Situation verstellt: daß nämlich die Folter praktisch ein weltweites Phänomen geworden ist und daß das Foltern von Bürgern — ohne Rücksicht auf Geschlecht, Alter oder Gesundheitszustand — um die politische Macht zu sichern, in einer in immer größeren Zahl von Ländern von einigen Regierungen ermutigt und von anderen toleriert wird.

Kurz, was in den letzten zwei- oder dreihundert Jahren nicht mehr bedeutet hat als eine historische Kuriosität, hat plötzlich ein eigenständiges Leben entwickelt und ist zu einem Krebs der Gesellschaft geworden. Die Folter als bösartiges Geschwür am Körper der Politik zu beschreiben, ist nicht bloß ein rhetorischer Vergleich, sondern kündigt schon ein Aktionsprogramm an, sie zu beseitigen.

Dies ist die Absicht von Amnesty International. Dieser Bericht, die Konferenz in Paris, der er vorausgeht, und das nationale und internationale Aktionsprogramm, das folgen wird, haben alle den Zweck, die öffentliche Meinung aufmerksam zu machen auf die Gefahr, die die Bürger jedes Landes bedroht, wie alt seine Zivilisation auch sein mag. Denn nichts geht aus den folgenden Ausführungen klarer hervor als dies: ist erst einmal eine Gruppe von Bürgern ermächtigt zu foltern, und eine andere soweit außerhalb der Achtung als menschliche Wesen gerückt, daß sie jeder Brutalität ausgesetzt werden kann, dann ist der erste fatale Schritt getan. Die Gruppe der Opfer wird rasch größer, während gleichzeitig der Staatsapparat sich einschaltet, um die Folterer vor Bestrafung und sogar vor Untersuchung zu schützen.

Angesichts soviel vorsätzlicher Brutalität bekräftigt Amnesty International erneut das Prinzip, das ihre Arbeit von Anfang an geleitet hat: jeder Mensch — Mann, Frau oder Kind — ist

gleich wertvoll; niemand sollte für seine Überzeugungen leiden müssen; daher muß die Folter als das Verbrechen angesehen werden, das sie ist; die Öffentlichkeit muß mobilisiert, und international wie national müssen Maßnahmen ergriffen werden, ihr ein Ende zu bereiten.
Der Bericht wurde verfaßt mit Hilfe von James Becket, Elise Smith, Dr. Henry Oakeley und dem Research Department von Amnesty International, sowie jenen vielen Menschen, die Amnesty das Material, auf dem der Bericht basiert, zur Verfügung stellten.

August 1973 Amnesty International

Einleitung

Name: Ayse Semra Eker
Geburtsort und -jahr: Ismir, Türkei, 1949
Verhaftung: 18. April 1972

Am 18. April wurde ich von mehreren Leuten auf der Straße überfallen. Meine Augen wurden mit einer schwarzen Binde verbunden, und ich mußte in einen Minibus einsteigen. Der Wagen blieb noch einige Minuten stehen. Während dieser Zeit hörte ich die Leute um mich herum einander mit Titeln wie »Herr Oberst« oder »Herr Major« anreden. Vom ersten Moment an, als sie mich in den Minibus steckten, fingen sie an, mir Fragen zu stellen. Als ich nicht antwortete, begannen sie, mir zu drohen: »Jetzt redest du nicht«, sagten sie, »aber in einigen Minuten, wenn unsere Hände dir zwischen die Beine fahren werden, dann wirst du singen wie eine Nachtigall.« Der Wagen fuhr ziemlich lange, bis er vor einem Gebäude hielt, das ich nicht erkennen konnte. Als ich aus dem Minibus stieg, merkte ich, daß ich mich in einem relativ hohen, offenen Raum befand. Ich wurde dann in das Kellergeschoß des Gebäudes geführt, vor dem wir gehalten hatten, und dann in einen ziemlich großen Raum. Ich war von Leuten umgeben, die ich nach der Art, wie sie einander anredeten, für Militäroffiziere hielt. Sie stellten mir Fragen und sagten unaufhörlich, daß es sehr schlimm für mich wäre, wenn ich nicht spräche, und daß wir »kollektives Training« miteinander machen müßten. Nach kurzer Zeit zwangen sie mich, Rock und Strümpfe auszuziehen, legten mich auf den Boden und banden meine Hände und Füße an Pflöcke. Eine Person mit Namen Umit Erdal schlug meine Fußsohlen ungefähr eine halbe Stunde lang. Als er meine Sohlen schlug, sagte er immer wieder: »Wir haben hier noch jeden zum Sprechen gebracht, glaubst du, daß uns das bei dir nicht gelingt?« Und er beschimpfte mich.

Später schlossen sie Drähte an meinen Fingern und Zehen an und schickten elektrischen Strom durch meinen Körper. Gleichzeitig schlugen sie mit Gummiknüppeln auf meine nackten Oberschenkel. Viele Leute halfen Umit Erdal dabei. Einer war ein ziemlich großer, schlanker Mann mit krausem Haar und relativ dunkler Haut. Der zweite war ein kleiner Mann mit relativ dunkler Haut, schwarzem Haar und Schnurrbart. Der dritte war ein junger, hellhäutiger Mann mit dunklem Haar und Schnurrbart. Der vierte war schon älter, mittelgroß und dunkelhäutig; er trug immer eine dunkle Brille. Der fünfte war ziemlich alt, fett, mittelgroß, mit blauen Augen und grauem Haar. Während der Folterungen kamen häufig ein grauhaariger, untersetzter, älterer Oberst und ein grauhaariger, blauäugiger, schlanker, gutaussehender Offizier herein und gaben Anweisungen. Nach einer Weile lösten sie den Draht von meinem Finger und schlossen ihn an meinem Ohr an. Sofort gaben sie mir eine starke Stromdosis. Mein ganzer Körper und mein Kopf schüttelten entsetzlich. Meine Vorderzähne brachen. Gleichzeitig hielten meine Folterer mir einen Spiegel vors Gesicht und sagten: »Schau, was mit deinen schönen, grünen Augen passiert. Bald wirst du überhaupt nichts mehr sehen können. Du wirst deinen Verstand verlieren. Siehst du, du fängst schon an, aus dem Mund zu bluten.« Als sie mit den Elektroschocks aufhörten, stellten sie mich auf die Füße und einige von denen, die ich zuvor erwähnt habe, fingen an, mich mit Schlagstöcken zu schlagen. Nach einiger Zeit wurde mir schwindlig, und ich konnte nicht mehr klar sehen. Dann wurde ich ohnmächtig.

Als ich wieder zu mir kam, merkte ich, daß ich halbnackt in einer Lache schmutzigen Wassers lag. Sie wollten mich zwingen, aufzustehen und zu laufen. Dabei schlugen sie mich unaufhörlich mit Knüppeln, traten mich und stießen mich gegen die Wände. Dann hielten sie meine Hand und schlugen mit Gummiknüppeln abwechselnd auf Handfläche und Handrücken. Nach alledem war mein ganzer Körper geschwollen und rot, und ich konnte mich nicht mehr auf den Füßen halten. Aber als wenn das alles noch nicht genug gewesen wäre, stürzte sich Umit Erdal auf mich und zwang mich auf den Boden. Ich fiel auf mein Gesicht. Er stand auf meinem Rücken, und mit Hilfe von jemand anderem stieß er einen Knüppel in meinen Anus. Als ich mich mühsam aufrichtete, sagte er immer wieder: »Du Hure! Schau nur, was wir noch mit dir machen werden. Erzähl uns erstmal, mit wie vielen Männern du schon geschlafen hast. Nie mehr wirst du das tun können. Als nächstes werden wir deine Weiblichkeit kaputtmachen.« Dann legten sie mich auf den Rücken und banden meine Arme und Beine an Pflöcke. Sie befestigten einen elektrischen Draht an der kleinen Zehe meines rechten Fußes und einen anderen an einem Knüppel. Sie versuchten den Knüppel in mein Geschlechtsorgan zu stoßen. Als ich mich wehrte, schlugen sie meinen Körper und meine Beine mit einem großen

Axtstiel. Bald gelang es ihnen, den Knüppel mit dem elektrischen Draht daran in meine Vagina zu stecken; sie schalteten den Strom ein. Ich wurde ohnmächtig.
Etwas später brachten Soldaten von draußen eine Maschine, die dazu gebraucht wurde, Luft in Menschen zu pumpen. Sie sagten, sie würden mich töten. Dann banden sie mich los, stellten mich auf die Füße und brachten mich aus dem Raum. Mit einem Lederriemen hängten sie mich an den Handgelenken an einem Rohr im Korridor auf. Als ich da halbnackt hing, schlugen mich mehrere Leute mit Knüppeln. Wieder wurde ich ohnmächtig. Als ich aufwachte, lag ich im selben Raum auf einem Bett. Sie führten einen Arzt herein, um mich zu untersuchen. Sie zwangen mich, Medizin zu nehmen und zu essen. Ich blutete dunkles, dickes Blut. Einige Zeit später brachten sie Nuri Colakoglu herein, der im selben Gebäude war wie ich, um stärkeren Druck auf mich auszuüben. Sie wollten mir zeigen, in welchen Zustand sie ihn gebracht hatten. Ich sah, daß die Nägel seiner rechten Hand mit Eiter bedeckt waren. Ich erkannte, daß sie ihn mit glühenden Zigaretten verbrannt hatten. Sie selbst bestätigten das später. Eine seiner Fußsohlen war vollständig schwarz und schrecklich zerrissen. In derselben Nacht wurden wir zusammen mit Nuri Colakoglu nach Istanbul gebracht. Am nächsten Morgen kam der Offizier, den ich schon beschrieben habe, in meine Zelle (ich weiß nicht, wo diese Zelle sich befand). Er schlug und bedrohte mich. »Heute Nacht bringe ich dich dahin, wo eure Toten sind. Ich werde alle eure Leichen verbrennen lassen. Ich werde dich an der Decke aufhängen und Salz in deine aufgerissenen Sohlen streuen.« Als ihm die Antworten nicht gefielen, die ich ihm gab, schlug er mich wieder; dann ließ er meine Augen verbinden und mich in ein anderes Gebäude bringen. Ich wurde mit verbundenen Augen in ein kleines Zimmer geführt. Ich wurde mit Armen und Knöcheln an Pflöcke am Boden gebunden, und elektrischer Strom wurde durch meine rechte Hand und den rechten Fuß geschickt. Dann wandten sie die Falanga an. Während der ganzen Zeit, die ich in Istanbul war, waren meine Hände mit Ketten gefesselt. Deswegen, und auch weil meine Zunge zerrissen war, konnte ich nicht essen. Ein Arzt kam manchmal, um nach mir zu sehen und erste Hilfe anzuordnen. Eines Nachts hörte ich ganz in der Nähe Gewehrschüsse und das Geräusch eines Mannes, der zu Boden fiel und starb. Ich schrie: »Wen habt ihr getötet.« Sie antworteten: »Das geht dich nichts an. Wir töten, wen wir wollen, und vergraben ihn in einem Loch im Boden. Wer würde erfahren, wenn wir dasselbe mit dir machten?«

Wie ich schon wußte, gab es keine Garantie mehr für mein Leben.
Während der 10 Tage, die ich beim MIT (dem türkischen Geheimdienst) verbrachte, gingen die gleichen Folterungen, Schmähungen, Drohungen und Pressionen weiter. Am 28. April wurde ich ins Untersuchungsgefängnis gebracht. Trotz der Tatsache, daß ich zum Arzt des Untersuchungsgefängnisses ging und erklärte, daß ich schwer gefoltert worden sei, daß meine rechte Hand nichts halten könne und daß ich andere körperliche Beschwerden habe, unter anderem, daß ich anschließend vier Monate lang keine Menstruation gehabt hatte, wurde ich nicht behandelt. Einige meiner körperlichen Beschwerden dauern noch an.

Hier und auf jeder Seite unterzeichnet
Semra
6. Februar 1973

Name: Vladimir Lvovich Gershuni
Geburtsort und -jahr: UdSSR, 1930
Verhaftung: 17. Oktober 1969

Vladimir Lvovich Gershuni, geboren 1930, ist der Neffe eines der Gründer der Sozialistisch-Revolutionären Partei, G. A. Gershuni. 1949 wurde er verhaftet und aufgrund des Beschlusses der Sonderkonferenz (d. h. der Sicherheitspolizei) wegen seiner Beteiligung an einer Anti-Stalin-Jugendgruppe zu 10 Jahren Haft in Speziallagern verurteilt. 1959 wurde er aus einem Arbeitslager entlassen. Nach seiner Freilassung wurde Gershuni, der als Maurer arbeitete, in der Bürgerrechtsbewegung der UdSSR aktiv, nahm an zahlreichen Protesten teil, unterzeichnete im Jahre 1969 Appelle der Aktionsgruppe zur Verteidigung der Menschenrechte an die Vereinten Nationen und verfaßte Flugschriften. Er wurde beschrieben als ».. . ein Mann mit ungewöhnlich hochentwickeltem Gerechtigkeitsempfinden. Für ihn bedeutete der Kampf gegen Lüge und Gewalt nicht einen Teil des Lebens, sondern das ganze Leben. Er kann sich mit keinerlei Anzeichen von Stalinismus abfinden.« (Chronik der Laufenden Ereignisse Nr. 11, 1969).
Am 17. Oktober 1969 wurde Gershuni in Moskau verhaftet, nachdem ihm verschiedene Artikel fortgenommen worden waren. Diese Artikel waren Samisdat-Dokumente, maschinengeschriebene Manuskripte, die inoffiziell in der Sowjetunion zirkulierten und daher als illegal angesehen wurden. Die Artikel in Gershunis Besitz handelten von der Unterdrückung

der bürgerlichen Freiheiten in der Sowjetunion. Am folgenden Tag wurde weiteres Material in seiner Wohnung konfisziert. Gershuni wurde ins Butyrka-Gefängnis gebracht und eine Woche später ins Serbsky-Institut für eine psychiatrische Untersuchung und Diagnose transferiert. Er wurde für geisteskrank erklärt. Danach wurde er in Erwartung des Prozesses ins Butyrka-Gefängnis zurückgebracht.

Der Prozeß gegen Vladimir Gershuni fand am 13. März 1970 in einem Stadtgericht in Moskau statt. Er wurde nach Artikel 190/1 angeklagt, der sich auf »Verbreitung vorsätzlich falscher Erzeugnisse, die das sowjetische soziale und politische System diskreditieren«, bezieht. Für dieses Delikt ist eine Strafe von maximal drei Jahren Gefängnis vorgesehen. Zeugen bestätigten, daß Gershuni den Einsatz sowjetischer Streitkräfte in der CSSR verurteilt und sich kritisch zur CSSR-Politik der sowjetischen Führung geäußert hatte. Er wurde beschuldigt, 20 Exemplare eines Flugblatts zur Verteidigung von Generalmajor Grigorenko, eines bekannten Dissidenten, der seit 1969 in einer Psychiatrischen Anstalt interniert war (er wurde im Mai 1974 freigelassen), in seinem Besitz gehabt zu haben. Daß er einen Appell an die UNO bezüglich der bürgerlichen Freiheiten in der Sowjetunion unterzeichnet hatte, wurde als Verleumdung des Sowjetstaates angesehen. Alle Zeugen bestritten, daß Gershuni geisteskrank war, und betonten seinen hervorragenden Charakter und seine gute Arbeitsleistung.

Da die Psychiater ihn für geisteskrank erklärt hatten, wurde Gershuni nicht gestattet, seinem Prozeß beizuwohnen. Das Gericht beschloß in seiner Abwesenheit, ihn in eine Psychiatrische Anstalt des »Spezialtyps« einzuweisen.

Im Butyrka-Gefängnis, wo er in einer Zelle mit Kriminellen zusammen war, rief Gershuni für den 10. Dezember, dem Tag der Menschenrechte, zu einem Hungerstreik auf. In einer an den Obersten Gerichtshof der UdSSR gerichteten Erklärung erläuterte er die Gründe und Ziele seines Hungerstreiks und ersuchte unter anderem um die Rückgabe von Briefen und Telegrammen, die man konfisziert hatte. Am Silvestertag wurde er in das erst kurz zuvor eingerichtete Gefängnisspital in Oryol, einer alten russischen Stadt 300 km südlich von Moskau, eingeliefert.

Gershuni beendete seinen Hungerstreik nach 55 Tagen, am 31. Januar 1971. Im März schrieb er Notizen über seine Behandlung im Spital von Oryol nieder, die später in den Westen gelangten. Seinem Tagebuch zufolge schlug ihm am 43. Tag seines Hungerstreiks (17. Januar) ein Wärter ins

Gesicht, was erheblichen Schaden an seinen Zähnen und seinem Zahnfleisch, die durch den Hungerstreik in schlechter Verfassung waren, zur Folge hatte. Der offizielle Bericht über den Vorfall besagt, daß Gershuni – in einem Anfall geistiger Verwirrung – seinen Kopf an eine Glasscheibe schlug und dadurch seinen Mund aufschnitt und gleichzeitig seinen Kiefer brach. Er erhielt weder ärztliche noch zahnärztliche Behandlung für diese Verletzungen.

Während des Hungerstreiks wurde Gershuni zwangsweise ernährt und erhielt Injektionen von Aminazin in starken Dosen. Er beschreibt diese Behandlung und ihre Wirkung:

»Während der Visiten – einfach als Experiment – beklagte ich mich, daß ich mich nach einer Dosis Haloperidol schlecht fühle, und bat, die Dosis zu reduzieren. Dies führte dazu, daß mir nur noch mehr Aminazin verschrieben wurde, als ich schon erhielt ... Während eines Hungerstreiks im Januar (ich hatte seit meiner Ankunft ständig Aminazin erhalten), fühlte ich mich zunehmend schlechter, und nachdem ich mich beklagt hatte, erhielt ich Aminazin-Injektionen in der Maximaldosis, oder sehr nahe daran (ungefähr 6 cc.). Ich konnte überhaupt nicht schlafen, und doch wurde mir dieselbe Dosis für 12 Tage nacheinander verordnet, bis sie sich überzeugt hatten, daß ich immer noch nicht schlief, und daß die Injektionen mich nicht veranlaßt hatten, meinen Hungerstreik aufzugeben. Vom 7. bis 18. Januar erhielt ich zwei Injektionen am Tag, und vom 19. Januar an erhielt ich zweimal täglich je zwei Tabletten Haloperidol, das sind zusammen vier Tabletten (und XX versichert mir, daß das so noch lange Zeit weitergehen wird). Dieses Medikament verursacht schrecklichere Zustände, als ich sie je erfahren habe: kaum hast du dich niedergelegt, möchtest du wieder aufstehen, kaum machst du einen Schritt, möchtest du dich hinsetzen, und wenn du sitzt, möchtest du wieder gehen – aber es gibt nichts, wohin du gehen könntest ...«

Vladimir Gershuni wurde im Frühjahr 1974 in eine normale Psychiatrische Anstalt überstellt.

Name: Maria Dina Roggerone de Greco
Land: Uruguay

Am 21. April dieses Jahres um etwa 11 Uhr ging ich in Begleitung meines Mannes zum »Unidad Militar Batallon de Infanteria Nr. 8«, denn ich hatte gehört, daß die Vereinten Streitkräfte mich in meinem Haus gesucht hatten. Ich sprach mit einem Offizier, der mir sagte, daß ein Haftbefehl gegen mich vorläge und daß ich vier Tage dort bleiben müsse, um wegen der Unregelmäßigkeiten im Büro des Bürgermeisters verhört zu werden. Ich sagte ihm, ich hätte nichts dagegen. Dann wurden mir die Augen verbunden, und der Offizier gab Anweisungen, mich in die »sala de disciplina« (Verhörraum) zu bringen. Die »sala« war eine Zelle. Dort mußte ich mich hinstellen, Beine und Arme gespreizt und die Hände gegen die Wand gelegt. Ich stand so den ganzen Tag lang ohne zu essen; dreimal wurde mir Wasser gegeben, und gegen ein Uhr morgens kam ein Soldat und sagte zu mir: »Lege dich aufs Bett«. Es war aber nur eine Matratze. Da es sehr kalt war und ich nur sehr leichte Kleidung trug, bat ich ihn, mir irgendeine Decke zu geben. Er antwortete, daß ich mich damit abfinden müsse.

Den ganzen ersten Tag lang bat ich um die Erlaubnis, meine Kontaktlinsen abnehmen zu dürfen, die durch den Druck der Binde meine Augen verletzten. Sie ließen sie mich nicht herausnehmen. Am folgenden Tag von etwa sieben Uhr an ließen sie mich wieder so stehen bis zum Nachmittag, als ich fortgebracht wurde, um meine Erklärung abzugeben. Ich überquerte einen Innenhof, und sie brachten mich in einen Raum, wo sich mehrere Personen befanden. Sie wiederholten, daß das Verhör mit den Unregelmäßigkeiten im Büro des Bürgermeisters zu tun habe. Sie sagten mir, ich solle alle Leute angeben, die gestohlen hätten, und vor allem, was der Bürgermeister und ich gestohlen hätten. Ohne mir Zeit zur Antwort zu lassen, sagte eine andere Person zu mir: »Was weißt du über Raffaglio, de Mellero und Traico?« Ich sagte vor jeder Antwort, daß ich einen Rechtsanwalt verlangte. Darauf sagte der zweite Herr, der gesprochen hatte: »Wir werden dir zeigen, daß wir Rechtsanwälte, Staatsanwälte und Richter sind ...« Einer von ihnen ohrfeigte mich mehrmals, und sie schlugen mir mit der Faust auf den Kopf und banden meine Hände mit Bandagen hinter dem Rücken fest. Zwei Soldaten stellten sich neben mich, nahmen mich an Armen und Beinen und tauchten meinen Kopf bis zur Brust in ein Faß Wasser. Ohne weitere Fragen zu stellen, befahlen sie dem Soldaten, mich in der gleichen Haltung in die Zelle zurückzubringen, und äußerten ihre Hoffnung, daß damit mein Gedächtnis aufgefrischt würde.

Als ich in die Zelle zurückkam, sagte ich der Polizistin, daß ich schwanger sei; dann kam ein Soldat, der mich auf alle erdenkliche Weise beschimpfte und sagte: »Das ist ein Vorwand bei allen Huren ...« Jedenfalls stand ich wieder in der gleichen Haltung an der Wand bis in die Nacht hinein, und drei-

mal gaben sie mir Wasser. Am Nachmittag untersuchte mich Dr. Burgel in der Krankenstation, aber ich durfte nicht mit ihm sprechen. Ich wurde wieder in die Zelle zurückgebracht und mußte in der gleichen Haltung stehen, und die Polizistin gab mir ein großes Glas Wasser, weil sie eine Urinanalyse machen mußten. Das Resultat dieser Analyse wurde mir nie mitgeteilt, obwohl ich mehrmals danach fragte.
In dieser Nacht erlaubten sie mir wieder, mich eine Zeitlang hinzulegen, und am nächsten Morgen nahmen sie mich wieder mit, um die Erklärung abzugeben. Sie fragten mich wieder nach Raffaglio, de Mellero und Traico. Ich antwortete, was ich wußte, aber das paßte ihnen nicht, denn danach schlugen sie mich wiederholt ins Gesicht und auf den Kopf. Dann tauchten sie mich wieder wie am Vortag vier- oder fünfmal in ein Wasserfaß, bis sie mich halbertrunken herauszogen. Sie sagten mir, ich solle weiter nachdenken, und brachten mich zurück in die Disziplinhaltung, wie sie es nannten. Jetzt hörten sie auch auf, mir Wasser zu geben, und seit ich gekommen war, hatte ich nichts gegessen. Am Abend – es muß so gegen 9 Uhr gewesen sein, kurz nachdem die Wache abgelöst worden war – fühlte ich mich schlecht, und ich hatte starke Schmerzen in der Leistengegend. Ein Krankenwärter sah nach mir und rief sofort nach Dr. Burgel. Burgel sagte mir, daß die Schmerzen von den vielen Stunden Stehen und dem Mangel an Nahrung herrührten, daß er aber nicht in der Lage wäre, mir zu erlauben, mich hinzulegen, daß er mit einem Vorgesetzten sprechen wolle, daß es aber sehr schwierig wäre, weil ich die ganze Nacht so stehen müsse. Der Doktor ging fort, und nach kurzer Zeit kam die Polizistin und sagte, daß sie mir erlaubt hätten, mich hinzulegen; sie brachte mich in eine andere Zelle und gab mir einen militärischen Umhang, um mich zuzudecken.
Die neue Zelle, in die sie mich gebracht hatten, war voll roter Ameisen, und ihretwegen konnte ich nicht schlafen; ich verbrachte die ganze Nacht damit, Ameisen zu töten. Am folgenden Tag, als sie mich fortführten, um meine Erklärung abzugeben, zeigte ich ihnen, wie ich von den Ameisen am ganzen Körper gebissen worden war. Einer von ihnen antwortete: »Du wolltest uns einen Streich spielen . . . aber wir haben dich von Ameisen und Flöhen beißen lassen, so daß du nicht schlafen konntest.« Sie verhörten mich wieder und tauchten mich so oft in das Faß voll eiskaltem Wasser, daß ich ohnmächtig geworden sein muß, denn ich erwachte auf der Krankenstation.
Am 1. Mai – ich erinnere mich daran, weil es ein ganz beson-

derer Tag in den Kasernen war – brachten sie mich in den Verhörraum, knebelten und fesselten mich (die Hände hinter dem Rücken) und einer der Soldaten sagte zu mir: »Jetzt kommst du dran.« Sie brachten eine andere Person herein, die sie zu mißhandeln anfingen. Als sie anfingen, hielten mich zwei Soldaten an den Beinen hoch und ich hörte die Schläge, die sie meinem Mann versetzten; als sie ihn in das Wasser tauchten, weinte und schrie selbst er. Dann fragten sie ihn, was Garrasino und ich gestohlen hätten, bis Greco am Ende irgend etwas sagte. Sie brachten Greco fort und nahmen mir den Knebel aus dem Mund, tauchten mich in das Wasser und sagten: »Gestehe, gestehe!« Sie führten auch elektrischen Strom an meine Hände und schlugen mich. Einer von ihnen hob meinen Pullover hoch und sagte einem anderen, er solle den Strom auf meinen Leib leiten, dann wäre das Problem meiner Schwangerschaft erledigt, und sie könnten alles mit mir machen. Sie hielten mich so den ganzen Tag, manchmal brachten sie mich heraus; das letztemal war es sehr früh am Morgen, und ich war in ein großes Tuch gewickelt, das die Polizistin mir zu nähen geholfen hatte, denn alle meine Kleider waren durch und durch naß. Jetzt sagte ich alles, was sie wollten, weil ich nicht mehr konnte. Als Folge dieses dauernden Eintauchens habe ich eine Art Bronchitis, für die Dr. Burgel mich behandelte. In den Kasernen nahm ich die Medikamente ein, die sie mir gaben. Mein ganzer Körper – außer Gesicht, Händen und Füßen – ging in Pusteln auf. Sie sagten, das wäre eine nervöse Allergie – ich durfte nicht mit dem Doktor sprechen – und gaben mir intramuskuläre Injektionen von »Clorotrimetrol« oder so ähnlich. Ich hörte, wie sie darüber sprachen. Ich hatte Fieber, und trotz meiner Pusteln fuhren sie fort, mich weiter ins Wasser zu tauchen. Sie erlaubten mir nicht, im Bett zu bleiben, und ich mußte mich wieder in der »Disziplinhaltung« an die Zellenwand stellen. Der einzige Tag, an dem sie mir erlaubten, im Bett zu bleiben, war der, als ich die erste Erklärung vor dem Richter machen sollte. Ich sagte dem Soldaten, der mich holen kam, daß ich mich nicht wohl genug fühlte, um dorthin zu gehen. Er sagte, »Mach kein Theater«, und daß wir es verdienten, schlimmer als Tiere behandelt zu werden. Ich stand auf, und sie brachten mir Kleider, erlaubten mir, ein Glas Wasser zu trinken, ehe ich ging, und ein anderes Glas Wasser, das ich hier vor dem Tribunal erhielt. Ich kam um 10 Uhr an und ging um 17 Uhr. Ehe ich zum Büro des Richters kam, hatten sie mich einem Verhör unterworfen, bei dem die Antwort niedergeschrieben wurde, ohne mich zu fragen. Als es fertig war, gaben sie es

mir zu lesen. Ich begann zu lesen und sagte, da wären einige Dinge, mit denen ich nicht einverstanden sei. Darauf sagten sie zu mir: »Gut, dann lies es nicht. Unterschreibe, oder wir fangen noch einmal von vorn an.« Dann unterschrieb ich.
Diese Aussage wurde zuerst in der uruguayischen Wochenzeitschrift »Marcha« am 30. Juni 1973 veröffentlicht. Es war die letzte Ausgabe der Zeitschrift, ehe sie verboten wurde.

Kein Mensch soll der Folter, sowie grausamer, unmenschlicher oder erniedrigender Behandlung oder Bestrafung unterworfen werden.
Artikel 5, Allgemeine Erklärung der Menschenrechte

Ist das, was mit Ayse Eker geschehen ist, zu rechtfertigen? Einige Menschen halten eine derartige Rechtfertigung wohl für möglich. Die Länderübersicht in diesem Bericht läßt erkennen, daß heute viele Staaten in der Welt bewußt die Folter anwenden. Polizisten, Soldaten, Ärzte, Wissenschaftler, Richter, Beamte, Politiker sind in Folterungen verwickelt, indem sie direkt schlagen, die Opfer untersuchen, neue Foltertechniken und -geräte erfinden, Gefangene aufgrund von erpreßten falschen Geständnissen verurteilen, offiziell die Existenz der Folter leugnen, oder die Folter als Mittel zur Aufrechterhaltung ihrer Macht einsetzen. Und die Folter ist nicht einfach ein örtlich begrenzter Vorfall, sie wird international praktiziert: ausländische Experten werden von einem Land zum anderen geschickt, in Folterschulen werden Methoden erläutert und demonstriert, modernes Foltergerät wird von einem Land ins andere exportiert.
Es ist ein Gemeinplatz, unser Zeitalter als eines der »Ultra-Gewalt« zu bezeichnen. Ein Großteil der Informationsflut, der wir im Westen ausgesetzt sind, berichtet von Katastrophen, Grausamkeiten und Greueln aller Art. Die Folter ist eines dieser Greuel, doch selbst in einem Zeitalter der Gewalt empfinden die meisten Menschen die Folter als besonderen Greuel. Schmerz ist eine allgemein menschliche Erfahrung, und während nur wenige wissen, was es heißt, erschossen oder mit Napalm verbrannt zu werden oder zu verhungern, so ist doch allen bewußt, was Schmerz ist. Jedem menschlichen Wesen ist das Wissen um Schmerz und die Furcht vor Schmerz inhärent, die Furcht vor der Hilflosigkeit gegenüber ungehemmter Grausamkeit. Wenn aber ein menschliches Wesen einem anderen bewußt Schmerz zufügt, um es zu brechen, dann ist das ein spezieller Greuel. Es ist bezeichnend, daß die Folter heute die

einzige Form von Gewalt ist, die ein Staat immer leugnen und niemals rechtfertigen wird. Der Staat mag Massenmord rechtfertigen und jene, die töten, als Mörder feiern, aber niemals wird er Folterungen rechtfertigen, noch jene, die gefoltert haben, als Folterer verherrlichen.

Und doch deuten alle Anzeichen darauf hin, daß die Folter in den letzten Jahren zugenommen hat. Zum Teil sind die ständigen, begrenzten Kriege unserer Zeit — Bürgerkriege, Kolonial- und Territorialkriege — dafür verantwortlich, in steigendem Maße jedoch die Staaten, die Folter als Mittel des Regierens anwenden. In diesen Ländern ist die Folter ein integrierender Faktor im politischen System selbst. Ihre Funktion ist nicht darauf beschränkt, Geständnisse und Informationen von Bürgern zu gewinnen, die für Gegner der Regierung gehalten werden; sie wird eingesetzt, um andere davon abzuhalten, ihre Opposition zum Ausdruck zu bringen. Für jene, die ohne Zustimmung der Regierten regieren, hat sich diese Praxis als wirksame Methode der Aufrechterhaltung der eigenen Macht erwiesen. Ist die Folter der Preis für Meinungsabweichung, kann man sicher sein, daß nur eine kleine Minderheit handeln wird. Wird die Majorität durch Furcht neutralisiert, können sich die gut ausgerüsteten Kräfte der Unterdrückung auf eine isolierte Minorität konzentrieren.

Die Folter ist heute im wesentlichen eine Aktivität des Staates. Während der Staat wohl kaum ein Monopol auf Gewaltanwendung in der heutigen Welt hat — die Zunahme von krimineller Gewalt und politischem Terrorismus bezeugen dies deutlich —, so machen doch die Vorbedingungen für Folterungen diese zur nahezu exklusiven Domäne des Staates. Die Folter setzt voraus, daß das Opfer unter der physischen Kontrolle des Folterers gehalten wird. Kriminelle oder Aufständische haben nicht die gleichen Haftgelegenheiten wie der Staat; sie wenden andere Formen der Gewalt an, nicht weil sie unbedingt weniger gewalttätig wären, sondern weil ihnen der technische Folterapparat normalerweise nicht zur Verfügung steht. Erst in einer entwickelten Aufstands- und Bürgerkriegssituation wachsen auch die Möglichkeiten für Folterungen durch die regierungsfeindlichen Kräfte.

Der weitverbreitete Gebrauch der Folter ist an sich schon alarmierend; besonders alarmierend aber ist die Tatsache, daß der Konsens in der Ablehnung der Folter schwächer wird, nicht nur weil er dauernd verletzt wird, sondern durch die Haltung der Menschen im allgemeinen. Viele sind gleichgültig, und einige scheinen sogar bereit zu sein, die Folter zu akzeptieren und sich öffentlich zu ihr zu bekennen. General Massu, der ehemalige Oberbefehlshaber der französischen Armee, schrieb kürzlich, wie er während des Algerienkrieges Folterungen angeordnet und ihre Anwendung befehligt hat. Diese Tatsache ist offiziell immer geleugnet worden. Ihre offene Rechtfertigung durch eine prominente Persönlichkeit verursachte beträchtliche Reaktionen in Frankreich, obwohl seit dem Zweiten Weltkrieg mehrere Rechtfertigungen für Folterungen erschienen sind, meistens in Militärliteratur, die sich mit der Abwehr von Aufständen befaßt. Ein Beispiel bietet der französische Theoretiker Trinquier, der die Folter in sein System der modernen Kriegführung einbezieht. Trinquier, ein französischer Oberst, schreibt in seinem 1961 erschienenen Buch »Moderne Kriegsführung« ganz unverblümt: der Terrorist »muß begreifen lernen, daß er, wenn er gefangengenommen wird, nicht wie ein gewöhnlicher Verbrecher behandelt werden kann, noch wie ein Gefangener auf dem Schlachtfeld ... Kein Rechtsanwalt ist bei derartigen Verhören anwesend. Wenn der Gefangene die gewünschte Information gibt, ist die Untersuchung rasch beendet; wenn nicht, müssen Spezialisten ihn zwingen, das Geheimnis preiszugeben. Dann muß er als Soldat den Leiden und vielleicht dem Tod, dem er zuvor entkommen konnte, ins Auge sehen. Der Terrorist muß dies als eine Bedingung, die seinem Beruf innewohnt, akzeptieren ...« Diese Rechtfertigungen verwenden niemals das Wort »Folter«. Denn die Folter ist selbstverständlich durch die Genfer Konventionen verboten.

Es ist heute offensichtlich, daß der Großteil der staatlichen Folter durch Militärkräfte ausgeführt wird, meist Elite- oder Spezialeinheiten, die die Zivilpolizei in Angelegenheiten der politischen Sicherheit ersetzen. Ihre militärische Ausbildung und ihre Kenntnis der nach dem Zweiten Weltkrieg entwikkelten Theorien über »unkonventionelle Kriegführung« machen sie besonders geeignet für die Praxis der Folter und versetzen sie in die Lage, auf jede noch so geringfügige zivile politische Konfliktsituation die Konzeption eines »Krieges« anzuwenden.

Diejenigen, die Folter bewußt rechtfertigen, aber nicht ehrlich genug sind zuzugeben, daß sie sie anwenden, um ihre Macht und Privilegien zu bewahren, stützen sich im wesentlichen auf das philosophische Argument des geringeren Übels zum höheren Wohl. Sie verstärken dieses Argument mit einem Appell an die Doktrin der Notwendigkeit – die existentielle Situation zwinge sie, zwischen zwei Übeln zu wählen. Nur der Sadist – und es gibt offensichtlich viele Sadisten, die direkt mit der Folter zu tun haben – feiert den Akt der Folter um seiner selbst willen. Der Nicht-Sadist muß ihn als notwendiges Mittel zu einem höheren Zweck ansehen. Die übliche Rechtfertigung konstruiert eine Situation, in der die »guten« Menschen und die »guten« Werte durch Personen bedroht werden, die die »Spielregeln« nicht respektieren, sondern skrupellose, barbarische und illegale Mittel einsetzen, um ihre »bösen« Ziele zu erreichen. Nur ähnliche Mittel können wirksam genug sein, die bösen Absichten dieser Außenseiter zu vereiteln. Diese Argumentation hatte und hat viele Anhänger: Stalin mußte foltern, weil auch die Bourgeoisie folterte und daraus einen unfairen Vorteil zog; das einzige Mittel, die Tupamaros in Uruguay — oder irgendwelche anderen Stadtguerillas — zu bekämpfen ist, sie zum Sprechen zu bringen; foltern ist das einzige Mittel, mit Kommunisten, Faschisten, Katholiken etc. fertigzuwerden.

Die effektvollste Beweisführung zur Rechtfertigung der Folter wird heute in Form eines konkreten Dilemmas vorgebracht. Der klassische Fall ist jener französische General in Algerien, der Besucher aus dem Mutterland damit begrüßte: »Meine Herren, wir haben einen Mann in der Hand, der irgendwo in der Stadt eine Bombe gelegt hat. Sie wird in vier Stunden in die Luft gehen. Würden Sie nicht jedes Mittel anwenden, um das Leben unschuldiger Menschen zu retten?« Die moderne Version wäre etwa ein Jumbo Jet mit einer Bombe an Bord, und nur der Mann in Ihrer Gewalt kann Ihnen sagen, wie sie unschädlich zu machen ist — falls er spricht. Und was wäre, wenn Utopia auf Erden verwirklicht werden könnte, wenn dafür nur ein einziger Mensch gefoltert werden müßte? Diese Argumentation läuft darauf hinaus, daß jeder, der dem menschlichen Leben Wert, den höchsten Wert beimißt, gezwungen ist, einen Menschen zu verletzen, um viele Leben zu retten. In der Realität ereignen sich die Dinge nicht so eindeutig, doch um der Argumentation willen werden sie vereinfacht und in ihrer extremen Möglichkeit dargestellt.

Das Verbot der Folter als *allgemein anerkannter, universeller Wert* ist eine Errungenschaft der jüngsten Zeit. Die Abschaffung der Sklaverei wurde erst im vergangenen Jahrhundert erreicht, und ihr Verbot ist ein universeller Wert, obwohl sie, unter Verletzung dieses Verbots, in einigen Gebieten weiterhin existiert. Das Verbot der Folter basiert auf der langen Erfahrung des Menschen als eines sozialen und moralischen Wesens, das allmählich humane Normen aus seinem Glauben an die Würde und Integrität jedes menschlichen Wesens entwickelte. Das Verbot der Folter findet Unterstützung in den Lehren der Weltreligionen, den Schriften der Philosophen

und der Entwicklung einer Konzeption von unveräußerlichen Menschenrechten in den letzten 300 Jahren.
Ein Argument, das schon in der Vergangenheit angeführt wurde und auch heute noch oft gebraucht wird, lautet, die Folter sei ineffizient. Es beruht auf zwei Gedankengängen. Der eine ist der, wenn sie nur falsche Geständnisse und Fehlinformationen hervorbringt, dann ist die Folter ein untaugliches Mittel, das Ziel, den Schuldigen zu bestrafen und Übelstände aufzudecken, zu erreichen. Der andere ist der, daß es wirksamere Mittel gäbe, Informationen zu erlangen und daß geschickte Verhörmethoden bessere Resultate erzielen, weshalb Folterungen nicht notwendig seien. Diese Argumentation, die auf Ineffizienz basiert, ist vollkommen inakzeptabel. Die Debatte auf dieser Grundlage zu führen, bedeutet, das Argument ad absurdum zu führen, denn in der Tat besagt sie nichts anderes als das: wenn die Folter sich als wirksam erwiese, dann wäre sie auch zulässig. Es mag wohl stimmen, daß es wirksamere Methoden gibt als die Folter, Informationen zu erlangen, doch das bedeutet nicht, daß nicht auch die Folter wirksam sein kann. In einem Land ohne geschultes Verhörpersonal mag sie durchaus relativ effizient sein. Zum anderen läßt dieses Argument den Hauptzweck der modernen Folter außer acht, nämlich den, andere vom Handeln abzuhalten, und es gibt Beweise genug, daß die Folter in dieser Hinsicht durchaus wirksam ist.
Die Hauptargumente für die Abschaffung der Folter stützen sich auf ihre Inhumanität und Ungerechtigkeit. In einem klassischen Werk, »Über Verbrechen und Strafe«, das erstmals 1764 erschien, schrieb der Italiener Beccaria: »Da die Stärke der Muskeln und die Empfindlichkeit der Nerven einer unschuldigen Person bekannte Faktoren sind, besteht das Problem darin, den Grad der Leiden herauszufinden, die notwendig sind, um ihn jedes denkbare Verbrechen gestehen zu lassen.« Das Argument, daß unschuldige Menschen zu Geständnissen gezwungen und hingerichtet wurden, ist noch heute so gültig wie im 18. Jahrhundert. Die Ungerechtigkeit der Folter liegt auch darin, daß sie den Begriff der gerechten Strafe verletzt, der auf einer bestimmten Haftdauer für ein bestimmtes Vergehen beruht. Die Dauer der Folter aber ist vollkommen unbegrenzt und hat oft nichts mit einem spezifischen Vergehen zu tun.
Keine Handlung steht mehr im Widerspruch zu unserer Menschlichkeit als die bewußte Zufügung von Schmerz, begangen von einem menschlichen Wesen an einem anderen, als der bewußte Versuch, während einer gewissen Zeitspanne

einen Menschen zu töten, ohne daß er stirbt. Die vollständige Erniedrigung und Entwürdigung jener, die foltern, hat ein Folteropfer treffend beschrieben:

»Ich habe das Schicksal eines Opfers erfahren. Ich habe das Gesicht des Folterers aus der Nähe gesehen. Es war in einem schlimmeren Zustand als mein eigenes blutiges, aschfahles Gesicht. Das Gesicht des Folterers war von einer Art Zucken entstellt, das nichts Menschliches mehr an sich hatte. Er war in einem solchen Zustand der Spannung, daß er einen Ausdruck hatte ähnlich jenem, den wir an chinesischen Masken sehen; ich übertreibe nicht. Es ist nicht so einfach, Menschen zu foltern. Es erfordert innere Beteiligung. In dieser Situation war ich der Glücklichere. Ich wurde erniedrigt. Ich erniedrigte nicht andere. Ich trug nur eine zutiefst unglückliche Menschlichkeit in meinen schmerzenden Eingeweiden, während die Männer, die andere erniedrigen, zuerst den Begriff der Menschlichkeit in sich selbst erniedrigen müssen. Es hat nichts zu bedeuten, wenn sie in ihren Uniformen herumstolzieren, geschwellt von dem Bewußtsein, daß sie die Leiden, die Schlaflosigkeit, den Hunger und die Verzweiflung ihrer Mitmenschen kontrollieren können, vergiftet durch die Macht in ihren Händen. Ihre Vergiftung ist nichts anderes als die Erniedrigung ihrer Menschlichkeit. Die äußerste Erniedrigung. Sie haben teuer bezahlen müssen für meine Qualen. Nicht ich war in der schlimmsten Lage. Ich war nur ein Mensch, der stöhnte, weil er große Schmerzen hatte. Ich ziehe das vor. In diesem Augenblick bin ich des Vergnügens beraubt, sehen zu können, wie Kinder zur Schule gehen oder im Park spielen. Sie hingegen müssen ihren eigenen Kindern ins Gesicht sehen. (Georgios Mangakis, Brief an die Europäer, »Index«, Jg. 1, Nr. 1).

Die Argumente gegen die Folter beruhen im wesentlichen auf moralischen Grundlagen. Und doch liefert die historische Erfahrung des Menschen auch ein sehr praktisches Argument. Nirgendwo ist das Argument, daß die Mittel die Ziele korrumpieren, wahrer als hier. Die Geschichte zeigt, daß die Folter niemals begrenzt ist auf »nur einmal«: »nur einmal« wird zum noch einmal – wird zur Praxis und schließlich zu einer Institution. Sobald die Folter erst einmal erlaubt ist – zum Beispiel in einer extremen Situation, wie im Beispiel mit der Bombe – dann ist es nur logisch, sie auf Leute anzuwenden, die Bomben legen könnten, oder auf Leute, die daran denken könnten, Bomben zu legen, oder auf Leute, die diese Art Leute, die ans Bombenlegen denken könnten, verteidigen. Das Beispiel Algerien ist ein klassischer Fall. Die Folter begann mit gewissen Einschränkungen, und dann weitete sie sich aus zu

einer Orgie der Brutalität; ihre Opfer waren zuerst Einheimische, dann griff sie auch auf Frankreich selbst über. Sie war wirksam als Waffe im Kampf, und die Franzosen gewannen die Schlachten, aber sie verloren den Krieg. Der Krebs ist eine passende Metapher für die Folter und ihre Ausbreitung im gesellschaftlichen Organismus. Die Praxis der Folter kann nicht vom Rest der Gesellschaft getrennt werden; sie hat ihre Konsequenzen, sie erniedrigt diejenigen, die sie anwenden, die von ihr profitieren, und sie ist der denkbar eklatanteste Widerspruch zur Gerechtigkeit, eben jenem Ideal, auf das der Staat seine Autorität zu gründen bestrebt ist.
Man kann argumentieren, daß die Folter den Machthabern kurzfristige Vorteile bringen könnte, aber es ist ein Grundprinzip des Rechts und der Zivilisation, daß mancher kurzfristige Vorteil untersagt ist, um höhere Werte zu erhalten, Werte, auf denen die Gesellschaft selbst beruht. Ein Beispiel ist die illegale Beschaffung von Beweismaterial. Sie könnte in einem bestimmten Fall zur Überführung eines Verbrechers führen, aber der größere Wert, nämlich der Schutz jedes Bürgers vor willkürlicher und illegaler Durchsuchung, steht höher als eine Verurteilung. Genauso ist es mit der Folter. Die Geschichte hat bewiesen, daß ein Staat sehr wohl auch ohne illegale Beweise und ohne Folter funktionieren kann, und sie lehrt auch, daß, wenn sie einmal zugelassen sind, die Versuchung, »leichte« Methoden anzuwenden, unvermeidbar ist. Genauso wie Staaten behaupten, daß einmal dem Terrorismus nachzugeben, bedeute, den Verlust von viel mehr Menschenleben herauszufordern, so ist es auch mit der Folter: einmal die Anwendung der Folter gestatten, bedeutet, zu ihrer Ausbreitung und letztlich zur Entwürdigung der ganzen Gesellschaft einzuladen. Folter ist niemals gerechtfertigt.
Das absolute Verbot der Folter ist die einzig annehmbare Politik. Der Staat, der sie gebraucht, verhöhnt nur die edlen Ziele, zu denen er sich bekennt. Wenn aber einmal eine Folterung vorkommt – und Mißbräuche kommen in jedem System vor –, dann muß sie von einem unparteiischen Gericht untersucht werden, einem Gericht, das die Umstände genauso berücksichtigt, als wenn es sich um ein anderes Verbrechen, etwa um Mord, handelte. Der Mensch mit seiner angeborenen Aggression hat gelernt, seiner Befähigung zu Exzessen Schranken zu setzen. Er hat gelernt, der Ausübung der Macht durch Wenige Grenzen zu setzen, um die Vielen, und schließlich Jedermann, zu schützen. Die Folter ist die eklatanteste Leugnung der Menschlichkeit des Menschen, die extreme Form menschlichen Verfalls. Aus diesem Grunde hat der

Mensch sie verboten. Diese menschliche Errungenschaft muß verteidigt werden.

Historische Aspekte der Folter

Jedes Volk hat in irgendeiner Phase seiner Geschichte gefoltert. Überblickt man die Geschichte der Menschheit, so ist es schwer, diese Verallgemeinerung zu widerlegen, eine Verallgemeinerung, die sich nicht bloß auf einige exzessive Vorfälle, sondern auf eine etablierte Praxis stützt. Aus dem historischen Überblick geht hervor, daß die Fähigkeit zu foltern ein Potential ist, das den Menschen gemeinsam ist, oder zumindest einigen Menschen in jeder menschlichen Gruppe.

In der Geschichte der Völker des Westens ist die Folter allgemein gebräuchlich gewesen, und zwar in Kriegszeiten und in Zeiten sozialer Spannungen, während in weniger bedrängten Phasen die erklärten Werte der westlichen Gesellschaften zum Schutze ihrer Bürger zu Phasen der entsprechenden Gesetzgebung und der Abschaffung der Folter führten. Wenn sie legalisiert war, diente die Folter der Beschaffung von Geständnissen und Informationen für das Rechtssystem. Die Vor- und Nachteile der Folterpraxis waren im Westen durch Jahrhunderte hindurch Gegenstand von Diskussionen unter den Gelehrten.

Die alten Griechen und Römer, von denen der Westen viele seiner liberalen und humanistischen Traditionen herleitet, untersagten die Folter von Bürgern. In Athen jedoch wurde die Zeugenaussage eines Sklaven für nicht vertrauenswürdig gehalten, wenn er nicht gefoltert worden war. Im republikanischen Rom galt dieselbe doppelte Norm, doch unter den zunehmend despotischen Regimen des Imperiums wurde auch der freie Bürger für eine immer größere Skala von Vergehen der Folter unterworfen. Die Befragung *(Quaestio)* erreichte erstmals ihre furchterregende Bedeutung. Die Folterung der frühen Christen ging weit über die einfache Erpressung von Geständnissen, das »Fragen stellen«, hinaus. Sie wurde angewandt, um die Gläubigen zum Widerruf ihres Glaubens zu zwingen — ein Anwendungsbereich, der weit in die Zukunft vorausweist. (Diese Anwendung führte zur Opposition einiger römischer Juristen, die sie für einen Mißbrauch des eigentlichen Zwecks der Folter ansahen). Mit dem Triumph des Christentums kam die Folter im Westen weitgehend außer Gebrauch, da die Kirche sich ihr widersetzte.

Gegen Ende des 11. Jahrhunderts trat die Folter wieder auf, und die entsprechenden römischen Gesetze *de quaestionibus* erlangten wieder Geltung. Im 13. Jahrhundert stand die Folterpraxis in voller Blüte. Die Folter stand im Ruf, *»probatio probatissimi«*, den »Beweis aller Beweise«, hervorzubringen, und ihre Praxis wurde peinlich genau reguliert und kodifiziert mit der ganzen Erfindungskraft des Menschen zur Institutionalisierung und Sanktionierung seiner Unmenschlichkeit gegenüber seinen Mitmenschen. Die »Befragung« war unterteilt in verschiedene Grade, den gewöhnlichen, außergewöhnlichen, vorbereitenden und einleitenden Grad; Folterungen wurden in einer speziellen Kammer vorgenommen, von einem Beamten, der auch als öffentlicher Henker diente. Justizbeamte saßen bequem mitten unter den verschiedenen Foltergeräten, notierten sorgfältig die Zeit, die Gewichte und Maße der einzelnen Folterungen, und schrieben die Geständnisse auf, die, kaum überraschend, im allgemeinen herauskamen.
Die Römisch-Katholische Kirche trat in ihrer Furcht vor wachsenden Häresien bald ebenfalls auf den Plan mit ihrem machtvollen Untersuchungsinstrument, der *Inquisitio:* die berüchtigte Inquisition begann. Die Geschichte lehrt, daß der Mensch, wenn er einmal die Möglichkeit der Folter akzeptiert, ein hochlogisches Gebäude von Argumenten errichtet, um sie zu rechtfertigen. So liegt zum Beispiel eine gewisse Logik in der Annahme, daß ein Sklave immer zu seinem Herrn halten wird, und daß nur Folter ihn dazu bringen kann, die Wahrheit zu sagen. Diejenigen, die den Gebrauch der Folter durch die Kirche rechtfertigten, argumentierten damit, daß der Mob Häretiker verbrennen und foltern würde, so daß die Kirche die Folter unter Kontrolle bringen und ihre Anwendung einschränken müsse. Und schließlich, wenn schon der Staat seine gewöhnlichen Verbrecher foltern durfte, warum sollte dann das viel schwerere Verbrechen der Häresie der Entdeckung entgehen, nur weil der Heilige Augustinus gesagt hatte, daß der Häretiker geistige Strafen erleiden würde? Wie es im Laufe der Geschichte immer wieder geschehen ist, so auch hier: wenn die Folter einmal erlaubt wurde, waren bald die Grenzen ihrer vermeintlichen Regulierung überschritten, und neue Kapitel wurden den Annalen menschlicher Grausamkeit und Leiden hinzugefügt.
Obwohl sich auch schon im Mittelalter Stimmen gegen die Folter erhoben, gewann ihre Ablehnung wirkliche Kraft erst im Laufe des 18. Jahrhunderts und in der Aufklärung, die Vernunft und menschlichen Fortschritt propagierte. In Frankreich wurde in der Erklärung der Menschenrechte, die einen

bedeutenden Einfluß auf das neue Zeitalter haben sollte, die Folter »für immer« abgeschafft. Das Recht, nicht der Folter unterworfen zu werden, wurde nicht als politisches Recht, das zu garantieren wäre, angesehen, sondern als ein »natürliches, unveräußerliches und heiliges Recht«. Die Französische Revolution, die Tausende Menschen ohne Rücksicht auf Rang und Stand auf die Guillotine schickte, verzeichnet wenige Fälle von Folterungen. Das Französische Strafgesetz, das die Folter untersagte, reihte den Folterer in dieselbe Kategorie wie den Mörder, indem sie die Folter als Kapitalverbrechen qualifizierte.

Mit wenigen Ausnahmen blieb das Folterverbot im 19. Jahrhundert in Europa gültig. Liberale und humanitäre Ideen, denen sich das aufsteigende Bürgertum verschrieben hatte, florierten im Gefolge der Industriellen Revolution. Die ökonomisch überholte Institution der Sklaverei sowie Praktiken wie Verstümmelungen, Brandmarken und viele körperliche Strafen wurden abgeschafft. Um 1920 konnte ein europäischer Gelehrter schreiben, die Folter sei ein fernes Relikt einer barbarischen Vergangenheit, die die Menschheit auf ihrem Weg zum Fortschritt für immer hinter sich gelassen habe. Dies war primär eine europäische Ansicht von Europa. Die europäische Weltherrschaft erreichte ihren Höhepunkt vor dem Ersten Weltkrieg, und die fünf Jahrhunderte der europäischen Expansion waren begleitet von Verbrechen aller Art, einschließlich Folter und Völkermord. Es gibt Anzeichen, daß im 19. Jahrhundert die Folter in den Kolonien abnahm. Und eine der Rechtfertigungen für den Imperialismus des 19. Jahrhunderts bestand darin, den barbarischen Praktiken gewisser Völker Einhalt zu gebieten. Der Gelehrte der 20er Jahre kann nicht wirklich des blinden Opportunismus bezichtigt werden, denn aus der Sicht dieser Zeit schien sich der Trend von der Barbarei vergangener Epochen fort zu entwickeln. Doch innerhalb weniger Jahre stürzte Europa in die Katastrophe, in einen totalen Krieg. Die ersten Massenvernichtungslager in Nazi-Deutschland, wie Dachau, wurden geschaffen als Internierungslager für deutsche politische Gefangene. Von Anfang an wurden Folterkammern installiert, später wurden Verbrennungsöfen gebaut. Wieder einmal erhielt die Folter einen quasi-legalen Status, da die Erlaubnis zu Foltern in Anordnungen der Befehlshaber in Nazi-Deutschland schriftlich gegeben wurde.

Aus der Agonie und dem Trümmerhaufen des Zweiten Weltkriegs erhob sich erneut der feste Vorsatz: »niemals wieder«. Die Sieger des Krieges verstanden sich selbst als Repräsentanten des Guten in der westlichen Zivilisation mit ihren Prinzipien von Gleichheit und Freiheit, während sie ihre faschistischen Feinde als Vertreter der dunklen Seite der europäischen Seele, ihres Rassismus und ihrer Unterdrückung ansahen. Einer der allgemein anerkannten Werte der humanistischen Tradition war die Abschaffung der Folter. Dieses Prinzip ging ein in die Menschenrechtserklärungen und Kriegsrechtsgesetze der Nachkriegszeit ohne jede Debatte oder Meinungsverschiedenheit.

Ein weiteres Ergebnis des Zweiten Weltkriegs war ein neues Gleichgewicht der Kräfte. Wieder war es eurozentrisch: zwei kontinentale Supermächte standen einander in der Mitte Europas gegenüber. Das erweiterte Europa fuhr fort, Zentrum des internationalen Systems in politischer, ökonomischer, kultureller und kommunikativer Hinsicht zu sein. Während der aus dieser Konfrontation entstandene Konflikt, der Kalte Krieg, erhebliche Spannungen erzeugte, führte er im Zentrum zu politischer Stabilität. Die Pheripherie – oder das, was dann »Dritte Welt« genannt wurde – wurde zur instabilen Zone, als die Völker versuchten, das Joch des europäischen Kolonialismus abzuwerfen, und die Supermächte den Kalten Krieg in diese Gebiete ausdehnten. Die Folter wurde zum Teil des politischen Kampfes in diesen Ländern, angewandt entweder von den Kolonialmächten als Waffe gegen die nationalen Befreiungsbewegungen, oder von lokalen Regierungen gegen die einheimische Opposition. Keine Ideologie hatte ein Monopol auf die Praxis der Folter während dieser Zeit, doch jene, die sie anwandten, benutzten in der Regel die Schlagworte des Kalten Krieges, um zu beweisen, daß ihre Gegner sich außerhalb der menschlichen Gemeinschaft befänden.

So wie Reichtum und Macht immer noch im erweiterten europäischen Bereich konzentriert waren, so war auch das sich entwickelnde System des Schutzes der Menschenrechte in Europa, vor allem in Westeuropa, zentriert. Hier war der Sitz internationaler Organisationen, staatlicher, wie nicht-staatlicher. Hier waren die Medien am aktivsten und einflußreichsten, hier führte die öffentliche Meinung eine bedeutsame, unabhängige Existenz. Und hier, im politischen Zentrum, hatten die *pressure groups* die größten Erfolgschancen. Dieser Bewußtseinsstand und der Einsatz für den internationalen Schutz der Menschenrechte war Teil der historischen Kontinuität des großen europäischen Widerspruchs: auf der einen Seite die aggressive Expansion Europas, auf der anderen sein toleranter Humanismus und seine Verteidigung liberaler Ideale. Die Kriegs- und Nachkriegsjahre sind überdies durch ein scheinbares Paradoxon gekennzeichnet. Niemals hat es einen stärkeren oder universelleren Konsensus über die totale Unzulässigkeit der Folter gegeben – und gleichzeitig hat die Folter epidemische Proportionen erreicht.

In der Vergangenheit gab es eine dauernde Verbindung zwischen dem Gebrauch der Folter und Verbrechen gegen die Souveränität des Staates. Während ihr Anwendungsbereich sehr viel größer war, so waren es doch die, wie wir heute sagen würden, »politischen Delikte«, für die Folter zuerst legalisiert und zuletzt abgeschafft wurde. Im Alten Rom wurde die Folter des freien Mannes zuerst eingeführt in Fällen von *crimen majestatis* oder *lèse majesté;* Folter wurde als legitime Verteidigung der souveränen Macht gegen jene, die gegen sie handelten, angesehen. Zunächst zurückhaltend angewandt, weitete sie sich aus im gleichen Maße, wie der despotische Charakter der Macht des Souveräns zunahm, bis schon die kleinste Geringschätzung des Herrschers ein Grund zum Foltern war. Unter dem starken Druck deutscher Juristen schuf Friedrich II. 1740 in Preußen die Folter ab, mit drei Ausnahmen: Mord, Verrat, und *lèse majesté* – Majestätsbeleidigung. Zwischen absolutistischer Macht und Folter besteht eine enge Verbindung. Der Aphorismus von der »Absoluten Macht, die dazu tendiert, absolut zu korrumpieren«, gilt auch hier, da Folter unvermeidlich ein Teil dieser Korruption zu sein scheint. Wie Pierre Vidal-Naquet geschrieben hat: »*Torture d'état* ist in der Tat nichts anderes als die direkteste und unmittelbarste Form der Herrschaft eines Menschen über den anderen, die das eigentliche Wesen der Politik ist.«

Der Mensch ist fähig, seine Mitmenschen zu foltern, aber er fühlt auch das Bedürfnis zu rechtfertigen, was er tut. Es scheint eine Vorbedingung der Folter zu sein, daß der Folterer ein Weltbild besitzt, das die Menschen unterteilt in solche, die gefoltert werden können, und andere, die nicht gefoltert werden können. Diese Unterscheidung kann sich auf irgendeine der mannigfachen Arten, einen Menschen vom anderen zu unterscheiden, stützen: Rasse, Hautfarbe, Nationalität, Klasse oder verschiedene Überzeugungen, in der Regel politische oder religiöse. Der Folterer repräsentiert und verteidigt durch den Akt der Folter die »guten« Werte. Das Opfer wird nicht »ausgewählt« – es ist von vornherein nicht menschlich.

Diejenigen, von denen man annimmt, daß sie die etablierte Ordnung bedrohen, werden in eine Kategorie gereiht, die sie außerhalb der menschlichen Gesellschaft stellt. Es ist kein Zufall, daß Sklaven folterbar waren. Die Klasse hat immer eine Rolle beim Gebrauch der Folter gespielt, so wie die Strafen

Klassenunterschieden folgten, indem die größte Grausamkeit und Strenge den unteren Klassen und den »Verrätern« an der herrschenden Klasse vorbehalten waren. Es ist interessant festzustellen, daß der Akt des Folterns selbst in der Regel nicht eine Aktivität der herrschenden Klasse ist. Die Aufgabe selbst bleibt irgend jemandem von geringerem Stand vorbehalten, da sie niemals eine besonders angesehene Arbeit war. Beim Militär ist sie »Unteroffiziersarbeit«. Das bedeutet aber nicht, daß die Angehörigen der höheren Stände darüber erhaben wären, sie anzuordnen, ihr zuzusehen, und vor allem von ihr zu profitieren.

Ein verwandtes Charakteristikum ist die Anwendung der Folter als Element im Prozeß der Austreibung des Bösen aus einer Gesellschaft. Eine Gemeinschaft, die sich in Schwierigkeiten befindet, braucht einen Sündenbock, der für die Nöte, von der die Gesellschaft besessen ist, verantwortlich ist. Während die »Hexenjagden« der Vergangenheit heute wie kollektiver Irrsinn erscheinen mögen, vor allem, weil die »Verbrechen« irrationale Verbrechen waren, so besteht doch durchaus auch heute noch Bedarf an derartigem Exorzismus – die Säuberungsprozesse der Sowjetunion bieten eines von vielen Beispielen.

Der Gleichheitsgrundsatz ist allen Anschauungen, die die Folter gestatten, zutiefst entgegengesetzt. Wenn auch die Unterzeichner der amerikanischen Unabhängigkeitserklärung nicht wirklich meinten, daß Negersklaven und Indianer »gleich geschaffen« seien, so war doch die Idee, daß »alle Menschen gleich geschaffen« seien, generell akzeptiert. Um die Mitte des 20. Jahrhunderts ist diese Idee als Prinzip universell gültig, wenn es auch offensichtlich ist, daß »einige gleicher sind als andere« und daß der Gebrauch der Folter weiterhin psychologisch darauf beruht, daß einer diskriminierten Gruppe die Gleichheit verweigert wird.

Es ist sehr schwierig, die Vergangenheit mit der Gegenwart zu vergleichen, da von beiden zu wenig bekannt ist, um eine Beurteilung, wann »mehr« oder »Schlimmeres« geschehen ist, zu gestatten. Wenn die Folter legalisiert ist, dann wird sie ohne Zweifel auch angewandt, und dafür gibt es dokumentarische Beweise. Wenn sie aber ungesetzlich ist, dann ist es schwierig, das wahre Ausmaß ihrer Anwendung abzuschätzen. Ein weiteres Problem liegt darin, daß Fakten nur dann in die Geschichte aufgenommen werden, wenn sie Menschen betreffen, die sich artikulieren können. Es gibt heute Gründe zu vermuten, daß die zunehmende Kenntnis von Folterungen daher rührt, daß in steigendem Maße Angehörige der gebildeten Gesellschaftsschichten gefoltert werden. Heutzutage tragen

auch moderne Kommunikationsmittel dazu bei, Informationen über Folterungen zu sammeln. Man kann daher nur spekulieren, ob es vor 100 oder 500 Jahren mehr oder ärgere Folterpraktiken gab. Mit einiger Sicherheit kann man nur sagen, daß die Folter heute sowohl weiter verbreitet als auch intensiver ist als sie es noch vor 15 Jahren war.
Bei einem Vergleich zwischen Vergangenheit und Gegenwart gibt es jedoch Beweise für eine definitive Weiterentwicklung der Foltertechniken. Während viele primitive Methoden, die auf physischer Kraft beruhen, weiterhin eingesetzt werden, so hat darüberhinaus die moderne Technologie, vor allem die Elektrizität, erheblich das Repertoire vergrößert. Das liegt zum Teil daran, daß, wenn die Folter illegal ist, jede Anstrengung unternommen wird, keine Spuren zu hinterlassen. Moderne Psychologie und Pharmakologie haben zusammengewirkt bei der Entwicklung von Techniken der Sinnesberaubung und neuer Drogen mit primär psychologischer Wirkung. Ein wesentlicher Unterschied liegt in der Tatsache, daß der moderne Gebrauch der Folter im Verborgenen geschieht. Ein drittes Charakteristikum hat sich zum Drama zwischen Folterer und Opfer hinzugesellt: der Vertreter des Staates, der die Folter leugnet. Die Debatten in der Vergangenheit fanden offen statt zwischen denen, die die Abschaffung der Folter forderten, und denen, die ihre Legalisierung befürworteten. Die heutigen Debatten finden statt, wie man gesagt hat, zwischen »Befürwortern ihrer Abschaffung und Lügnern«.

Das Problem der gesetzlichen Definition

Jedermann hat eine Vorstellung davon, was Folter ist, aber es hat noch niemand eine Definition gefunden, die alle möglichen Fälle abdeckt. Es hat seine guten Gründe, warum der Begriff der Folter sich einer präzisen wissenschaftlichen Definition entzieht: er beschreibt menschliches Verhalten, und jedes menschliche Wesen ist einzigartig, mit seiner eigenen Schmerzschwelle, seiner eigenen psychologischen Konstitution, seiner eigenen kulturellen Bedingtheit. Überdies ist Folter ein Begriff, der verschiedene Grade in einem Kontinuum umfaßt, das von Belästigung über Mißhandlung bis zu unerträglichem Schmerz und Tod reicht. Eine Definition muß auf qualitative Begriffe, die sowohl relativ wie subjektiv sind, zurückgreifen. Trotz dieser Schwierigkeiten ist es wichtig zu versuchen, so präzise wie möglich zu sein, um Zweideutigkeit zu vermeiden, besonders in jenem »grauen Bereich«, in dem der moderne Staat wie die moderne Technologie zu operieren sich bemühen. Schließlich hat Folter, wie andere Wörter, einen wertenden wie einen deskriptiven Inhalt. Da das Wort Folter eine Idee vermittelt, die in Widerspruch zur Menschlichkeit steht, haben Folterer die Tendenz, sie bei einem anderen Namen zu nennen, wie etwa »Tiefenverhör« oder »Bürgertherapie«, während Folteropfer die Tendenz haben, den Begriff Folter zu weit anzuwenden.

Es gibt einige wesentliche Elemente, die der Folter ihre spezifische Bedeutung geben und die in jede umfassende Definition einbezogen werden müssen. Als erstes gehört zum Wesen der Folter, daß mindestens zwei Personen daran beteiligt sind, der Folterer und das Opfer, wobei weiterhin vorausgesetzt ist, daß das Opfer sich unter der physischen Kontrolle des Folterers befindet. Das zweite Element ist das grundlegende: die Zufügung von akutem Schmerz und Leiden. Dieses Element und die Mittel, die vom Folterer gegenüber dem Opfer angewandt werden, unterscheiden ihn vom Vernehmungsbeamten. Schmerz ist ein subjektiver Begriff, ein inneres Gefühl, aber er ist deswegen nicht weniger wirklich, weil er subjektiv ist. Definitionen, die die Folter auf physische Angriffe auf den Körper beschränken, schließen die »geistige« und »psychologische« Folter aus, die ebenfalls unleugbar akuten Schmerz und Leiden hervorruft und daher in jede Definition einbezogen werden muß. Der Begriff Folter impliziert einen hohen Grad des Leidens, das »schwer« oder »akut« ist. Ein einmaliger Schlag wird von den meisten als »Mißhandlung« und nicht als »Folter« angesehen, während unausgesetztes Schlagen über 48 Stunden »Folter« ist. Intensität und Grad sind Faktoren, die zu berücksichtigen sind, wenn man Grade beurteilt.

Drittens gehört zum Begriff der Folter die Anstrengung des Folterers, durch die Zufügung von Schmerz das Opfer unterliegen zu lassen, es »zu brechen«. »Den Willen des Opfers zu brechen« zielt darauf ab, seine Menschlichkeit zu zerstören; die Reaktion auf das Grauen, das darin liegt, findet ihren Ausdruck innerhalb der verschiedenen Menschenrechtsinstrumente in Formulierungen wie »Respekt vor der dem Menschen innewohnenden Würde«.

Schließlich beinhaltet die Folter eine systematische Handlung mit einem rationalen Zweck. Die unabsichtliche und daher zufällige Zufügung von Schmerz ist nicht Folter. Folter ist die bewußte Zufügung von Schmerz, und sie kann nicht geschehen ohne die spezifische Absicht des Folterers. Dieses Element der Absicht schließt auch die Ziele und Motive zum Gebrauch der Folter ein, und wenn auch die Folter für eine Vielzahl von Zwecken gebraucht werden kann, so wird sie doch im allgemeinen angewandt, um Geständnisse oder Informationen zu erreichen, zur Bestrafung oder zur Einschüchterung des Opfers oder dritter Personen. Die ersten beiden Motive beziehen sich unmittelbar auf das Opfer, während der Zweck der Einschüchterung, heute weithin als politische Waffe in Gebrauch, auf Abschreckung sowohl des Opfers als auch anderer Personen abzielt.

Die hier angewandte Definition der Folter lautet: »Folter ist die systematische und bewußte Zufügung von akutem Schmerz in jeder Form durch eine Person gegenüber einer anderen oder einer dritten Person, um die Absichten der ersteren gegenüber den letzteren gegen ihren Willen durchzusetzen.«

In der Rechtswissenschaft und im juristischen Schrifttum gibt es kaum eine Definition der Folter. Pictet's Kommentar zu den Genfer Konventionen, der häufig die Folter erwähnt, stellt fest: »Das Wort Folter bezieht sich hier vor allem auf Leiden, die einer Person zugefügt werden, um von ihr oder einer dritten Person Geständnisse zu erlangen.« (Erste Genfer Konvention 1949, Art. 12 (2); Zweite Genfer Konvention 1949, Art. 12 (2); Dritte Genfer Konvention 1949, Art. 13; Vierte Genfer Konvention 1949, Art. 32). Diese Definition beschränkt sich auf zwei Absichten, schließt zwar den Fall der Folter einer Person, um den Willen einer dritten Person zu brechen, ein, läßt aber die Frage des Grades mit der undifferenzierten Formulierung »Leiden« völlig offen. Die Europäische Menschenrechtskommission gibt im Fall Griechenland eine Definition, die besonders interessant ist, weil sie an einem einzelnen Fall entwickelt wurde, bei dem eine internationale Gerichtsinstanz einen Staat für schuldig befand, Folter als administrative Praxis angewandt zu haben. Diese Definition ist daher von mehr als akademischem Interesse, zumal bei der Kommission weitere Fälle anhängig sind, in denen das Thema Folter zur Sprache kommt. Die Kommission stellte fest: »Das Wort ›Folter‹ wird oft verwendet, um unmenschliche Behandlung zu bezeichnen, die einen Zweck verfolgt, wie die Erlangung von Informationen oder Geständnissen, oder die Zufügung einer Strafe, und sie ist im allgemeinen eine schwerere Form von unmenschlicher Behandlung. Der Begriff unmenschliche Behandlung deckt zumindest solche Behandlung, die bewußt schwere seelische oder physische Leiden verursacht und die in der besonderen Situation unberechtigt ist.« (Europarat, Europäische Menschenrechtskommission, Der Fall Griechenland: Bericht der

Kommission, Bd. 2, Teil 1, S. 1). Diese Definition, die die Idee des bewußt zugefügten »schweren« Leidens einschließt und einige Zwecke angibt, fügt außerdem das neue Element der »Rechtfertigung« hinzu. Diese Klausel erlaubt eine Interpretation der Definition der Kommission, daß es nicht Folter sei, wenn A drei Monate lang B schlägt oder ihn mit Elektroschocks behandelt für einen »guten« oder »berechtigten« Zweck. Dies erscheint nicht nur falsch als Definition, sondern auch gefährlich als Politik. Während alle Definitionen psychologische Elemente wie Absicht, Schmerz, Zweck einschließen müssen, so können diese Elemente doch mit einer gewissen Objektivität definiert werden. Doch »Berechtigung« ist ein Werturteil, und ein Werturteil in eine Definition einzuführen, bedeutet, diese kaum anwendbar zu machen. In politischer Hinsicht würde sie dem Mißbrauch Tür und Tor öffnen, denn das Verbot der Folter könnte einfach dadurch umgangen werden, daß selbst die schrecklichsten Handlungen als »berechtigt« erklärt würden und daher nicht Folter wären.

Es erhebt sich die Frage, ob das, was Folter ausmacht, kulturell determiniert ist und daher von einer Kultur zur anderen variieren kann. Bei diesem Thema ist vielleicht die Unterscheidung zwischen »physischer« und »psychischer« Folter von Nutzen. Die Physiologie des menschlichen Nervensystems ist die gleiche bei allen menschlichen Wesen, unabhängig von Rasse, Klima oder Kultur. Im allgemeinen ist die Wirkung von physischen Torturen wie Schlagen, Elektroschocks, Fast-Ertränken, Schlafberaubung und Drogen die gleiche bei jedem menschlichen Organismus. Obwohl kulturelle Gegebenheiten einen erheblichen Einfluß auf die Fähigkeit, Schmerzen zu ertragen, haben können, wie zum Beispiel im Fall des kultischen Feuerlaufs, so haben doch Schmerzen, die gegen den Willen des Opfers zugefügt werden, auf der ganzen Welt den gleichen physiologischen Effekt. Geistige oder psychologische Folter hingegen kann unterschiedliche Wirkung haben, denn diese hängt im allgemeinen vom Wertsystem des Opfers ab. Einige Werte, wie etwa der Schutz von Kindern, sind allgemeingültig aus Gründen, die tiefer wurzeln als die Kultur, aber Werte wie etwa Religion sind kulturell determiniert. Einen Moslem auf die Knie fallen und ein Kreuz küssen zu lassen, kann für ihn Erniedrigung und Folter bedeuten, für den Christen wäre es das nicht. Universell gültig ist das Verbot der Folter; die Art und Weise der Zufügung von Schmerz kann von Kultur zu Kultur verschieden sein – das Verbot der Folter ist allgemeingültig.

Ein Bereich der juristischen Kontroverse, der unmittelbar mit dem Problem der Definition von Folter zu tun hat, betrifft die sogenannte »Doktrin der gleitenden Skala«. Diese Doktrin besagt im wesentlichen, daß ein Staat das Recht haben muß, seine Verhörmethoden auszuweiten, je größer die Bedrohung seiner Sicherheit ist. Diese Doktrin hat besondere Anziehungskraft auf Regierungen, die mit Stadtguerillas oder politischem Terrorismus konfrontiert sind. Die Anhänger dieser Lehre befürworten nicht »Folter«, wie sie in den Fällen in der Einleitung dieses Berichts geschildert ist, sondern eher Methoden des »Zwischenbereichs«, des Bereichs von »Mißhandlung«, »erniedrigender« oder »unmenschlicher« Behandlung. Aber gerade in diesem Zwischenbereich ist die Definition von Folter besonders schwach. Die hier entwickelte Definition ist im wesentlichen induktiv, aus dem Gebrauch des Wortes entwickelt. Sie ist ein Versuch, einen Kernbereich von Übereinstimmung zu finden, aber sie hängt ab von einer subjektiven Qualifikation dessen, was als »akut« zu bezeichnen ist. Die Frage des Grades führt zu dem Problem, wo eine Gesellschaft eine Linie zieht in ihren Verhörmethoden, ein Problem, dem jede Gesellschaft gegenübersteht, ob es sich um eine Notstandssituation handelt oder nicht. Wo eine Regierung mit der Zustimmung des Volkes herrscht und pluralistische Meinungsäußerungen gestattet, werden immer einige Gruppen darüber streiten, wo die Linie zu ziehen sei; im Idealfall wird dieser Prozeß unterschiedliche Interessen innerhalb der Grenzen, die von grundlegenden Menschenrechtsgarantien gezogen sind, ziemlich genau ausgleichen. Gefahr besteht erst dann, wenn dieser Ausgleich der Interessen nicht mehr gestattet ist, und das Interesse des Staates allein bestimmt, wo die Grenze zu ziehen ist. In den Gesetzestexten gibt es keine Unterstützung für die These, daß der Staat das Recht habe, die Grenze auf der Skala der Verhörmethoden in Richtung Folter und Mißhandlung zu verschieben, wenn er sich einer Bedrohung gegenübersieht. Die Europäische Konvention erkennt die Möglichkeit dieser Bedrohung, einen öffentlichen Notstand oder Kriegszustand, an, und nach Artikel 15 gestattet sie die Suspension der meisten grundlegenden Menschenrechte. Sie verbietet aber ausdrücklich die Suspension des Artikels 3, der kategorisch feststellt, daß »niemand der Folter oder unmenschlicher oder erniedrigender Behandlung oder Bestrafung unterworfen« werden darf. Nichts in der Konvention gestattet, diese Feststellung zu differenzieren. Die Doktrin der »gleitenden Skala« riskiert zur Doktrin des schlüpfrigen Abhangs zu werden. Der Staat hat schon eine Fülle von legalen Mitteln, einer Notsituation zu begegnen, einschließlich der Aufhebung des *habeas corpus*, der Versammlungs- und Redefreiheit. Wenn diese Rechte suspendiert sind, und überdies noch das Recht, die Verhörmethoden auszuweiten, hinzukommt, dann öffnet diese Kombination dem Mißbrauch Tür und Tor. Das Verbot der Folter muß unumstößlich bleiben, und jedem Versuch, die Grenzen zum Folterteil der Skala hin zu verschieben, muß unbedingt wiederstanden werden.

Wenn es auch Zwischenbereiche gibt in der Definition jener Akte, die die Folter konstituieren, so kann es doch kein Mißverständnis geben hinsichtlich ihrer Ungesetzlichkeit. Nach jedem diesbezüglichen internationalen Rechtsdokument ist Folter verboten. In Kriegszeiten oder in Zeiten anderer internationaler bewaffneter Konflikte, gilt für alle Kämpfenden, für die außer Gefecht Gesetzten und andere geschützten Personen nach den Genfer Konventionen vom 12. August 1949 das Verbot, sie zu foltern. Der den Genfer Konventionen gemeinsame Artikel 3 verbietet die Anwendung der Folter auch im Fall eines bewaffneten Konflikts von nichtinternationalem Charakter. Daher kann im Fall eines Bürgerkrieges von keiner der am Konflikt beteiligten Parteien der Anspruch erhoben oder interne Jurisdiktion angeführt werden, um die internationale Illegalität der Folter zu leugnen.

In ähnlicher Weise verbieten die Allgemeine Deklaration der Menschenrechte (Art. 5), die Amerikanische Erklärung der Rechte und Pflichten des Menschen (Art. 26) und die Erklärung der Bürgerrechte in den Arabischen Staaten und Ländern (Art. 5) den Gebrauch der Folter in Friedenszeiten. Dasselbe geschieht im Internationalen Pakt über Bürgerliche und Politische Rechte (Art. 7), in der Europäischen Menschenrechtskonvention (Art. 3) und der Amerikanischen Menschenrechtskonvention (Art. 5). Und schließlich: obwohl die letzteren Verträge Einschränkungen einiger der geschützten Rechte im Fall extremer Bedrohung der inneren Staatsordnung gestatten, so gehört das Recht, niemals der Folter unterworfen zu werden, zu jenen, für die keinerlei Einschränkung zulässig ist (Pakt, Art. 4; Europäische Konvention, Art. 15; Amerikanische Konvention, Art. 27).

Es dann daher zuverlässig festgehalten werden, daß die Folter unter allen Umständen, unabhängig von dem Kontext, in dem sie angewandt wird, nach dem allgemeinen Recht der Menschheit ungesetzlich ist. Da dies so ist, ist ihr Gebrauch mit Recht als Verbrechen gegen die Menschlichkeit anzusehen.

1. Medizinische und psychologische Aspekte der Folter

Eine Analyse der Auswirkungen von Folter schließt zwangsläufig die Erforschung der menschlichen Widerstandsfähigkeit gegen Schmerz und Belastung mit ein. Das führt zu zwei vorläufigen Schwierigkeiten theoretischer und praktischer Natur. Zunächst bewirken Schmerz oder Belastung biologische Reaktionen, die am besten als Kombination von geistig/seelischen und physischen Vorgängen verstanden werden. Zweitens ist es so gut wie unmöglich, einzelne Foltermethoden und ihre Auswirkungen ohne Bezug auf den Zusammenhang, in dem die Folter verübt wird, zu diskutieren. Diese zweite Schwierigkeit gilt besonders für das Problem, die Ergebnisse von Streß-Situationen im Labor mit tatsächlichen Folterbedingungen zu vergleichen.

Die erste Schwierigkeit, besonders jene der Diskussion von Schmerzerfahrungen, entsteht aus der traditionellen und bequemen Gewohnheit, »Körper« und »Geist/Seele« als getrennte Einheiten zu betrachten. Diese theoretische Trennung ist in Kulturen mit so verschiedenartigen religiösen und philosophischen Wurzeln wie der christlich-jüdischen und der hinduistischen gemeinhin als gegeben angesehen worden. Doch so angemessen diese Vorstellung einer Trennung von Körper und Geist der Entwicklung von moralischen und Verhaltensnormen erscheinen mag, sie erschwert ein wirkliches Verstehen bestimmter menschlicher Phänomene wie Schmerz beträchtlich. Obwohl dieses Gebiet noch weiter erforscht werden muß, ist für den Zweck dieses Berichts nichtsdestoweniger von Bedeutung, daß zeitgenössische Schmerzstudien ebenso wie die Erforschung psychosomatischer Krankheiten und Belastungen auf die zunehmende Anerkennung einer Betrachtungsweise hindeuten, die Körper und Geist als eine Einheit sieht. Das Beharren auf einer Trennung zwischen »körperlichen« und »geistig/seelischen« Schmerzerfahrungen kann nicht mehr akzeptiert werden. Diese Entwicklung hält uns davon ab, Foltermethoden und ihre Auswirkungen nach getrennten physischen und psychologischen Kategorien einzuteilen.

Es wird gewöhnlich angenommen, daß es einen sehr realen Unterschied zwischen »Methoden dritten Grades« (physische Mißhandlung wie die Falanga) und »Methoden vierten Grades« (psychologische Desorientierung wie etwa sensorische

Deprivation) gebe, aber beide Methoden stehen in einem lükkenlosen physisch-psychologischen Zusammenhang. Gleichwohl erzeugen auf technischen Faktoren beruhende Unterschiede nicht unbedingt entsprechende Unterschiede in der Art der erlebten Qual. Die Ängste, Empfindlichkeiten und Widerstandsfähigkeit jeder einzelnen Person sind unterschiedlich — was ein Opfer »zerbricht«, mag für ein anderes »nur ein Kratzer« sein. Folter ist ein positiver Rückkopplungsprozeß und kann nicht in Begriffen erklärt werden, die von einer Vorliebe für Klassifizierungen eingeengt sind. Tatsächlich ist es im Hinblick auf zeitgenössische Streßuntersuchungen und Konditionierungstheorien ergiebiger, der Frage der »Techniken« sekundäre Bedeutung beizumessen und sich auf den Gesamtcharakter der Foltersituation ebenso wie auf die kurz- und langfristigen Auswirkungen auf die Betroffenen zu konzentrieren.

Überdies deutet das Beweismaterial nicht darauf hin, daß wirkliche Folter im allgemeinen der Art von militärischer Disziplin unterliegt, die zur Festsetzung feiner Unterschiede in der Foltertechnik führen würde. Der Befehl, der gewöhnlich als Ermächtigung zur Folter angesehen wird, ist die Anweisung, »durch alle verfügbaren Mittel« Auskünfte einzuholen. Es ist sowohl theoretisch als auch praktisch unmöglich, eine Foltersituation zu definieren, in der sich nicht Elemente von Foltermethoden dritten und vierten Grades unentwirrbar verbinden würden. Die Druckausübung kann in unbequemen Gefängnisbedingungen (beengte Unterbringung, unzulängliche sanitäre Einrichtungen), Brutalität (rohe Behandlung), Tätlichkeiten (Schläge, Tritte), sozialer Deprivation (Trennung von der Familie, kulturelle Anstößigkeiten), Ungerechtigkeiten (Verletzung gesetzlicher Rechte) und in Schlafentzug bestehen.

Es ist natürlich möglich, einige Aspekte der Auswirkungen einer solchen Situation auf das Opfer herauszugreifen. Es ist ebenfalls möglich, mit einiger Wahrscheinlichkeit Verletzungen zu bestimmen, die von speziellen Mißhandlungen herrühren, und festzulegen, ob sie eine medizinische oder psychiatrische Behandlung erforderlich machen. Aber in einer Zeit, in der umfangreiche klinische und theoretische Studien den Einfluß mechanistischer Vorstellungen von menschlichem Verhalten und menschlicher Motivation zur Schau stellen, ist analytische Vorsicht angebracht. Die Folgerungen aus der Erklärung »mir wurde in den Magen getreten« gehen weit über die Möglichkeit von Geweberissen und inneren Blutungen hinaus.

Diese Faktoren bestimmten die Behandlung des Themas. Daraus folgt erstens eine Betrachtung der Folter im Hinblick auf den Verfall menschlicher Widerstandsfähigkeit gegen Streß; zweitens eine Darstellung von Studien über die Manipulation menschlichen Verhaltens in Streß-Situationen; und drittens eine Betrachtung der Auswirkungen von Folter auf die Opfer und die Ausführenden.

Folter als Streßbelastung

In menschlichen Begriffen ist Streß jedes Ereignis, das die Stabilität des Wohlbefindens in physischer und geistiger Hinsicht sowie im Hinblick auf die Umgebung verändert oder zu verändern droht. Die Mehrzahl der auf ein Individuum einwirkenden Streßbelastungen wird durch ererbte oder erworbene Abwehrmechanismen leicht bewältigt. Wie ein körperlicher Angriff durch eine Armbewegung abgewehrt werden kann, so kann ein verbaler Angriff durch ein Lachen oder eine verächtliche Antwort zurückgewiesen werden. Diese Abwehrfaktoren, durch die wir Belastungen überleben, werden vom Militär bei der Ausbildung von Soldaten sorgfältig studiert und gepflegt. Mit dem gleichen Eifer werden sie von Foltertechnikern und Trainingsgruppen zur Erhöhung der Widerstandskraft gegen Folter studiert. Um Natur und Funktion dieser Abwehrmechanismen zu verstehen, ist es erforderlich, kurz auf die Merkmale des Stresses selbst einzugehen.
Streßbelastungen werden gewöhnlich in drei Kategorien ein geteilt: die akute (kurzzeitig), die sub-akute (mittelfristig) und die chronische (langandauernd). Die Reaktion auf jede Belastungsart ist entsprechend unterschiedlich.
Bei akutem Streß kommt es zu einem plötzlichen Reflex, einer primitiven Reaktion »flüchten oder kämpfen«. Das Gehirn wird alarmiert, das Herz schlägt schneller, die Blutgefäße unter der Haut ziehen sich zusammen, um mehr Blut an Gehirn und Muskeln zu verteilen, die Nebennierendrüsen stoßen Adrenalin und Corticosteroide in den Blutstrom aus. Das Ergebnis ist ein Zustand höchster Erregung. Wird der akute Streß unerträglich, kann es zu einer Umkehrung kommen: unter solchen Umständen kann der Betroffene sich erbrechen, »vor Angst gelähmt sein«, in Ohnmacht fallen oder sogar einschlafen.
Die »sub-akute« Reaktion entsteht durch längere Streßbelastung, die von Angst oder Aufregung gekennzeichnet ist (d. h.

mittelmäßige Erregung des Gehirns), mit auffallenden Veränderungen bei Schlaf, Appetit und Libido. Der Betroffene behält jedoch das Vertrauen in seine Fähigkeit, mit der Lage fertig zu werden und seine Integrität und Moral aufrechtzuerhalten. Selbst wenn der Streß mit einer Todesdrohung verbunden ist, bewahrt der Betroffene eine »Kampfhaltung« und erwartet kein Unheil. Auf dieser Ebene wird die Widerstandsfähigkeit gegen Streß besonders in der militärischen Ausbildung gestärkt, da sie für das Ertragen von andauerndem Streß unerläßlich ist. Ist die Widerstandskraft auf dieser Ebene nicht vorhanden oder zerstört, so ist mit einem beschleunigten Übergang zur letzten, »chronischen« Phase zu rechnen.

Obwohl die »chronische« Verhaltensreaktion auf schwere Streßbelastung die Fähigkeit, in einer »normalen« Gesellschaft mit niedriger Streßbelastung zu leben, stark beeinträchtigen würde, ist sie in Situationen extremen Drucks oft zur Selbsterhaltung notwendig. Es kann sich ein ständiger Angstzustand entwickeln, oft mit zutiefst deprimierter Stimmung und pessimistischer Zukunftserwartung. Denkvorgänge und Körperfunktionen verlangsamen sich. In diesem Zustand bewirken äußere Belastungen wenig Qual, da Körper und Geist bereits in höchstem Maße gepeinigt und daher abgestumpft sind. Ebenso wie bei akuten Belastungen kann es zu einer Umkehrung kommen, bei der das Opfer in einen Zustand völliger Verneinung wie etwa einen »hysterischen Gedächtnisschwund« gerät. Es scheint jedes Bewußtsein »abgeschaltet« zu haben, blickt sanft und ruhig und zeigt keine Reaktion auf Schmerz. Es scheint sein Gedächtnis oder seine Stimme »verloren« zu haben oder gelähmt zu sein. Es ist, als ob der übermäßig erregte Geist seine Relais ausgeschaltet und aufgehört hätte, körperliche oder sensorische Reize zur Kenntnis zu nehmen. Bei jenen, die sich nicht in eine dieser beiden Hauptreaktionen zurückziehen können, kann der Geist das Leben »aufgeben«. In Kriegszeiten gab es viele Fälle, in denen Einzelpersonen sich dem Erschießen aussetzten – eine tödliche Verletzung wurde als gnadenvolle Befreiung angesehen, eine Verwundung kam einer Fahrkarte ins Etappenlazarett gleich. Obwohl zuweilen mit Absicht so vorgegangen wurde, geschah es doch im allgemeinen unbewußt und äußerte sich dann in einer erhöhten Unfallhäufigkeit bei übermäßig belasteten Männern. In anderen Fällen wurde der Tod durch Selbstmord oder einfach dadurch herbeigeführt, daß der einzelne jede Nahrung verweigerte und sich zum Sterben legte, wie es häufig in den harten Gefangenenlagern des Zweiten Weltkriegs geschah. Die Selbstaufgabe konnte auch andere Formen annehmen: Der Mensch wurde anfällig für Krankheiten wie Lungenentzündung, für psychosomatische Leiden wie Zwölffingerdarm-Geschwüre, Asthma und Bronchitis, für Herzkrankheiten, Tuberkulose und sogar für Krebs. Es ist daher offensichtlich, daß unter dem Gesichtspunkt der Widerstandsfähigkeit gegen Belastungen durch Krieg oder Folter jene Faktoren von besonderer Bedeutung sind, die den Übergang von der »sub-akuten« zur »chronischen« Streßreaktion (d. h. vom Kampf zur Flucht) erschweren. Genau in diesem Bereich will die militärische Ausbildung das Individuum stärken, während die Folter es brechen will.

Bevor wir die Mechanismen zur Zerrüttung der Widerstandsfähigkeit gegen sub-akuten Streß analysieren, müssen zunächst zwei verbreitete falsche Vorstellungen behandelt werden, die im Laufe des Jahrhunderts zwischen dem amerikanischen Sezessionskrieg und dem Vietnamkrieg als irrig erkannt und verworfen wurden. Die erste ist, daß man durch Beurteilung der früheren Persönlichkeit eines Menschen dessen Ertragensfähigkeit von Streß voraussagen könne. Ehemals neurotische oder sozial unangepaßte Menschen, die in einer normalen Umgebung nicht zurechtkamen, waren häufig belastbarer als solche mit einer deutlich »normalen« Persönlichkeit. Es wurde einmal festgestellt, daß unter Kriegsteilnehmern in psychiatrischer Behandlung ungefähr 50 Prozent früher eine labile Persönlichkeit hatten, worauf bei der Musterung strenge Prüfverfahren eingeführt wurden (darunter ein Programm der US-Kriegsmarine im Ersten Weltkrieg, in dem Fluchen und Masturbation als Gründe für den Ausschluß galten). Erst später wurde festgestellt, daß psychisch geschädigte Kriegsteilnehmer im Durchschnitt länger gedient hatten als körperlich geschädigte, und daß 50 Prozent von hochdekorierten Luftwaffenangehörigen gleichfalls eine »labile frühere Persönlichkeit« hatten.

Der zweite Irrtum ist, daß man mit »Charakterstärke« lebensbedrohende Belastungen unbegrenzt ertragen könne. Während des Zweiten Weltkriegs wurde bei den Kämpfen im Mittelmeerraum festgestellt, daß Männer, die 100, 200 oder sogar 300 Tage lang die ständigen Kampfhandlungen an der Front unversehrt überlebten, geistige Störungen erlitten und ohne Essen und Schlaf wie Roboter weiterkämpften; sie mußten mit Gewalt vom Schlachtfeld entfernt werden, um Ruhe und psychiatrische Behandlung zu bekommen. Es ist in diesem Zusammenhang bezeichnend, daß der »Verhaltenskodex für Mitglieder der US-Streitkräfte« nach dem Koreakrieg geändert wurde, um der Tatsache Rechnung zu tragen, daß in der

Vergangenheit fast alle Kriegsgefangenen trotz gegenteiliger Befehle ihren Befragern Informationen preisgegeben hatten. Der Beraterausschuß des Verteidigungsministers, der die geänderte Dienstvorschrift erarbeitet hatte, faßte zusammen: »... man anerkennt, daß der Kriegsgefangene einem extremen Zwang unterworfen sein kann, der seine Widerstandskraft übersteigt. Wenn in seinem Verhör die erste Widerstandslinie (d. h. ›Name, Rang, Nummer und Geburtsdatum‹) durchbrochen ist, muß er für den Widerstand gegen darauffolgende Verhörsituationen ausgebildet werden.«

Der beste und häufigste Widerstand gegen Schmerz und Streß – sei er von starker oder geringer Intensität – ist die einfache Leugnung, daß es sich um einen starken Schmerz oder Streß handelt, oder sogar, daß überhaupt kein Schmerz oder Streß vorliegt. Diese Verleugnung kann entweder kulturell oder individuell erzeugt werden. So werden in einigen Kulturkreisen verschiedene Arten der Belastung – wie z. B. schwere körperliche Übungen – als charakterbildend betrachtet. Das Entfernen eines Fingernagels durch einen Arzt wird trotz Unbehagens geduldig in dem Bewußtsein ertragen, daß es Erleichterung von Schmerzen und die Wiederherstellung der Gesundheit bringen wird. Allgemein gesprochen: Wenn jemand meint, daß das Ertragen von Körperstrafen auf Erden einen kurzen Aufenthalt im Fegefeuer und eine sichere Belohnung im Himmel verspricht, kann er den Schmerz freudig ertragen. Ähnlich verhält es sich, wenn jemand an eine gute Sache glaubt, etwa an die Freiheit, die es zu verteidigen gilt, oder wenn er sich einem revolutionären Kampf verschworen hat; dann sind Schmerz und Tod nur der Preis, der für den Sieg bezahlt werden muß. Mut im Ertragen von Widerwärtigkeiten kann sich aus Gefühlen wie Patriotismus, Kameradschaft oder Gerechtigkeitsliebe zusammensetzen, aus persönlichen Gefühlen emotionaler Sicherheit oder aus Haß bzw. Aggression gegenüber dem Feind. Er kann von kleinen Dingen gestärkt werden – durch einen Sonnenstrahl, durch Nahrung und Schlaf, durch Nachrichten von Zuhause, oder in Fällen von Einzelhaft sogar durch eine Gefühlsbindung an winzige Geschöpfe wie Stechmücken. Solange es einem Gefangenen gelingt, diese ausgleichende innere Haltung in einer schweren und länger währenden Streß-Situation zu bewahren, kann man nicht behaupten, er befände sich in der chronischen Reaktionsphase. Das Ziel des Folterers bzw. Verhörenden ist es daher, diese Standhaftigkeit durch Vernichtung aller Stützen, deren das Individuum zu seinem inneren Halt bedarf, zu zerrütten.

Dies bedeutet, daß das Opfer glauben muß, es werde gefoltert, noch bevor die übermäßige Belastung durch die Folter beginnt; es muß glauben, daß die Belastung nicht tragbar sei. Das Ausreißen eines Fingernagels oder das Stechen mit Nadeln im Verlauf eines Zwangsverhörs ist eine furchtbare Erfahrung, und der Schmerz unterscheidet sich erheblich von dem, den man im eher beruhigenden Zusammenhang ärztlicher Fürsorge erfährt. Ferner ist zu berücksichtigen, daß die Streßbelastung in kultureller Hinsicht »richtig« sein muß, um als Folter erkannt zu werden. Zum Beispiel glauben viele intellektuelle Europäer, daß Pentothal eine »Wahrheitsdroge« sei, und daß eine Injektion damit unweigerlich eine wahre und vollständige Antwort auf jede Frage bewirke. Nur dieser Glaube gibt der Droge ihren Ruf: wenn jemand glaubt, er habe eine Droge mit einer bestimmten Wirkung eingenommen, so wird diese Wirkung mit vierzigprozentiger Sicherheit eintreffen, selbst wenn eine vollständig neutrale Substanz verwendet wird (Placebo-Effekt). Derselbe intellektuelle Abendländer, der »alles sagt«, wenn er eine Injektion mit destilliertem Wasser bekommt (und glaubt, es sei »Wahrheitsdroge«), würde wahrscheinlich lachen, wenn ein schwarzer westindischer Kultpriester ihn mit dem Bann eines Voodoo-Zaubers belegte, dem die gleiche Wirkung nachgesagt wird. Das Umgekehrte wäre vermutlich von einem Bauern auf Haiti zu erwarten.

Im Zusammenhang mit politischer Unterdrückung sind diese wesentlichen Merkmale der Bösartigkeit und der Angemessenheit der Mittel typisch für die Folter- bzw. Verhörsituation. Darum ist es das erste Ziel des Folterers, den ausgleichenden inneren Halt und die gewohnheitsmäßigen Abwehrmechanismen des Opfers zu schwächen. Dies wird im allgemeinen zu Beginn des Verhörs durch systematische Entkräftung der Gefangenen erreicht. Es ist nicht verwunderlich, daß sich die Methoden gleichen: Unterernährung, Entblößung, Ausnutzung von Wunden, Herbeiführen von Krankheiten, Schlafentzug, Mangel an angemessener Hygiene, lange Verhöre unter extremer Spannung, lange Haft, erzwungenes Schreiben und ermüdende Körperübungen. Durch dieses Entkräftungsverfahren soll der Folgesatz zu dem Prinzip »ein gesunder Geist in einem gesunden Körper« eingeführt werden. Die Schädigung der anatomischen und physiologischen Körperfunktionen behindert in zunehmendem Maße die Arbeit des Gehirns und beschleunigt den Zusammenbruch des Willens und der Moral. Durch Hunger wird dem Gehirn die Energie entzogen, die es zum Arbeiten braucht; durch schlechte Ernährung und Mangel an Vitamin B erhält das Gehirn zuwenig Coenzyme, die für den normalen Stoffwechsel im Gehirn notwendig sind. Die Folgen von Schlafentzug werden noch kaum verstanden, doch bewirkt er Funktionsstörungen der Hirnrinde: Elektroenzephalogramme zeigen deutlich, daß Schlafentzug eine zunehmende Häufigkeit des Träumens bewirkt; wenn der Schlaf verhindert wird, treten die Träume auch in wachem Zustand auf, was zu verwirrten Wahrnehmungen und Halluzinationen führt.

Es gibt zwei Theorien über die Funktionen dieses Zusammenbruchs: die »Gehirn-Syndrom«-Theorie und die Belastungstheorie.

Jede enthält die andere als ergänzenden Einfluß. In seiner systematischen Studie über die herbeigeführte Schwächung des Opfers eines Verhörs stellt Hinkle* fest, daß mit dem körperlichen Zusammenbruch »eine Schädigung all jener Hirnfunktionen erreicht werden soll, die ein Arzt bei der Untersuchung des ›Geisteszustandes‹ seines Patienten normalerweise beurteilt. Ein Patient, der dieses Syndrom zeigt, kann seinen normalen, verschiedenartigen Aktivitäten nicht mehr nachgehen, seine tägliche Verantwortung nicht wieder aufnehmen und ist zwischenmenschlichen Beziehungen nicht gewachsen. Während der weiteren Entwicklung der Symptome wird er möglicherweise ruhelos, redselig und irre ... Informationen aus früheren Erfahrungen verlieren als Handlungsrichtlinien an Bedeutung, während Informationen aus der unmittelbaren Erfahrung wie Schmerz, Durst, körperliche Beschwerden oder Todesdrohungen zunehmend das Bewußtsein bestimmen.« Shallice* meint, Hinkles Konzept sei keine ausreichende Erklärung für die Wirksamkeit des Verfahrens, anerkennt jedoch, daß die »Aspekte des Gehirn-Syndroms relevant sind. Die Unfähigkeit, richtig zu denken, wird selbst zur Streßbelastung; sie hindert den Gefangenen daran, sich Mittel zum Ertragen der Belastung auszudenken, er ist leichter zu verhören ... das ist ein wichtiger Teil eines positiven Rückkopplungsvorgangs, der Belastung erzeugt.«

Die zweite wichtige Theorie über den Vorgang des Zusammenbruchs wird von Sargant* dargelegt. Er zieht einen Vergleich mit Erschöpfung im Kampf, wie sie von Swank* und Marchland* untersucht wurde, und meint, der Zusammenbruch ergebe sich einfach aus den Folgen der Belastung. Nach einem Zeitraum von etwa fünfzig Tagen ununterbrochenen Kampfes würden die Soldaten »schreckhaft und verwirrt«,

* Zu diesem und allen weiteren Autorennamen: Siehe Bibliographie am Ende des Buches (S. 251 ff).

»reizbar« und reagierten übermäßig stark auf alle Reize. »Auf diesen Zustand von Übererregung folgte tückischerweise eine andere Gruppe von Symptomen, die als ›emotionale Erschöpfung‹ bezeichnet werden kann. Die Männer wurden stumpf und teilnahmslos, Geist und Körper wurden träge, sie waren zerstreut und hatten zunehmend Schwierigkeiten, sich an Einzelheiten zu erinnern. Dazu kamen Gleichgültigkeit und Apathie ... In solchen Fällen konnten bizarre, widersprüchliche Verhaltensweisen auftreten.«

Die einfachste Erscheinung dieses allmählichen Zusammenbrechens als Ergebnis von Folter wurde nach dem Koreakrieg aufgezeichnet. Bei ihrer Prüfung der Methoden gewaltsamer Indoktrination stellte die Gruppe zur »Förderung der Psychiatrie« fest, daß es während des Koreakriegs ein besonders wirksames Mittel zur Erzeugung von Schmerz und Übermüdung war, den Gefangenen stehend langen Verhören zu unterziehen. (Andere Varianten waren, ihn zum Sitzen zu zwingen, und zwar ohne Stuhl oder eine andere Sitzgelegenheit; oder er mußte schwere Gegenstände wie etwa Bücher hochhalten.) Die Gruppe weist auf die Vorteile dieser Art der schwächenden Folter für den Verhörenden hin: die unmittelbare Schmerzquelle ist nicht der Verhörende, sondern das Opfer selbst; es ergibt sich ein Kampf des Opfers gegen sich selbst. Indem er so »gegen sich selbst« handelt, bekommt der Gefangene das Gefühl, der Verhörende habe größere Macht (z. B. kann eine Verweigerung des Gehorsams bedeuten, daß der Verhörende zu offener Gewaltanwendung übergeht); und der Verhörende kann behaupten, niemand habe den Gefangenen angefaßt, und erhält so das Gefühl, er handele legal.

Die logische Fortführung dieser »passiven« Folter ist die Anwendung von Techniken zur sensorischen Deprivation. Auf diesem Gebiet wurden umfangreiche Untersuchungen durchgeführt, und die Ergebnisse zeigen ein verhältnismäßig einheitliches Muster. Typisch für die Auswahl der Experimente auf diesem Gebiet ist ein Programm, das Lord Gardiner in seinem Minderheitsbericht zitiert, der zusammen mit dem »Bericht des Staatsratskomitees zur Überprüfung erlaubter Verfahren zum Verhör von Personen, die des Terrorismus verdächtigt werden« dem britischen Parlament im März 1972 vorgelegt wurde:

»Bei einem Experiment in England, das im ›Lancet‹ vom 12. September 1959 ausführlich beschrieben wurde, wurden zwanzig Männer und Frauen zwischen 20 und 55 Jahren — Freiwillige einer Krankenhausbelegschaft — einzeln in

»stille Räume« gesetzt, die einen durchschnittlichen Geräuschpegel von 80 Dezibel hatten. Eine weitere sensorische Deprivation war, daß sie lichtdurchlässige Schutzbrillen tragen mußten, die einen gemusterten Sichtausschnitt lieferten; außerdem mußten sie gefütterte Pelzhandschuhe anziehen. Andererseits erhielten sie vier normale Mahlzeiten pro Tag, zu denen sie von Kollegen des Krankenhauspersonals besucht wurden und die Schutzbrillen abnehmen konnten. Sie hatten ›Dunlopillo‹-Matratzen, auf denen sie schlafen oder ruhen konnten, wenn sie nicht umhergehen wollten. Man versprach ihnen so viel bezahlte Freizeit, wie sie in dem Raum verbringen würden, und forderte sie auf, so lange wie möglich darin zu bleiben.
Sechs Versuchspersonen hielten es 48, 51, 75, 82 und 92 Stunden aus, aber 14 von den 20 gaben nach weniger als achtundvierzig Stunden auf (zwei nach nur fünf Stunden).
Als Gründe wurden unerträgliche Angst, Spannung oder Anwandlungen von Panik angegeben. Diejenigen, die während ihres Aufenthalts in der Isolierkammer schliefen, träumten ausnahmslos, und 5 der 20 Versuchspersonen hatten Alpträume, in denen Ertrinken, Ersticken, Töten usw. Besonderheiten waren. Das waren die Ergebnisse, obwohl diese Leute Freiwillige in ihrem eigenen Krankenhaus waren, die wußten, daß es keinen Grund zur Panik gab und die sich weder an die Wand stellen mußten noch um Nahrung oder Schlaf gebracht wurden.«

In seiner Besprechung der Forschungen über die Anwendung sensorischer Deprivation bei den Techniken des Tiefenverhörs in Nordirland gibt Shallice eine für das Verständnis der tatsächlichen Implikationen sensorischer Deprivation (SD) im Zusammenhang mit Folter wesentliche Erklärung ab:

»Wenn wir uns Menschen zuwenden, die in einer nichtexperimentellen Situation der SD ausgesetzt werden und wo die Ausgangslage phänomenologisch sehr verschieden ist, wird die streßerzeugende Natur der SD noch offensichtlicher . . . In Nordirland wurden die Internierten in Overalls gekleidet, hatten eine dicke schwarze Kapuze über dem Kopf, waren lautem Lärm ausgesetzt und mußten in einer ermüdenden und schmerzhaften Stellung verharren . . . man ließ sie nicht schlafen und ernährte sie unzureichend. So wurden die kognitiven Funktionen gestört, und die Gefangenen litten unter Schmerzen von Schlägen und der ›Stoika‹-Haltung an der Wand. Schließlich mußte die Angst der Internierten sehr stark geworden sein, sogar vor dem Beginn der sensorischen Deprivation, um so mehr als niemand wußte, ob sie verhaftet und der Entpersonalisierung und Desorientierung der Haft unterworfen sein würden. So darf man davon ausgehen, daß der positive Rückkopplungseffekt ... bereits auf einem hohen Ausgangsniveau der Streßbelastung einsetzte ... wobei die behinderte Wahrnehmung den Einsatz rationaler Abwehrmechanismen unmöglich machte.«

Die Zeugenaussagen entlassener Internierter bestätigen die Vermutung von Shallice. Einer sagte aus: »Ich hörte seltsame Geräusche, Schreie, und mein einziger Wunsch war, diese Qual und Verwirrung durch meinen Selbstmord zu beenden. Das versuchte ich, in Gedanken zu tun, indem ich meinen Kopf an ein Rohr schlug, jedoch ohne Erfolg.«

Wenn die Grundstabilität einer Person auf solche Weise bedroht wird, entwickelt sie verschiedene Listen, um die Spannung zu lösen. Zum Beispiel, wenn jemandem etwas Unangenehmes passiert, erzählt er einem Freund davon, und das Unangenehme ist leichter zu ertragen. In einer Gruppe von Gefangenen können die einzelnen Mitglieder sich gegenseitig stützen, indem sie über ihre Erfahrungen sprechen (oder scherzen), oder indem sie singen oder über andere Dinge reden, die sie ablenken. Dieses »Dampfablassen« ist natürlich auf die Belastungen begrenzt, die erkannt werden, und auf die Ängste, die ausgedrückt werden können. Sedman weist darauf hin, daß »die Unfähigkeit des Gefangenen, die Quellen der während des Verhörs erlittenen Zwänge zu erkennen, ihre Wirkungen verstärkt, insbesondere die quälenden Auswirkungen von Schuldgefühlen«. Aber selbst die Erleichterung, die Kameradschaft bieten kann, wird dem in Isolierhaft gehaltenen Gefangenen verwehrt. Ohne Gesellschaft und in Ungewißheit über sein Schicksal beginnt das Opfer zu spüren, daß der Zeitpunkt seines Zusammenbruchs näherrückt. Das bloße Warten kann ihn in einen Zustand so großer Anspannung und Angst versetzen, daß er Verhaltensmuster entwickelt, die der »chronischen« Streßreaktion entsprechen. Auch Langeweile trägt zu der Belastungsspirale bei, die in vielen Fällen nicht durch körperliche Übungen erleichtert werden kann. Wenn körperliche Betätigung verhindert wird, verliert das Opfer eine weitere grundlegende Möglichkeit, mit der Belastung fertig zu werden; wenn dies ernste Formen annimmt, kann er die physischen Aspekte der Folter sogar begrüßen und als sein »Sicherheitsventil« ansehen. In Übereinstimmung mit der Aussage des Internierten in Nordirland, daß er versuchte, seinen Kopf gegen ein Rohr zu schlagen, erklärten Soldaten des Ersten Weltkriegs, die extremen Belastungen

ausgesetzt waren, daß sie enorme Erleichterung verspürten, als sie verwundet wurden. Schwer gequälte psychiatrische Patienten verletzen sich selbst und werden ruhig, wenn sie sich beispielsweise den Puls durchgeschnitten haben. Man nimmt an, daß Magengeschwüre für hochgradig belastete Menschen eine – wenn auch unbewußte – Möglichkeit sind, unerträgliche geistige Belastungen in erträgliche körperliche umzuwandeln.
Wegen dieses selbstregulierenden Schutzpotentials des menschlichen Organismus können sich Folterer und Verhörende nicht allein auf steigende Streßbelastung verlassen, wenn sie das Verhalten eines Gefangenen oder Untersuchungshäftlings nachhaltig verändern wollen. Dazu ist eine erhebliche Manipulation der Verhaltensweise erforderlich. Dem werden wir uns jetzt zuwenden.

Manipulation und Widerstand

Um den Übergang von der sub-akuten zur chronischen Streßreaktion herbeizuführen, beginnt der Folterer mit der systematischen Schwächung des Gefangenen. Dies ist ein Teil der klassischen Manipulation, die in der Untersuchung von Biderman über den Koreakrieg beschrieben wurde. Biderman war wesentlich an der Zerstörung des Mythos beteiligt, daß die Chinesen geheimnisvolle oder magische Mittel zur »Gehirnwäsche« der alliierten Kriegsgefangenen verwendet hätten. Zusammen mit Harlow, Farber und West (und anderen) klassifizierte er Manipulationstechniken nach einem als DDD (Dependency, Debility, Dread = Abhängigkeit, Erschöpfung, Schrecken) bezeichneten Schema. Zu jener Zeit verbot der Verhaltenskodex für Kriegsgefangene ausdrücklich jede Kommunikation mit dem Feind, abgesehen von den Angaben über Name, Rang, Nummer und Geburtsdatum, die von der Genfer Konvention gefordert wurden. Dennoch war es den chinesischen Verhörern ohne Anwendung übermäßiger physischer Brutalität gelungen, Geständnisse zu erhalten, die wenigstens ebenso absurd waren wie die, die vom KGB für seine Schauprozesse in den 30er Jahren erzwungen wurden. Indem er die elementaren Prinzipien der Konditionierungstheorie anwendete, konnte Biderman aufzeigen, daß unter den physischen, sozialen und emotionalen Bedingungen, die durch DDD erzeugt werden, Gehorsam als eine natürliche Konsequenz menschlichen Verhaltens betrachtet werden kann. Die fol-

gende Darstellung des DDD-Schemas zeigt, wie Belastungsmuster manipuliert werden können und manipuliert werden.
Die Funktion der Erschöpfung wurde bereits besprochen. Das Opfer, dem während dieser Phase durch seinen Folterer Nahrung, Schlaf und menschlicher Kontakt entzogen werden, wird in diesen Dingen paradoxerweise von seinem Folterer abhängig. Die einzige Person, die ihm diese Erleichterungen verschaffen kann, ist der Folterer, und in der künstlich erzeugten abnormen Umgebung, wo Deprivation und Belastung zur Norm werden und andere menschliche Kontakte fehlen, wird das Opfer von seinem Peiniger als einziger Hilfsquelle abhängig. Durch gelegentliche unvorhergesehene Ruhepausen, in denen der Folterer für kurze Zeit zum mitfühlenden Zuhörer wird, fühlt das Opfer sich ihm verpflichtet.
Wie die Schwächung zur Abhängigkeit führt, so führt die Abhängigkeit zum Schrecken. Schrecken mag während der Anwendung der schwächenden Folter nicht bewußt erfahren werden, doch während der Ruhepausen stellt er sich mit der Angst vor der Wiederaufnahme der zermürbenden Folter ein. Das Erzeugen von Furcht und Schrecken ist ein grundsätzliches Ziel. Um Farber und andere zu zitieren: »Schrecken ist der deutlichste Ausdruck, um die chronische Angst zu beschreiben, die die Kommunisten erzeugen wollten. Angst vor dem Tod, Angst vor Schmerzen, Angst, nicht in die Heimat zurückkehren zu können, Angst vor Verkrüppelung und bleibenden gesundheitlichen Schäden durch Vernachlässigung oder mangelnde medizinische Behandlung, Angst vor Gewalttätigkeiten gegen die geliebten Menschen zu Hause, und sogar Angst vor der eigenen Unfähigkeit, die Forderungen von unersättlichen Verhörern zu befriedigen — diese und viele andere quälenden Formen der Verzweiflung bilden DDD.«
Die Verbindung dieser drei Faktoren — sorgfältig geplant und gefördert — führt den widerstrebenden Gefangenen zu totalem Gehorsam. An dieser Stelle muß betont werden, daß totaler Gehorsam eine ganze Reihe unterwürfiger Aktionen bedeuten kann, die keineswegs auf das verbreitete Mißverständnis beschränkt sind, das Ziel oder das Ergebnis von Gewaltanwendung sei die Preisgabe von wirklich subversiven Informationen. Tatsächlich ist der gesamte Vorgang des Erzwingens von Geständnissen (seien sie echt oder falsch) oder des »Aufweichens« von politisch Verdächtigen einfach eine unbarmherzige Lektion: die radikal veränderten Begleiterscheinungen einer Foltersituation erzeugen neue Reaktionen, die entweder mit dem gewohnheitsmäßigen Verhalten im Wettstreit liegen oder es stören. Die Belastungen des Zwangs

beeinflussen stark die gewohnte Art und Weise, wie eine Person sich selbst sieht und einschätzt. Sie dienen zum Teil der Erzeugung einer Übererregung, indem sie das Gefühl der inneren und äußeren Sicherheit und Stabilität zerstören (wodurch der Gefangene für relativ einfache Konditionierungstechniken empfänglich wird). Das normale Bedürfnis, sich auszusprechen und so einen Abbau von Spannungen zu erreichen, wird kanalisiert, indem nur bestimmte Formen der Unterhaltung (z. B. Geständnisse) erlaubt sind und daher vom Gefangenen verwendet werden müssen.

Die Zwangssituation enthält Merkmale sowohl des selektiven als auch des instrumentalen Lernens (Thorndike) und der klassischen Konditionierung (Pawlow). Sie erzeugt die selektive Verstärkung bestimmter Reaktionsweisen. Entscheidend für die gesamte Prozedur ist, daß die Behandlung ständig geändert wird. Es gibt im allgemeinen keine regelmäßige oder gleichförmige Abfolge der einzelnen Zwangsmaßnahmen. Der Gefangene kann nie sicher sein, daß er eine bestimmte Qual endgültig hinter sich hat. Er kann jederzeit wieder hinausgezerrt und von neuem verhört werden – häufig ein reiner Vorwand, um den Gefangenen an gehorsames Sprechen zu gewöhnen. Hinzu kommt, daß ein Nachlassen der Streßbelastung – ob aus zufälligen Gründen oder vorsätzlicher Manipulation – stets zeitlich eingeschränkt und unvorhersehbar ist. Daher trägt die Linderung von Hunger, Übermüdung, Isolierung oder Schmerz, selbst wenn sie nur vorübergehend gewährt wird, den Charakter einer Belohnung, ebenso wie gelegentliche Gefälligkeiten (Zigaretten), Versprechungen (»Ich werde für Sie tun, was ich kann«), und Vergünstigungen für gezeigten Gehorsam (»Sie können jetzt schlafen gehen, wir werden morgen weitermachen«). Alles das bewirkt eine positive Motivation für endgültigen Gehorsam, verhindert Anpassung an das Leiden und beschleunigt den Eintritt in die chronische Reaktionsphase.

Das Herabsetzen der Belastung, sobald das erwünschte Verhalten eingetreten ist, hat eine zweite Konsequenz: das Lernen von mitwirkenden Handlungen, die häufig verbaler Natur sind. Da das sprachliche Verhalten aller Erwachsenen in einem allgemeinen Sinn bereits stark als ein Mittel zur Linderung oder Verleugnung von Streß ausgebildet ist, überrascht es nicht, daß Gefangene auf Stichworte dieser Art reagieren. Einige Gefangene werden Opfer des gleichen Anpassungsprozesses, der unter normalen Umständen als ein wünschenswerter und auch notwendiger Aspekt zivilisierten Lebens angesehen wird. Burns notierte bei Studien an Kriegsgefangenen ein einfaches Beispiel: Die Belastung durch die Weigerung, Fragen zu beantworten. Im täglichen Leben wird es für selbstverständlich gehalten, daß Fragen beantwortet werden, solange es »höfliche« Fragen sind, und meistens sogar dann, wenn sie »unhöflich« sind. Viele amerikanische Kriegsgefangene stellten fest, daß die anerzogene Höflichkeit es ihnen schwer machte, die Beantwortung einer Frage rundweg abzulehnen. Sie konnten wohl ablehnen, doch diese Weigerung erforderte eine ständige Anstrengung, der sie auf die Dauer nicht gewachsen waren.

Wenn sich zeigt, daß ein Opfer sich nur durch seinen Haß auf seine Kerkermeister aufrechterhält, wird es sich unvermittelt gut behandelt sehen oder kann seine Aggression in »psychotherapeutischen« Gruppen diskutieren, bis es wegen seiner aggressiven Empfindungen Schuldgefühle entwickelt. Wird es wieder in die Strafsituation zurückgebracht, stellt es fest, daß seine aggressiven Empfindungen Schuldbewußtsein hervorrufen; darum gibt der Gefangene sie auf oder richtet seine Aggression entweder nach außen gegen seine Mitgefangenen oder nach innen gegen sich selbst, was ihn depressiv oder furchtsam macht.

Diese Analyse von Konditionierungstechniken zeigt deutlich, daß brutale Folterungen (wie Elektroschock, Vergewaltigung oder Ausreißen der Fingernägel) in einem größeren Zusammenhang von Zwangsmaßnahmen stehen, in dessen Rahmen solche Methoden nur Ergänzungen sind. Die folgende, von Biderman ausgearbeitete tabellarische Übersicht gibt keineswegs erschöpfende Auskunft über die Zwangsmaßnahmen, noch beschäftigt sie sich mit exzessiven Formen körperlicher Quälerei, die bei vielen Foltern eine Rolle spielen; sie zeigt jedoch den wesentlichen Charakter der Streßmanipulation und kann vielleicht durch ihren etwas »gemäßigten« Inhalt die Absichten und Ergebnisse der Folter besser verdeutlichen als dies möglich wäre, wenn die massiven Übergriffe behandelt würden, in denen Schmerz und Desorientierung zusammengedrängt sind.

Das Opfer wird in einer Atmosphäre gehalten, in der die Belastungen so manipuliert werden, daß sie sein Bedürfnis nach einem ausgeglichenen, gebildeten und persönlichen Verhalten, wie es seiner Selbsteinschätzung entspricht und für die Bewahrung seiner Selbstachtung notwendig ist, ständig frustriert.

Aufstellung über Zwangsmaßnahmen nach Biderman

Allgemeine Methoden	Auswirkungen (Ziele)	Varianten
1. Isolierung	Entzieht dem Opfer jede soziale Unterstützung seiner Widerstandsfähigkeit. Entwickelt intensives Interesse an sich selbst. Macht das Opfer vom Verhörenden abhängig.	Totale Einzelhaft Vollständige Isolierung Halb-Isolierung Gruppenisolierung
2. Monopolisierung der Wahrnehmung	Lenkt die Aufmerksamkeit auf die augenblickliche Lage; fördert die Selbstbetrachtung. Beseitigt Anregungen, die nicht vom Wachpersonal kontrolliert werden. Verhindert alle Handlungen, die nicht der Forderung nach Gehorsam entsprechen.	Körperliche Isolierung Dunkelheit oder helles Licht Kahle Umgebung eingeschränkte Bewegungsfreiheit gleichförmige Nahrung
3. Herbeiführen von Entkräftung Erschöpfung	Schwächt geistige und körperliche Widerstandskraft.	Unterernährung Entblößung, Kälte Unversorgte Wunden Krankheiten Schlafentzug Lange Haft Lange Verhöre Erzwungenes Schreiben Überanstrengung
4. Drohungen	Fördert Angst und Verzweiflung.	Todesdrohungen Drohungen, nicht mehr nach Hause zurückkehren zu können Androhung endloser Verhöre und Isolierung Drohungen gegen die Familie Unbestimmte Drohungen Unerklärliche Änderungen der Behandlung
5. Gelegentliche Gefälligkeiten	Bewirkt positive Motivation zum Gehorsam. Verhindert Anpassung an Deprivation.	Wechselndes Verhalten des Verhörenden Versprechungen Belohnung für Teilgehorsam, »zappeln lassen«
6. Demonstration von »Allmacht«	Läßt Widerstand sinnlos erscheinen.	Konfrontation Zusammenarbeit als selbstverständlich voraussetzen Demonstration vollständiger Kontrolle über das Schicksal des Opfers
7. Demütigung	Läßt Widerstand für die Selbstachtung schädlicher erscheinen als Nachgeben. Erniedrigt den Gefangenen bis auf das »tierische Niveau«.	Verhinderung persönlicher Hygiene Verdreckte Umgebung Erniedrigende Strafen Beleidigungen und Hohn Keine Intimsphäre
8. Erzwingung von banalen Forderungen	Entwickelt gewohnheitsmäßigen Gehorsam.	Erzwungenes Schreiben Erzwingen unbedeutender Vorschriften

Um sich zu schützen und sich zu versichern, daß es die Situation und sich selbst unter Kontrolle habe, kann das Opfer schließlich zu einem Verhalten des »Sich-selbst-Besiegens« greifen. Zu dieser »Verteidigung« wird häufig erklärt: »Ich beschloß nachzugeben, solange ich meinen Verstand beisammen hatte und kontrollieren konnte, was sie aus mir herausholten, statt zu warten, bis sie mich vollständig gebrochen hätten.« Ein solches Verhalten regt zur Betrachtung der Möglichkeiten des Widerstands gegen erzwungene Streß-Situationen an.
In ihrer Studie über Methoden der Zwangsindoktrination erwähnt die »Gruppe zur Förderung der Psychiatrie« eine Anzahl von Gründen für den Widerstand, darunter: moralische oder pflichtgemäße Verbindlichkeiten, altruistische Überlegungen im Hinblick auf das Interesse der »Bewegung« oder der »Sache« und das Interesse der Mitgefangenen; Überlegungen im eigenen Interesse, die Angst, »immer tiefer hineinzugeraten«; Befürchtungen, von ehemaligen Kameraden oder anderen Gefangenen wegen Kollaboration bestraft zu werden; emotionale Gesichtspunkte einschließlich Stolz, Würde und Selbstachtung, Haß auf den Feind oder die Einzelpersonen, die einem die Qualen zufügen, sowie ein Gefühl von Entrüstung oder rechtschaffener Empörung. Es soll nicht unerwähnt bleiben, daß psychologischen Belastungen leichter widerstanden werden kann, wenn das körperliche Wohlbefinden erhalten bleibt; je nachdem, in welchem Umfang man sich seiner eigenen latenten Ängste und Spannungen bewußt ist, wird es dem Verhörenden schwerer fallen, uneingestandene Ängste oder Schuldgefühle als verdeckten Zwang zum Gehorsam zu verwenden.
Obgleich Versuche unternommen wurden, zum Beispiel in Südafrika, Aktivisten im Widerstand gegen Folterverhöre auszubilden, gibt es offensichtlich Grenzen. Biderman schließt daraus: »Es wäre einfältig zu leugnen, daß einige Wesenszüge von DDD einen pathologischen organischen Zustand darstellen, der zu einem Teil wahrscheinlich angeboren ist. Insoweit dies zutrifft, kann man im Hinblick auf die Auswirkungen von DDD nicht mit großen vorbeugenden Erfolgen rechnen, ebensowenig wie man beim gegenwärtigen Wissensstand erwarten kann, daß eine Leukotomie ohne unerwünschte Nebenwirkungen bleiben wird. Obwohl viele der aus DDD resultierenden Verhaltensweisen nicht angeboren sind, tritt die Konditionierung bestimmter, vom Feind gewünschter Reaktionen ein, selbst bei stärkstem Widerstand.«
Bevor wir die aus solchen Streßbelastungen entstehenden

Schäden sowie spezielle Verletzungen erörtern, die mit verbreiteten Praktiken verbunden sind, müssen wir auf die Verwendung von Pharmaka in der Situation Folter/Verhör eingehen.

Folter mit pharmakologischen Mitteln

Von allen Foltermethoden scheint die Folter mit pharmakologischen Mitteln den meisten Mißverständnissen ausgesetzt zu sein. Gäbe es eine Droge, die die Menschen dazu bringen könnte, die Wahrheit zu sagen und alle Geheimnisse und Erinnerungen preiszugeben, ihren Glauben und ihre Bindungen zu ändern, so würde sich niemand mit der aufwendigen und langwierigen Psychoanalyse befassen, um erwünschte Informationen zu erhalten, und jedes pharmazeutische Unternehmen, jeder Arzt, jeder Psychiater und jede Zeitung würde ihre Vorzüge rühmen. Der Glaube an die Existenz einer solchen Droge beweist nicht nur Naivität, sondern auch Mißachtung der enormen Elastizität und Vielfalt des menschlichen Gehirns.
Tatsächlich ist es ziemlich schwierig, das Gehirn durch die Verwendung von Chemikalien dauerhaft zu schädigen, ohne den Körper zu verletzen. Die Menschen haben sich mit beinahe jeder bekannten Substanz intravenös gespritzt, von flüssigem Quecksilber bis zu Erdnußbutter, und sie wurden wieder vollständig gesund. Wie bereits erwähnt, setzt geistiges Leiden voraus, daß man sich des Leidens bewußt ist, und dazu muß das Gehirn einwandfrei arbeiten.
Das hauptsächliche Leiden, das durch die Drohung mit der Verabreichung pharmakologischer Mittel erzeugt wird, ist der Glaube des Opfers an ihre Wirkung. Ein klassisches Beispiel sind die kurzzeitig wirksamen Narkotika wie die Thiopentone (Penthotal, Intravel usw.) und Methohexitone (Brietal). Jährlich erhalten Millionen von Menschen intravenöse Injektionen dieser Mittel zur Schmerzlinderung. Sie erzählen dem Arzt nicht ihre Lebensgeschichte, sie schlafen ein. Selbst wenn man es durch sorgfältige Dosierung erreicht, einen Zustand zwischen Wachen und Schlafen zu erzeugen, erfährt der Patient (oder das Opfer) nichts als ein umfassendes Gefühl von Entspannung. Wenn er sehr angespannt und beunruhigt war, redet er vielleicht über die Dinge, die ihn beschäftigen, z. B. wie sehr er seine Arbeit haßt; vielleicht schreit er sogar und flucht, oder er erzählt von einer Phantasiewelt, die nur in

seiner Einbildung existiert. Die Psychiatrie wendet diese Technik, »Abreaktion« genannt, zur Erleichterung schwerer geistiger Spannungszustände an. In ihren Auswirkungen ähnelt sie der Trunkenheit und kann eine emotionale Katharsis herbeiführen. Im Zweiten Weltkrieg wurde sie häufig verwendet, um erschöpften und deprimierten Menschen aufzuhelfen. Die eigentliche Drohung liegt in dem Glauben des Opfers, daß es »alles sagen« werde, wenn es eine solche Droge erhält. Wenn es nach der Abreaktion einschläft und nicht mehr bei Bewußtsein ist, kann der Folterer überdies behaupten, er habe »alles erfahren«, und durch diesen Trick das Opfer dazu bringen, die Information preiszugeben.

Der sekundäre Verwendungszweck von Drogen liegt in der Schwächung, die sie herbeiführen. Halluzinogene wie LSD bewirken schwere Störungen der normalen Begriffs- und Wahrnehmungsvorgänge. Sie können zur Verwirrung, Erschöpfung und Schwächung des Opfers verwendet werden. Wie ECT oder Schlafentzug schädigen sie die Hirnfunktionen und deformieren die Erinnerung. Was der Folterer erfährt, ist wieder eine Mischung aus Phantasie, Wahnvorstellungen, halluzinatorischen Erinnerungen und eingestreuten echten Erinnerungsbruchstücken. Der freiwillige Gebrauch von LSD ist weit verbreitet, und die meisten Menschen erholen sich zufriedenstellend, wenn sie davon ablassen. Selbst jene, deren LSD-Erfahrungen »bleibende« Auswirkungen hinterlassen haben, können geheilt werden, zumindest teilweise, indem sie Drogen wie Phenothiazin oder Butyrophenan einnehmen.

Die Phendhiazine (z. B. Chlorpromazin = »Largactil«, Perphenazin = »Fentazin«) und verwandte Drogen (»Moditen«, »Modicate«, »Veractil«, »Stelazine« usw., die gesamte Liste ist sehr umfangreich) und die Butyrophenone (z. B. Haloperidol = »Serenace«) werden in der Medizin und Psychiatrie häufig verwendet und sind recht ungenau unter der Sammelbezeichnung »stärkere Beruhigungsmittel« bekannt. Sie dienen zur Behandlung von Paranoia und Schizophrenie, zur Linderung von emotionalem Streß, zur Bekämpfung von Übelkeit und Halluzinationen durch Delirium tremens, als Beigabe bei Analgesie oder zur Behandlung von Hitzebläschen oder Hautausschlag. Sie wirken sogar gegen Schluckauf. Zweifellos sind es starke Drogen, die unangenehme Nebenwirkungen haben. Doch verdanken viele Patienten auf der ganzen Welt diesen Drogen, daß sie ein normales Leben führen können. Sie können jahrelang Dosen von 500 bis 1000 mg Largactil pro Tag nehmen, ohne daß sich Nebenwirkungen ergeben. Diese treten dennoch häufig auf. Mundtrockenheit

und Benommenheit sind am weitesten verbreitet, doch kommt es auch zu Versteifungen der Muskeln oder leichtem Zittern ähnlich einer schwach ausgeprägten Schüttellähmung, oder es tritt motorische Ruhelosigkeit auf. Diese Wirkungen können durch Absetzen der Droge oder durch Mittel gegen die Parkinsonsche Krankheit wie Benahezol (»Artan«) oder Orphenadrin (»Disipal«) behoben werden. Andere Nebenwirkungen wie Gelbsucht sind sehr selten.
Bei der Überprüfung von Berichten über angebliche pharmakologische Folter entsteht leicht Verwirrung aus der Schwierigkeit festzustellen, was wahr und was Illusion ist. Wenn ein Mensch unter paranoider Schizophrenie leidet, kann er die Wahnvorstellung haben, er werde verfolgt. Der Inhalt dieser Wahnvorstellungen ist gewöhnlich kulturell bestimmt, und in vergangenen Jahrhunderten fühlten die Menschen sich vom Teufel, von den Freimaurern oder von der Kirche verfolgt. Heutzutage ist es die Polizei, die Regierung, »Spione«, die Kommunisten oder sogar die amerikanischen Astronauten. Es ist einfach, jemanden für verrückt zu erklären, der Stimmen vom »Präsidenten des Mars« hört, doch der Priester, der Gott zu sich sprechen hört, wird kulturell akzeptiert.
Nur zu bereitwillig möchte man einem notleidenden Menschen glauben, der behauptet, er sei gefoltert oder von der Polizei verfolgt worden; nur zu leicht ist man geneigt, als weitere Folter zu betrachten was ein Versuch sein kann, seine Erschöpfung mit Phenotiazin zu lindern, besonders wenn man glaubt, daß die Polizei des betreffenden Landes foltert. Normale Menschen glauben, was sie glauben wollen; es ist wichtig, daß sie die Wahrheit glauben wollen. Methoden, dies zu ermitteln, werden später besprochen.
Verschiedene Drogen werden verwendet, um durch das Herbeiführen unangenehmer Empfindungen Furcht zu erzeugen. Apomorphin bewirkt Erbrechen, während Curare und Suxamethonium (»Scoline«) zu Lähmungserscheinungen führen. Selbst bei vollständiger Paralyse durch diese Mittel bleibt man bei vollem Bewußtsein, ohne dabei atmen zu können — eine qualvolle Erfahrung. Der Sauerstoffmangel führt schließlich zur Bewußtlosigkeit, und bis die Wirkung der Droge nachläßt, kann künstliche Beatmung eingesetzt werden. Nach einer Behandlung mit Scoline treten zuweilen Muskelschmerzen auf. Scoline wird regelmäßig bei größeren Operationen verwendet, wenn der Patient unter Anästhesie ist. Aber Menschen, die im Verlauf von Experimenten Scoline ohne Narkose erhalten haben, stimmen darin überein, daß die Droge nicht gebraucht werden sollte, weil es überaus unangenehm

ist, sehen, denken, fühlen und hören zu können, ohne zu einer Bewegung imstande zu sein.
Heroin und andere suchterzeugende Drogen können verabfolgt werden, um Abhängigkeit zu erzeugen, denn jeder, der regelmäßig Opiate erhält, wird physiologisch von ihnen abhängig, und ihr Entzug hat körperliche und geistige Qualen zur Folge.
Noch ein Wort über pharmakologische Foltern. Auf Grund individueller Eigenarten und Empfindlichkeiten kann jeder Drogenmißbrauch schädlich sein. Zwei Aspirin können eine schwere Magenblutung verursachen, zwanzig Paracetamol unheilbaren Leberschaden, und ein gewöhnliches Antibiotikum kann das Knochenmark unheilbar zerstören. Wenn eine Droge mit der Absicht verwendet wird, Qualen zu erzeugen, ist es eine Methode der physischen Folter, und die Ergebnisse sind entsprechend.

Verletzungen und Langzeitwirkungen

Schmerz ist ein Signal dafür, daß der Körper geschädigt oder zerstört wird. Am Leben zu bleiben ist zweifellos einer unserer grundlegenden Triebe, obgleich der Tod unter Umständen als barmherzige Erlösung angesehen werden kann. Doch nur wenige Menschen können die Aussicht, mit geschädigtem Körper oder Geist zu leben, mit Gleichmut betrachten. Zur vollständigen Selbstverwirklichung bedarf es eines »gesunden Geistes« in einem »gesunden Körper«. Zur Befriedigung des Sexualtriebs und zur Erfüllung sozialer Ziele wie Heirat und Familiengründung sind intakte Genitalien vonnöten; intakte Hände zum Ausdruck konstruktiver und aggressiver Instinkte; Sicht, Sprache und Gehör zur Orientierung und Kontaktaufnahme mit anderen Menschen. Ein gesunder Körper gilt als »gut«, ein entstellter als »schlecht«; darum meint das Opfer, es werde als ein »schlechter« Mensch betrachtet, als ein Wesen, dem man aus dem Weg geht, und fühlt sich so wie der heimatlos wandernde Jude zur ständigen Qual ewiger Einsamkeit verurteilt. Das unermeßliche Leiden, das selbst durch geringfügige körperliche Mißhandlungen verursacht werden kann, widerspiegelt diese und andere — oft namenlose — Ängste.
Die sinnloseste aller Foltermethoden ist die physische Verletzung des Gehirns. Ein Schlag auf den Schädel kann das Gehirn erschüttern, quetschen oder Risse verursachen. Ge-

hirnzellen sterben ab, Blutgefäße werden verletzt, Gehirnblutungen und weitere Zerstörungen des Hirngewebes treten auf. Einige Gehirnzellen erholen sich, wenn sie geschädigt worden sind, aber tote Zellen werden nie ersetzt. Das Organ eines gesunden Verstands zu schädigen, kann keinem Zweck dienen, keine Sache fördern. Wie das Ausreißen von Schmetterlingsflügeln oder die Einäscherung der Bibliothek von Alexandria im Altertum stellt es einen nicht wiedergutzumachenden Verlust dar. Tod, Koma oder eine Existenz als verstandlos dahinvegetierende »menschliche Kartoffel« sind Ergebnisse, die dem Opfer keine Qualen bereiten; schrecklicher ist das Schicksal, wenn ein Bewußtsein davon bleibt, daß der Geist geschädigt oder verwirrt ist, daß das Erinnerungsvermögen oder die intellektuellen Fähigkeiten gestört sind. Darauf folgt häufig eine tiefe Depression; es kommt zu Krämpfen oder Wutausbrüchen, man kann nicht mehr arbeiten und ist unfähig, sich der Gesellschaft anzupassen und mit den Behörden zu kooperieren, selbst wenn man es wollte.

Aus den bis jetzt zugänglichen Berichten geht hervor, daß Verhörmethoden, die mit sensorischer Deprivation arbeiten, auch traumatische Wirkungen haben. Angst, Hypochondrie und Hysterie treten in klinischen Situationen am häufigsten auf; Phobien, Depressionen, emotionale Erschöpfung, Obsessionen und Zwangsvorstellungen sind seltener. Neben ihren subjektiven Ergebnissen kann Angst Magen- und Herzbeschwerden sowie Symptome im urogenitalen Bereich hervorrufen, ebenso Zittern und Schlafstörungen. Wade berichtet von einem Mann in Nordirland, der »ständig zittert und Mühe hat, Sätze zu artikulieren« und der »nie allein sein konnte«. Ein anderer »schüttelt sich krampfartig und klagt über heftige Kopfschmerzen und Schlaflosigkeit sowie über Alpträume, wenn es ihm gelingt, einzuschlafen«. Im Hinblick auf die Langzeitwirkungen der sensorischen Deprivation wird in den Erklärungen der Mediziner, die dem Parker-Ausschuß übergeben wurden, folgendes festgestellt:

> »Sensorische Isolation ist eine Methode zur Erzeugung einer künstlichen Psychose oder zeitweiliger Geistesgestörtheit. Wir wissen, daß Menschen, die so etwas durchgemacht haben, es nicht leicht vergessen und noch nach Monaten oder Jahren Symptome von Geisteskrankheit zeigen. Wir wissen, daß einige künstlich hervorgerufene Psychosen, zum Beispiel die durch Drogen wie LSD oder Meskalin hervorgerufenen, sich als bleibend herausgestellt haben; und nichts berechtigt uns zu der Annahme, daß dies bei durch sensorische Deprivation entstandenen Psychosen

anders sei. Selbst wenn psychotische Symptome wie Wahnvorstellungen und Halluzinationen nicht andauern, ein Teil der Personen, die diesen Prozeduren unterworfen waren, wird wahrscheinlich weiterhin unter Angstzuständen, Zittern, Schlaflosigkeit, Alpträumen und anderen Symptomen von Neurosen leiden, die der Psychiater aus seiner Erfahrung mit der Behandlung von ehemaligen Kriegsgefangenen und anderen, die in Haft waren und mißhandelt wurden, kennt.«

Das Erzeugen von Krämpfen, indem ein Elektroschock durch das Gehirn geleitet wird, ist ebenso wie die sensorische Deprivation eine pervertierte Anwendung medizinischer Praktiken. Therapien, die sich des Elektroschocks in dieser Weise bedienen (Elektro-Konvulsionstherapie) sind zur Linderung depressiver Leiden verbreitet in Gebrauch. Sogar bei Verwendung in der Medizin kann das Verfahren leichte Verwirrung und vorübergehende Gedächtnisschwäche hervorrufen, wenn es zweimal in der Woche eingesetzt wird. Eine häufige Wiederholung innerhalb eines Tages aber führt zu so starken Hirnschädigungen, daß der Mensch wahnsinnig wird und die Kontrolle über sich verliert, wie man es bei schweren Kopfverletzungen zuweilen beobachtet. Zu den anderen Auswirkungen von Elektrizität, wenn sie als Folter lokal an Gliedmaßen appliziert wird, schreibt Paulo Schilling:

»Die elektrische Entladung löst ein schwer zu beschreibendes Gefühl aus: eine physische und psychische Erschütterung voller elektrischer Funken, die dem Opfer zusammen mit krampfhaftem Schütteln und Verlust der Muskelkontrolle ein Gefühl von Verlorensein und einer unausweichlichen Anziehungskraft für diese aufwühlende elektrische Pulverisierung vermittelt. Der Schock erzeugt eine Muskelreizung, wie sie auch durch die Nerven entsteht, und der Muskel reagiert darauf mit Kontraktion. Streck- und Beugemuskeln arbeiten gleichzeitig, so daß ungeordnete, unkontrollierbare Bewegungen entstehen, ähnlich wie bei epileptischen Anfällen.

Der Gefolterte schreit aus ganzer Kraft, sucht inmitten dieses Chaos von Krämpfen, Zuckungen und Funken nach einem Halt. Er kann seine Aufmerksamkeit nicht von diesen schrecklichen Empfindungen abwenden, sich nicht davon lösen. In diesem Moment wäre jede andere kombinierte Form der Folter – Prügel, zum Beispiel – eine Erlösung für ihn, denn er könnte seine Aufmerksamkeit abwenden, den Boden und seinen eigenen Körper berühren, der seinem Griff zu entgleiten scheint. Schmerz rettet ihn, Schläge kommen ihm zu Hilfe. Er versucht sich selbst Schmerzen zuzufügen, indem er seinen Kopf wiederholt auf den Boden schlägt. Aber meistens ist er gebunden und hängt in der ›Papageienschaukel‹, so daß ihm nicht einmal diese Hilfe bleibt.«

Unter den psychiatrischen Fällen, die nach der Elektrofolter in Algerien auftraten, gab es Beispiele von lokalen oder allgemeinen Zoenaestopathien (Störungen der Gemeinempfindungen), bei denen »die Patienten Kribbeln im Körper verspürten, den Eindruck hatten, daß man ihnen die Hand ausreißt, daß ihnen der Kopf platzt, daß sie ihre eigene Zunge verschlucken«. Es traten auch Fälle von Apathie, Willenlosigkeit und phobischer Angst vor Elektrizität auf, die beiden ersteren Formen bei passiven, initiativelosen Patienten, die letztere bei solchen, die Angst hatten, einen Schalter zu berühren, das Radio anzustellen oder das Telefon zu benützen (Fanon).

Die unmittelbaren Auswirkungen von Streß durch DDD wurden bereits ausführlich erörtert. Studien über die Nachwirkungen und Spätfolgen solcher Erfahrungen, namentlich in den Kriegsgefangenenlagern des Zweiten Weltkriegs, dauern an.

Ebenso wie eine schwere Verletzung unseres körperlichen Systems eine Narbe hinterläßt, können geistige Streß-Schäden langfristige Nachwirkungen haben. Wenn unsere psychologische Widerstandskraft unter der Folter zerrüttet und das geistige System, mit dessen Hilfe wir Belastungen ertragen, bis zur Zerstörung überbeansprucht wird, können wir bei der Rückkehr in unsere normale Umgebung feststellen, daß wir kein angemessenes System mehr haben, um die Probleme des Lebens zu bewältigen. In einer günstigen Umgebung können wir es neu erlernen, aber das neue System mag ungenügend sein und auf anderen Werten beruhen. Aus ihrer Untersuchung von Kriegsgefangenen des Koreakriegs schließen Faber und seine Mitautoren (S. 278):

> »Im Sinne normativer Kriterien sind viele Exgefangene überdurchschnittlich ängstlich, defensiv, mutlos, mißtrauisch und unsicher. Drängt man sie, irgendwelche möglicherweise entehrenden Handlungen zu erklären, zeigen sie häufig einen hohen Grad von Zögern, Unklarheit, Gedächtnisschwäche und nachträglicher Rationalisierung. Mit einem Wort, sie benehmen sich genauso, wie man es von einer Person erwartet, die ihr vergangenes Verhalten erklären und verteidigen soll, dessen entscheidende Faktoren ihr nicht bewußt sind.«

Ein Überblick über die Fälle psychiatrischer Opfer des Ersten

Weltkriegs ließ erkennen, daß fast alle unfähig waren, nach der Entlassung aus der Armee ins normale Leben zurückzukehren und in ihren früheren Berufen weiterzuarbeiten, wenn sie überhaupt arbeiten konnten. Sie beschäftigten sich mit traurigen oder bitteren Gedanken über ihr Unglück, oder sie gerieten in einen permanenten Angstzustand. Im Gegensatz zu der theologischen Vorstellung, daß Leiden gut für die Menschen sei, erweist extremes Leiden sich normalerweise als schädigend. Dies ändert nichts an der bekannten Tatsache, daß viele Menschen, die einer starken geistigen Belastung ausgesetzt waren, sich vollständig zu erholen scheinen. Es darf als erwiesen gelten, daß wir unsere geistigen Belastungen in körperliche Leiden umsetzen, und Untersuchungen beweisen, daß stark belastete Menschen eine erhöhte Anfälligkeit für Krankheiten zeigen und früher sterben. Im Zweiten Weltkrieg betrug die Todesquote der amerikanischen Kriegsgefangenen in Japan 30 Prozent, verglichen mit 1 Prozent in Deutschland, worin sich die stärkere Belastung der erstgenannten Gruppe widerspiegelt. Zwei Jahre nach der Befreiung wurden beide Gruppen verglichen, und es stellte sich heraus, daß die japanische Gruppe für Krebs und Herzkrankheiten doppelt so anfällig war, daß sie um das Vierfache unfallgefährdeter war und neunmal so häufig an Lungentuberkulose erkrankte.

Bei Laboratoriumsversuchen zur Streßforschung bei Ziegen wurden neurotische Angstreaktionen erzeugt. Wenn die Streßbelastung sofort nach Auftreten der ersten Angstsymptome beendet wurde, erholten sich die Ziegen. Dauerte die Streßbelastung zu lange an, so entwickelte sich ein Zustand permanenter Angst und neurotischen Verhaltens, obwohl die Belastung auch hier nach einiger Zeit endete. Die Ziegen dieser letzteren Gruppe blieben neurotisch, paßten sich schlecht an und waren schlechte Mütter, deren Junge eine höhere Sterblichkeit hatten und identische neurotische Züge entwickelten, die sie auch an ihre Nachkommen vererbten.

Deprimierende Träume und Erinnerungen können viele Jahre nach schwerem Streß wieder auftreten, wachgerufen durch eine neue schwere Belastung, und in gleicher Weise können bestimmte Verhaltensmuster (z. B. ein Zustand äußersten Entsetzens), die während der Folter angenommen worden waren, plötzlich zurückkehren. Durch geeignete Umgebung, Beruhigungsmittel, Anti-Depressiva, sogar durch Elektrotherapie, Abreaktionen, soziale Rehabilitierung und psychiatrische Hilfe kann viel getan werden, um geistig gestörte Folteropfer wiederherzustellen. Je eher mit der Behandlung begonnen wird,

desto besser.
Um die Wirkung manipulierter Streßbelastung zu verstärken und den Gefangenen rascher in die Phase des Zusammenbruchs zu treiben, werden körperliche Mißhandlungen vorgenommen. Die Funktion von Schlägen, Verbrennungen, Knebelungen, Fingereisen und Nadeln ist die gleiche wie bei den indirekten Methoden: das Opfer soll erschöpft, demoralisiert und verwirrt werden. In seiner Studie über affektiv-intellektuelle Veränderungen und psychische Störungen nach dieser Art Folter berichtet Fanon von Fällen erregter Depressionen, Patienten, die traurig und deprimiert waren, jeden Kontakt vermieden und dazu neigten, ohne erkennbaren Grund unvermittelt in heftige Erregung zu verfallen. Ernste Probleme ergaben sich bei Patienten, die nach der Folter eine Phobie gegen jeden körperlichen Kontakt mit anderen entwickelten. Der Pfleger, der sich dem Patienten näherte und versuchte, ihn zu berühren, ihn zum Beispiel an der Hand zu fassen, wurde sofort heftig zurückgestoßen. Es war nicht möglich, künstliche Ernährung vorzunehmen oder Medikamente zu verabreichen (Fanon, S. 216). Es sind vielleicht Fälle wie diese, die am besten den Satz von Jean Amery illustrieren: »Folter ist das schrecklichste Ereignis, das im Gedächtnis eines Menschen zurückbleibt.«

Die politische Umwälzung in Portugal, die mit dem Militärputsch vom April 1974 eingeleitet wurde, sollte für die Forschung auf dem Gebiet der Folter bedeutende Konsequenzen haben. Es ist möglich, daß das Studium früherer Folterpraktiken in Portugal zu einem besseren Verständnis von Phänomenen wie der Psychologie des Folterers und der psychologischen und medizinischen Langzeitwirkungen von Folter auf ihre Opfer beitragen wird. Die Gelegenheit zum Studium dieser Phänomene ist außerordentlich günstig, und glücklicherweise ist unter der Leitung eines erfahrenen portugiesischen Psychiaters bereits eine Forschungsgruppe gebildet worden, die ein Fünfjahresprogramm medizinisch-psychologischer Untersuchungen und persönlicher Gespräche mit Folteropfern des früheren Regimes vorbereitet. Es ist denkbar, daß die Ergebnisse dieser Forschungsgruppe frühere wissenschaftliche Untersuchungen zum Thema schon durch den Umstand verdrängen werden, daß ihre geplanten Forschungen sich unmittelbar mit Aspekten von Folter beschäftigen, statt verwandte Themen wie die Auswirkungen traumatischer Streßbelastungen auf Kriegsgefangene zu untersuchen.

Es mag sein, daß manche Folterer abnorme Persönlichkeiten sind und immer waren. Wenn das stimmt, scheinen sie die Fähigkeit zur Aggression, die in uns allen latent vorhanden ist, im Übermaß zu haben. Aggression kann unvermittelt oder als Abwehrmechanismus gegen Schuldgefühle und Frustration entstehen. Es gibt kaum eine Mutter, die noch nie eine plötzliche Aufwallung von Ärger gefühlt hat, ein Verlangen, ihr geliebtes Kind zu schlagen, wenn es zum Beispiel unkontrollierbar schreit und sie es nicht trösten kann. Wenn Leute mit der nötigen Autorität sie drängen würden, ihre Gefühle so auszudrücken, wären Kindesmißhandlungen weiter verbreitet. Manche fühlen sich vielleicht schuldig, wenn sie ihre Mitmenschen einsperren, es gibt ihnen ein unangenehmes Gefühl, und sie strafen ihren Gefangenen, weil er dafür verantwortlich ist. Zeigt ihr Gefangener Schmerz, so wächst ihr Schuldgefühl und mit ihm die Aggression, und sie vernichten ihr Opfer. Durch Entmenschlichung — wenn es etwa gezwungen wird, sich in seinen Exkrementen zu wälzen — wird das Opfer irgendwie zu einem Wesen, das Strafe verdient oder unangenehme Empfindungen von Ekel erregt und so die Aggression rechtfertigt. Normal empfindende Menschen halten die quälenden Gefühlskonflikte, die bei der Folter entstehen, nicht lange aus, doch leider können normal empfindende Menschen der Gehirnwäsche unterzogen werden, und wenn unser Erziehungssystem, unsere Zeitungen und Politiker uns seit jeher einreden, daß Angehörige einer bestimmten Rasse, Religion oder politischen Richtung nicht als gleichwertige Menschen zu betrachten seien, ist es normal, daß wir sie unmenschlich behandeln.

Der berufsmäßige Folterer ist wahrscheinlich ein Mensch, der seinen geistigen Belastungen und Spannungen durch aggressive Handlungen Erleichterung verschafft und seine eigenen Konflikte und Phantasien durch die Vernichtung anderer auslebt. Er steht, am unteren Ende der Skala, dem erfolgreichen Verhörleiter gegenüber. Dieser muß, unabhängig von seiner Ideologie, menschlich und einfühlsam sein und Verständnis für die Schwierigkeiten des Gefangenen zeigen. Um verläßliche Informationen zu erhalten, braucht man Zeit, Geduld und Aufmerksamkeit für das Individuum. Isolierung in angenehmer Umgebung kann dem gleichen Zweck dienen wie Einzelhaft in einer Dunkelzelle und ist wahrscheinlich wirksamer, um Zusammenarbeit zu erreichen; es ist aber auch aufwendiger und zeitraubender, produziert weniger dramatische Effekte und erfordert mehr Sachkenntnis.

Das Verhältnis des Folterers zu seinem Opfer gleicht in mancher Hinsicht dem eines Herren zu seinem Sklaven — sowohl Sklaventreiber als auch Folterer sind vorsätzlich bemüht, den Willen eines anderen menschlichen Wesens zu brechen.

In seiner Autobiographie beschreibt Frederick Douglass, ein schwarzer Sklave im amerikanischen Süden vor dem Sezessionskrieg, seinen Kampf gegen einen Sklaventreiber, dessen Aufgabe es war, aufsässige Schwarze zu zähmen, die sich gegen ihren Einsatz als Zwangsarbeiter wehrten. Wie ein Folterer verfolgte er das Ziel, den Willen des Sklaven zu brechen. Douglass schreibt:

> »Jede Woche wurde ich ausgepeitscht, entweder mit Stöcken oder Rohlederriemen. Schmerzende Knochen und ein wunder Rücken waren meine ständigen Begleiter . . . Seine Taktik war, sich mir niemals offen und direkt zu nähern . . . Er kroch und schlich in Gräben und Rinnen, versteckte sich hinter Baumstümpfen und Büschen und zeigte so sehr das Verhalten einer Schlange, daß Bill Smith und ich ihn unter uns nur ›die Schlange‹ nannten.«

»Wer ist hier der Nichtmensch?« fragt Angela Davis in ihren »Lectures on Liberation«. »Ich würde so weit gehen zu sagen, daß er in noch stärkerem Maß als der Sklave . . . von der Tendenz zu unbewußter Selbstzerstörung betroffen ist.«

Diese Tendenz mag zu einem Teil die Weigerung oder Unfähigkeit des Folterers erklären, sich in der Qual seines Opfers wiederzuerkennen. Wenn die Gefahr besteht, daß das Opfer für einen Augenblick die Menschlichkeit des Folterers anrühren könnte, wird ihm ein schwarzer Sack über den Kopf gezogen, oder er wird an das andere Ende einer Maschine gefesselt. Gewöhnlich aber bringt die gesellschaftliche oder militärische Konditionierung die erforderliche Enthumanisierung zustande. Als ein amerikanischer Kriegsteilnehmer über die Foltern sprach, die er in Vietnam im Feld erlebt hatte, drückte er es so aus: »Es war, als ob sie keine Menschen wären. Wir waren so ausgebildet, daß wir glaubten, dies sei für das Wohl der Nation, für das Wohl unseres Landes, und alles, was wir taten, sei okay. Und wenn man jemanden erschoß, dachte man nicht daran, daß man auf einen Menschen schoß. Sie waren Gooks (rassistisches Schimpfwort für Vietnamesen) oder Kommunisten, und es war okay« (Vietnam Veterans Against The War).

Ein anderer Kriegsteilnehmer berichtete: »Meine erste Reaktion (auf das Töten eines zwölfjährigen Jungen) war wohl, was man normal nennen würde. Es war Entsetzen, Schmerz, und als ich das merkte, fing ich mich sofort und dachte: ›Nein, du kannst dich nicht gehen lassen‹, denn beim Militär entwickelt man eine Schale. Sie geben dir eine Gehirnwäsche. Sie nehmen dir alles Menschliche, und du entwickelst diese Kruste, mit deren Hilfe du überlebst ... und wenn du diese schützende Schale fallen läßt, und sei es für eine Sekunde – das ist der Unterschied, ob du ausflippst oder es durchstehst. Ich erwischte mich dabei, wie ich die Schale runterließ, und ich machte sofort wieder dicht.« (Ebd.)

Für eine gewisse Zeit kann der Mensch sich von den Gewalttätigkeiten, die er begeht oder geschehen läßt, abgrenzen. Aber neuere Untersuchungen stellen fest, daß es schwierig ist, längere Zeit ein Leben zu führen, das den Opfern die Anerkennung ihrer Menschlichkeit verweigert. Darum bauen sich Soldaten, Geheimpolizisten und Folterer einen ausgeklügelten Schutz auf, der gewöhnlich auf Korpsgeist, Rivalität und Ritualen beruht.

Es wurde angeführt, daß sich in Brasilien eine Subkultur der Folter herausgebildet hat, mit eigenen Wertmaßstäben, einer Lehrzeit und besonderen Initiationsriten. Sie hat sogar ihre eigene Sprache. Die Liste der Scheußlichkeiten wurde so verschlüsselt, daß sie an einen Zeichentrickfilm erinnert: die Papageienschaukel, der Drachenstuhl. In der Operação Bandeirantes in Sao Paulo, einem Verhörzentrum, das einmal als »Hochschule der Folter« bezeichnet wurde, ist das ganze Ritual der Folter als »spiritistische Sitzung« bekannt.

Dieser ganze Prozeß der Mystifikation weist darauf hin, daß die meisten Folterer Schutzwälle um sich aufbauen müssen, um ihre Arbeit fortzuführen. Während der Folterwelle unter der Militärdiktatur in Griechenland gingen die Folterer im Hauptquartier in der Bouboulina-Straße so weit, sich »Doktor« zu nennen. Die Atmosphäre, die den Folterprozeß umgibt, scheint dieser Art von perverser Ironie zu bedürfen, eines Korpsgeistes, der wie erzwungene Tapferkeit im Krieg zur Stützung des Glaubens notwendig ist, daß es irgendwo eine höhere Instanz gebe, die die Verantwortung für die im Namen des Staates begangenen Verbrechen übernehmen wird.

Dieses Abschieben von Verantwortlichkeit oder komplizierte Formen persönlichen Selbstschutzes können nicht immer den Erfolg garantieren. In seiner Eigenschaft als Chefarzt einer psychiatrischen Klinik im Algerien des Befreiungskrieges hatte Frantz Fanon des öfteren Fälle von Folterern zu behandeln, die mit ihren Schuldgefühlen nicht fertig werden konnten. In seinem Buch »Die Verdammten dieser Erde«

schildert er einige von diesen Fällen, darunter den des A., eines französischen Polizisten aus einer Anti-FLN-Brigade.
»Das Problem des A. ist, daß er nachts Schreie hört, die ihn nicht schlafen lassen. Und er erzählt uns, daß er seit einigen Wochen vor dem Schlafengehen tatsächlich die Fensterläden schließt und die Ritzen verstopft (wir sind mitten im Sommer), zur großen Verzweiflung seiner Frau, die vor Hitze erstickt. Außerdem steckt er sich Watte in die Ohren, um die Heftigkeit der Schreie zu dämpfen. Manchmal dreht er sogar mitten in der Nacht das Radio an oder legt Platten auf, um dieses nächtliche Geschrei nicht zu hören.«
Dieser Fall ist nur eine bizarre Illustration der Tatsache, daß der Folterer selbst beträchtlichem Druck und Frustration unterliegt. Nur selten hat er einen hohen Rang; er ist gezwungen – oft in Situationen äußerster Dringlichkeit –, Informationen von widerwilligen Verdächtigen zu erlangen, um den Forderungen höherer Offiziere nachzukommen. Dieser doppelte Druck wurde von Dr. Stanley Milgram untersucht.
Milgram warb Freiwillige, die an einem Experiment zur Untersuchung des Erinnerungs- und Lernvermögens teilnehmen wollten. Jede der Testpersonen wurde aufgefordert, sie solle ihrem Schüler/Opfer elektrische Schläge verabreichen, wann immer er eine falsche Antwort geben würde. Vorgeblich sollte dadurch die Funktion der Strafe als Lernhilfe demonstriert werden.
In Wirklichkeit war es ein sorgfältig geplanter Vorwand, um herauszufinden, wie weit die Testpersonen bei der Bestrafung ihrer Opfer gehen würden. Der »Schüler« gab vorher festgelegte Antworten entsprechend einer ansteigenden Skala elektrischer Voltspannung, die für die Freiwilligen mit Beschriftungen von »leichter Schock« bis »Gefahr: schwerer Schock« versehen worden war. Das Experiment wurde von R. D. Laing beschrieben:

> »Als der strafende elektrische Schlag 300 Volt erreicht hatte, trat der ›Schüler‹ gegen die Wand des Raums, wo er auf einen elektrischen Stuhl gefesselt war. An diesem Punkt wandten die Freiwilligen sich an den Versuchsleiter, um zu erfahren, wie sie sich weiter verhalten sollten. Sie wurden angewiesen, nach einer Pause von fünf bis zehn Sekunden fortzufahren. Nach dem Schock von 315 Volt hörte man wieder die Stöße gegen die Wand. Darauf folgte Stille. An diesem Punkt des Experiments begannen die Testpersonen, unterschiedlich zu reagieren. Man redete ihnen jedoch zu, befahl ihnen sogar in entschiedenem Ton, bis zur maximalen Spannung zu gehen.

Dr. Milgram stellte fest, daß entgegen allen Erwartungen sechsundzwanzig von den vierzig Testpersonen die Versuchsserie beendeten, wobei sie dem mittlerweile verstummten ›Opfer‹ Stromstöße von 520 Volt verabfolgten. Nur fünf weigerten sich nach den ersten Protesten des Opfers bei scheinbar 300 Volt, mit der Schockbehandlung fortzufahren. Viele machten weiter, obwohl sie erhebliche Unruhe zeigten, die sich in Kommentaren, starkem Schwitzen, Zittern, Stottern und nervösem Lachen und Lächeln deutlich manifestierte. Drei Testpersonen hatten unkontrollierbare Anfälle. Diejenigen, die mit der Schockbehandlung fortfuhren, äußerten häufig ihre Sorge um den ›Schüler‹, doch die Mehrheit überwand ihre menschlichen Reaktionen und ging bis zur Höchststrafe, wie es ihnen befohlen worden war.
Ein Beobachter berichtete: ›Ich beobachtete einen reifen und anfangs gelassenen Geschäftsmann, der das Laboratorium lächelnd und zuversichtlich betrat. Innerhalb von zwanzig Minuten hatte er sich in ein zuckendes, stotterndes Wrack verwandelt, das sich rapide einem Nervenzusammenbruch näherte. Er zog ständig an seinem Ohrläppchen und rang die Hände. An einem Punkt schlug er sich mit der Faust an die Stirn und murmelte: O Gott, laßt uns aufhören. Dennoch befolgte er jedes Wort des Versuchsleiters und gehorchte bis zum Ende.‹«

Die Schwierigkeit von Untersuchungen

Während die Langzeitwirkung von Folter auf das Opfer und den Charakter des Folterers in den vergangenen dreißig Jahren mit zunehmender Gründlichkeit untersucht wurde, bleibt die sorgfältige Dokumentation der Erfahrungen von Opfern Kern der Folterforschung. Detaillierte Berichte aus erster Hand, geschickte Interviews, eine gründliche medizinische und psychiatrische Untersuchung, Informationen über den früheren Lebensstil des Opfers, seine Persönlichkeit und seinen Gesundheitszustand sowie regelmäßige Nachuntersuchungen liefern zusammen das nötige Material für den Beweis, daß Folter oder Brutalität angewendet wurde; zugleich helfen sie, Wege zu finden, wie man Foltertechniken unwirksam macht. Die Umstände haben jedoch selten solche Untersuchungen und Nachforschungen ermöglicht, und der interessierte Wissenschaftler ist genötigt, seine Ergebnisse durch

die Erforschung anderer Formen von Streßbelastung zu ergänzen, die wenigstens zum Teil auch auf die Folter anwendbar sind.
Leider läuft alle Forschung über die Auswirkungen von Folter Gefahr, mißbraucht zu werden, und die psychiatrischen Studien über abnormale Geisteszustände und ihre Heilmittel müssen sorgfältig geprüft werden, damit sie nicht solchem Mißbrauch dienen, sondern allein der Linderung der Leiden der Gefolterten. In den letzten Jahren wurden Psychotherapie, Aversionstherapie und Hirnchirurgie in Gefängnissen angewendet, um die Geisteshaltung bestimmter Gefangener zu ändern. Es ist unbedingt erforderlich, daß diese Prozeduren von unparteiischen Ärzten und Psychiatern überwacht werden. In der Medizin entscheidet nicht der Arzt, der eine Lebertransplantation durchführen will, wann der potentielle Spender nicht länger am Leben erhalten werden kann. Wenn die aggressiven Ausbrüche eines Gefangenen auf einen Gehirntumor zurückgeführt werden können, so mag es vernünftig sein, ihm einen chirurgischen Eingriff zur Entfernung dieses Tumors vorzuschlagen.
Aber Hirnchirurgie ist ein Verbrechen, wenn ein Mensch damit umgänglicher gegenüber den Behörden gemacht werden soll. Alle Berichte über Behandlungen von Gefangenen sollten veröffentlicht und sorgfältig beurteilt werden, damit weder medizinische Hilfe für die Gefangenen verhindert, noch zugelassen wird, daß sie irgendwelchen Experimenten oder unmenschlicher Behandlung unterworfen werden. Aus dem gleichen Grund sollten Forschungen auf dem Gebiet der Folter oder über Themen wie sensorische Deprivation nicht ohne Prüfung der Motive der Organisation oder Person, die den Auftrag dazu vergibt, durchgeführt werden, so daß die Verwendung der Ergebnisse zumindest ungefähr eingeschätzt werden kann.
Auch die Experimente selbst können ernste praktische und ethische Probleme aufwerfen. Subtile Techniken psychologischer Folter haben langfristige Auswirkungen. Darf der Forscher seiner Versuchsperson die Möglichkeit einer bleibenden Neurose zumuten, um ein brauchbares Experiment durchzuführen? Ein vernünftiger Mensch würde sich gewiß nicht freiwillig für solche Experimente zur Verfügung stellen; ist er jedoch nicht »vernünftig«, so kann er nicht als Freiwilliger bezeichnet werden. Überdies können Forschungen und Veröffentlichungen über Foltertechniken und ihre Wirkungen zur Verbreitung von Fachkenntnissen und zur Förderung der Technologie der Folter dienen, obwohl das Gegenteil die Ab-

sicht der Forscher war. Vielleicht würde das Studium gewaltloser Verhörmethoden einen Ausgleich und eine Alternative zu den entmenschlichenden Methoden schaffen, die heutzutage so weit verbreitet sind.

Doch selbst wenn sich in den Innenministerien aller Länder der Erde die Einsicht durchsetzte, daß weniger gewalttätige Verhörmethoden wirksamer sein können, würde diese wissenschaftliche Erkenntnis vor der politischen Realität eines Folterstaats verblassen. Die Erlangung von Informationen ist nur eines der Ziele der Folter; in den meisten Staaten ist es eins von relativ geringer Bedeutung. Die abschreckende Wirkung der Angst vor Schmerzen und einem langen Todeskampf ist nicht zu vergleichen mit der Gewißheit eines potentiellen Dissidenten, daß er nicht gefoltert wird, auch wenn man ihn dazu bringt, Informationen preiszugeben. Folter kann also nicht durch medizinische Forschung verhindert werden, sondern allenfalls durch politische und rechtliche Mittel.

2. Rechtsmittel

Dieser Abschnitt befaßt sich mit den Rechtsmitteln, die Opfern von Folterungen zur Verfügung stehen. Er untersucht kurz die Rollen der wichtigsten offiziellen und unabhängigen Organisationen auf internationaler und regionaler Ebene. Drei Fallstudien — die besetzten Gebiete des Nahen Ostens, Griechenland und Nordirland — beschreiben im ersten Fall internationale Bemühungen, im zweiten Fall regionale Bemühungen und im dritten Fall innenpolitische Anstrengungen. Durch diese Beispiele sollen Möglichkeiten und Grenzen solcher Wege veranschaulicht werden.

Die Frage der Rechtsmittel berührt zwei fundamentale, aber konkurrierende Prinzipien des internationalen Systems — auf der einen Seite das Recht des souveränen Staates, Einmischungen in seine inneren Angelegenheiten zurückzuweisen; auf der anderen Seite den Anspruch des einzelnen auf seine menschlichen Grundrechte sowie den internationalen Schutz dieser Rechte. Paradoxerweise wurden keine anderen internationalen Rechtsgrundsätze so oft verletzt wie diese beiden: Nichteinmischung und Menschenrechte. Das Problem ist, daß die Intervention eines Staates im allgemeinen nicht geschieht, um die Menschenrechte anderer zu schützen, und so werden, statt ein Prinzip für das andere zu opfern, beide geopfert.

Im internationalen System fällt dem Staat noch immer die Schlüsselrolle zu, und die Rechtsmittel für Folteropfer hängen letzten Endes vom Staat ab. Das unmittelbare Problem für das Opfer ist die Beendigung der Folter, und gerade in dieser Notsituation, wo dringend Hilfe benötigt wird, sind Familie, Freunde und die betreffenden Organisationen relativ hilflos. Der Staat, der foltern läßt, respektiert in der Regel nicht das Gesetz, und lokale Gesetze nach dem Vorbild der Habeas-Corpus-Akte sind selten vorhanden. Innerhalb eines solchen Willkürsystems ist die persönliche Intervention bei den Machthabern oft die einzige Hoffnung. Es gibt keine internationalen Abkommen und Mechanismen, die sich mit Folter befassen, mit Ausnahme des Systems der europäischen Konvention, in dem einige europäische Staaten zusammengeschlossen sind, doch selbst dieses Verfahren bietet keine unmittelbare Abhilfe. So löst jeder Fall, jeder Hilferuf eine ad hoc-Aktion aus, die von den jeweiligen Umständen geprägt wird.

Tatsächlich ist der Gebrauch des juristischen Begriffs »Rechtshilfe« vielleicht irreführend, denn er impliziert das Vorhandensein eines entwickelten Rechtssystems wie das einer Gesetzessammlung, in dem Rechtsmittel erhältlich sind. Für das Folteropfer gibt es in diesem Punkt, der eine Frage von Leben und Tod sein kann, keine gesetzlichen Rechtsmittel.
Die gegenwärtig zur Abschaffung der Folter eingesetzten Mittel sollen in erster Linie Druck auf den Staat und den Folterer ausüben, damit sie von Foltermethoden Abstand nehmen. Zu den auf staatlicher Ebene verwendeten Mitteln gehört die diplomatische Intervention durch andere, möglichst mächtigere Staaten, sowie die Intervention von bedeutenden Institutionen und Persönlichkeiten, wie zum Beispiel der katholischen Kirche oder von Nobelpreisträgern. Publizität durch die Massenmedien ist ein weiteres wichtiges, wenn auch nicht so direktes Mittel. Regierungsunabhängige Organisationen wie Amnesty International sind oft wichtige Kanäle für Bitten, Druckausübung und Publizität. Druck seitens anderer Organisationen wie internationaler Unternehmen kann ebenfalls ein wirksames Mittel zum Schutz der Menschenrechte sein (die Aufhebung der Ausbildungssteuer für Juden, die aus der UdSSR auswandern, ist ein Beispiel). Alle diese Druckmittel werden in der Annahme angewendet, daß der Staat zu dem Schluß kommt, er könne durch das Einstellen der Folter mehr gewinnen als durch ihre Fortsetzung. Der Staat bleibt der Schlüsselfaktor, nicht nur in dem Sinne, daß er der schuldige Teil ist, sondern auch darin, daß die meisten Anstrengungen auf internationaler Ebene darauf gerichtet sind, andere Staaten zum Ausüben ihres Einflusses auf den folternden Staat zu bewegen. Wir leben noch immer in einer Welt, die von Machtpolitik regiert wird; die effektive Macht jener Einzelpersonen und Organisationen, die die Menschenrechte verteidigen, ist derjenigen des Staates noch nicht ebenbürtig. Obgleich die meisten Staaten sich heutzutage um die internationale Reaktion sorgen, wenn sie ihre Bürger mißhandeln, bleibt das Recht des einzelnen, frei von Folter zu sein, ein Recht ohne internationale Rechtsmittel.

Internationale Organisationen auf Regierungsebene

Die Vereinten Nationen haben weder wirksame Mittel noch Institutionen, um das Problem der Folter aufzugreifen. Allenfalls läßt sich sagen, daß sie innerhalb ihrer verschiedenen Organe und Vertretungen eine Anzahl von Plattformen bieten, auf denen das Problem der Folter angesprochen werden kann. Die zuständige Abteilung der Vereinten Nationen ist die Menschenrechtskommission, Teil des Wirtschafts- und Sozialrats. Trotz ihres vielversprechenden Titels hat die Kommission weder den Willen noch die Macht, die Allgemeine Erklärung der Menschenrechte zu verteidigen, insbesondere den Artikel daraus, der die Folter verbietet:

> »Niemand darf gefoltert oder grausam, unmenschlich oder erniedrigend behandelt oder bestraft werden.«

Die Kommission selbst besteht aus Mitgliedern, die Staaten vertreten; infolgedessen ist sie ein politisches Forum, das die politischen Interessen von Mitgliedsstaaten ausdrückt. Da alle Staaten ein Interesse daran haben, die Doktrin der Nichteinmischung aufrechtzuerhalten, kann kein wirksamer Mechanismus zur Prüfung von Verletzungen der Menschenrechte eingerichtet werden. Dies ist keineswegs überraschend, verfahren doch nur sehr wenige Staaten nach den hohen Idealen der Menschenrechtserklärung. Einige kleinere Mächte, die die Menschenrechtserklärung in ihren eigenen Ländern respektieren, haben den Willen gezeigt, zu wirksameren Mitteln zu greifen, doch werden diese Bemühungen von den anderen blockiert, besonders von den Großmächten. Die Wölfe sollen die Schafe hüten, und das Ergebnis ist abzusehen. Das Deprimierende daran ist, daß die Wölfe sich verpflichtet fühlen, in der Öffentlichkeit darauf zu bestehen, daß sie Schafe seien.

Es gibt jedoch zwei Beispiele dafür, daß die politische Situation internationale Aktivitäten ermöglicht hat, nämlich in den besetzten Gebieten des Nahen Ostens und in Südafrika. Anhörungen, Nachforschungen und öffentliche Berichte unter der Ägide der Kommission haben sich direkt mit der Folter in Südafrika und den portugiesischen Kolonien beschäftigt. Die Nachforschungen im Nahen Osten werden im folgenden behandelt.

Unterkommissionen der Menschenrechtskommission, die nicht aus offiziellen Vertretern von Staaten bestehen, sondern aus einzelnen Experten auf dem Gebiet der Menschenrechte, haben mehr unabhängige Arbeit geleistet. Sie zeigen eine Tendenz, eher die Menschenrechte zu verteidigen als die Politik ihrer Regierungen.

Selbst wenn die Kommission den Willen hätte, das Problem der Folter in ihren Mitgliedsstaaten aufzugreifen, wäre ihre wirkliche Macht sehr begrenzt, wie es der Fall Südafrika gezeigt hat.

Seit 1970 gibt es eine neue Entwicklung, die zum ersten Mal Privatpersonen oder Organisationen, die nicht auf Regierungsebene stehen, zumindest theoretisch die Möglichkeit eröffnet, sich beim Generalsekretär über Verletzungen der Menschenrechte zu beschweren und diese Beschwerden durch ein unparteiisches internationales Gremium nachprüfen zu lassen. Diese neue Prozedur, die in der ECOSOC-Resolution 1503 niedergelegt ist und von der Unterkommission zur Verhinderung von Diskriminierung und zum Schutz von Minderheiten detailliert ausgearbeitet wurde, ist von einem Dikkicht von Bedingungen und Hindernissen eingeengt und hängt im Endeffekt von der Zustimmung des angeklagten Staates ab, der die Untersuchungen genehmigen muß; es ist jedoch eine erste Öffnung innerhalb der UN, die internationale Aktionen für Einzelpersonen, die in ihren Menschenrechten verletzt wurden, ermöglicht.

Die neue Prozedur besteht aus drei Stufen. Die »Kommunikation« oder Beschwerde geht zuerst durch einen Arbeitskreis der Unterkommission, danach durch die Unterkommission und dann durch die ganze Kommission, die sie entweder zur gründlichen Untersuchung übernehmen oder ein ad hoc-Komitee aufstellen kann, das die Beschwerde »in Zusammenarbeit mit dem betreffenden Staat« nachzuprüfen hat. Das Kriterium für die Weitergabe von Instanz zu Instanz ist die Feststellung, ob die Beschwerde »ein vollständiges Bild schwerer und verläßlich bestätigter Verletzungen der Menschenrechte und der grundlegenden Freiheiten erkennen läßt«. Das sind zwar strenge Richtlinien, doch gibt es genug Fälle, die ihren Anforderungen entsprechen.

Staatliche Folter als administrative Praxis paßt genau in das »vollständige Bild schwerer Verletzungen«, und die drei Fälle, die von der Arbeitsgruppe angenommen wurden – Griechenland, Iran und Portugal – enthalten Folter als eine der Verletzungen. Es bleibt abzuwarten, was unter dieser neuen Prozedur geschehen wird, aber nach der Sitzung der vollzähligen Kommission im Frühling 1973 in Genf steht fest, daß viele den Wunsch äußern, sogar diese bescheidene Öffnung rückgängig zu machen. (Siehe ›The Review of the International Commission of Jurists‹, Dezember 1972, S. 5 »Enttäuschender Start des neuen Menschenrechtsverfahrens«.)

Der erste UN-Kongreß über die Verbrechensbekämpfung und die Behandlung von Straftätern führte am 30. August 1955 die »Mindestregeln für die Behandlung von Gefangenen« ein. Diese Vorschriften wurden vom Wirtschafts- und Sozialrat der UNO am 31. Juli 1957 mit geringen Änderungen gebilligt. Sie

bildeten auch die Grundlage für die Mindestvorschriften des Ministerausschusses des Europarates vom 19. Januar 1973.
Artikel 31 der Vorschriften der UN und des Europarats bestimmt:

> »Körperliche Züchtigung, Strafe durch Einsperren in einer Dunkelzelle, und jede grausame, unmenschliche oder erniedrigende Behandlung ist als Strafe für disziplinarische Vergehen streng verboten.«

Beide Vorschriften enthalten einen Kodex für die menschliche Behandlung von Gefangenen.

Regionale Organisationen

Die Europäische Menschenrechtskonvention wurde am 4. November 1950 unterzeichnet und trat am 3. Dezember 1953 in Kraft. Die Konvention wurde in der Nachkriegszeit entworfen, als die Erinnerung an die gerade vorübergegangene Tragödie noch frisch und der Geist der europäischen Einheit stark war. Der Europarat und die Menschenrechtskonvention wurden als Institutionen angesehen, die ein gemeinsames demokratisches und den Menschenrechten verpflichtetes Erbe zum Ausdruck brachten und Etappen auf dem Weg der europäischen Einheit darstellten.
Die Konvention ist das einzige ratifizierte Dokument auf dem Gebiet der Menschenrechte, das versucht, rechtliche Verpflichtungen entsprechend den Prinzipien der Allgemeinen Menschenrechtserklärung festzulegen. Die Konvention geht von den grundlegenden bürgerlichen und politischen Rechten aus, bietet ein Instrumentarium, das bei Verletzung dieser Rechte Rechtshilfe zur Verfügung stellt und versucht, die Rechte des einzelnen in realistischer Weise mit den Rechten des Staates in Einklang zu bringen. Es ist das einzige internationale Abkommen zum Schutz der Menschenrechte, das Sanktionen verhängen kann, und es ist das bisher einzige Abkommen, dem ein internationaler Gerichtshof eine Sonderstellung einräumte.
Die Organe der Konvention, durch die das System funktionieren soll, sind die Menschenrechtskomission, der Gerichtshof für Menschenrechte und der Ministerrat. Im Rahmen des Europarats können der Gerichtshof und die Kommission als die rechtsprechende Seite betrachtet werden, während die beratende Versammlung, die aus Parlamentariern der Mitglieds-

staaten besteht, als die gesetzgebende Seite angesehen werden kann. Die tatsächliche Macht ist sehr begrenzt, und nur die Kommission und die beratende Versammlung sind berechtigt, dem Ministerrat Empfehlungen zu geben. Der aus den Außenministern der Mitgliedsstaaten bestehende Ministerrat hat die Macht, Entscheidungen zu treffen und Sanktionen zu verhängen.

Viele Kommentatoren betrachten die Menschenrechtskommission als die größte bisher erreichte Errungenschaft des Europarats, und sie ist auch das Organ, das direkt das Problem der Folter aufgegriffen hat. Wird eine Petition angenommen, so erhält die Kommission zwei Funktionen: die erste ist »eine freundschaftliche Beilegung der Angelegenheit auf der Grundlage der Respektierung der Menschenrechte gemäß dieser Konvention«. Dieses »europäische Gewissen« wurde mit einem *»juge d'instruction«* verglichen, der die Voruntersuchungen durchführt. Doch ist die Kommission, die in sehr flexibler Weise vorgehen kann, im wesentlichen ein richterliches Organ. Sie ist auch »die Werkstatt« des Konventionssystems, denn sie erhält Tausende von Anträge und hört zwischenstaatliche Fälle an.

Folter kam in zwischenstaatlichen Fällen direkt bei drei Gelegenheiten zur Sprache: der Fall Zypern zwischen Großbritannien und Griechenland; der Fall Griechenland zwischen den skandinavischen Ländern und Holland auf der einen und Griechenland auf der anderen Seite; und der Fall Nordirland zwischen der Republik Irland und Großbritannien. Im April 1973 erklärte die Kommission die Einzelpetitionen von Nordirland gegen seine eigene Regierung, das Vereinigte Königreich, für zulässig. Die Antragsteller behaupteten darin, daß sie Opfer der laut Artikel 3 der Konvention verbotenen Mißhandlungen gewesen seien.

Westeuropa ist wahrscheinlich die Gegend der Welt, in der Rechtsgrundsätze am meisten respektiert werden; infolgedessen hat ein System dieser Art die Chance zu funktionieren. Der Fall Griechenland (der im folgenden ausführlicher besprochen wird) zeigte, daß das Konventionssystem die Menschenrechte in Mitgliedsstaaten nur dann schützen kann, wenn die Staaten selbst den Willen haben, die Menschenrechte auf der Ebene kommunaler Gesetze zu schützen, und wenn die Beachtung der Rechtsgrundsätze lebendige Wirklichkeit ist. Das Konventionssystem ist eigentlich so angelegt, daß gelegentliche Verirrungen verfolgt werden können, die Mißachtung der Gerechtigkeit in Ausnahmefällen, wie sie sogar in den gewissenhaftesten Staaten vorkommen kann.

1959 wurde durch eine Resolution der OAS (Organisation Amerikanischer Staaten) eine interamerikanische Kommission für Menschenrechte eingesetzt. Dieses unabhängige, aus sieben Mitgliedern bestehende Organ der OAS wurde 1967 vertraglich bestätigt. Die Mitgliedsstaaten betrachteten es als eine beratende Forschungsgruppe für Menschenrechte, die die Menschenrechte eher »fördern« als »durchsetzen« sollte. Die Kommission entwickelte ein stärkeres Konzept ihrer eigenen Rolle, und innerhalb ihres dürftigen Mandats nahm sie ihre Möglichkeiten mit Ermittlungen an Ort und Stelle und Berichten auf sehr wirksame Weise wahr. Die Mitgliedsstaaten hatten zwar nicht beabsichtigt, ihr das Recht zur Entgegennahme von Einzelpetitionen zu übertragen, doch die Kommission beschloß, daß sie die ihr zugehenden Informationen »zur Kenntnis nehmen« könne. Sie veröffentlichte periodisch Berichte über Verletzungen der Menschenrechte, namentlich in den Staaten, die die Zusammenarbeit mit der Kommission und ihre Anerkennung ablehnten. Eine Amerikanische Menschenrechtskonvention, die 1970 entworfen wurde, sieht ein System vor, das mit dem europäischen Konventionssystem, seiner Kommission und seinem Gerichtshof vergleichbar ist, doch wurde diese Konvention noch nicht ratifiziert, und es ist zweifelhaft, ob sie die zum Inkrafttreten erforderlichen Unterschriften erhalten wird, um so mehr als die größeren Staaten der Hemisphäre eine Ratifizierung zur Zeit nicht beabsichtigen.

> »Niemand darf der Folter oder grausamer, unmenschlicher oder erniedrigender Bestrafung oder Behandlung unterworfen werden. Alle Personen, denen ihre Freiheit entzogen wurde, sollen mit Achtung vor der Menschenwürde behandelt werden.« (Artikel 5.2 der Amerikanischen Menschenrechtskonvention)

Regierungsunabhängige Organisationen

In der internationalen Gemeinschaft sind es die regierungsunabhängigen Organisationen, die sich am energischsten für die Verteidigung der Menschenrechte einsetzten und die Praxis der Folterungen am entschiedensten verurteilten. Die Vereinten Nationen haben 251 nicht auf Regierungsebene stehende Organisationen (NGO's) beratenden Status der ersten Kategorie eingeräumt, d. h. innerhalb der gesamten UN-Organisation. Ferner gibt es 280 Organisationen in einer zweiten Kategorie, die von bestimmten Vertretungen der UNO aner-

kannt werden. In dieser Zahl sind sehr unterschiedliche Organisationen enthalten; die meisten vertreten die Interessen bestimmter Körperschaften wie Gewerkschaften, Berufsgruppen, Studentenorganisationen, religiöse Gruppen oder Kriegsteilnehmer, während andere auf der Grundlage bestimmter Prinzipien wie Frieden oder Abschaffung der Sklaverei organisiert sind. 53 dieser Organisationen werden bei dem Sonderkomitee der NGO's für Menschenrechte aufgeführt, und einige von ihnen haben besonderes Interesse am Problem der Folter gezeigt.
Trotz energischer Bemühungen und echtem Engagement vieler dieser Organisationen sind ihre Möglichkeiten zur Bekämpfung der Folter begrenzt. Ihre Tätigkeit läßt sich in den folgenden Kategorien zusammenfassen:

1. Sammeln von Informationen über Folterungen und Weitergabe an Interessierte, einschließlich Nachrichtenmedien.
2. Entsenden von Untersuchungsbeauftragten in die betreffenden Länder.
3. Entsenden von Beobachtern zu Gerichtsverhandlungen, in denen Angeklagte aller Wahrscheinlichkeit nach auf Folter hinweisen werden.
4. Lobbybildung bei anderen Regierungen oder Institutionen, die folternde Regierungen beeinflussen können.
5. Entwickeln und Vorschlagen von langfristigen Aktionen zum Schutz der Menschenrechte und zur Förderung bereits bestehender Institutionen wie der Europäischen Menschenrechtskommission. Es liegt auf der Hand, daß regierungsunabhängige Organisationen von der öffentlichen Meinung und von den Regierungen abhängen, um ihre Ziele erreichen zu können.

Fallstudie A: Die UNO und die besetzten Gebiete im Nahen Osten

Nach dem Sechstagekrieg vom Juni 1967 unternahm die UNO — besorgt um die Wahrung der Menschenrechte im Konfliktgebiet — verschiedene Initiativen zur Prüfung der Menschenrechtsfrage (siehe auch bei: N. Rodley: »The United Nations and Human Rights in the Middle East«, Social Research, Nr. 38, S. 217, 1971).
Binnen einer Woche nach dem Krieg verabschiedete der Sicherheitsrat die Resolution 237 vom 14. Juni 1967, die die Regierung von Israel aufforderte, für Sicherheit und Wohlergehen der Bewohner jener Gebiete, in denen militärische Operationen

stattgefunden hatten, zu sorgen und die Rückkehr derjenigen Bewohner zu erleichtern, die nach Ausbruch der Feindseligkeiten aus den betreffenden Gebieten geflohen waren. Sie empfahl den Regierungen der beteiligten Staaten die gewissenhafte Beachtung der humanitären Grundsätze, die die Behandlung von Kriegsgefangenen nach dem dritten Genfer Abkommen sowie den Schutz von Zivilpersonen in Kriegszeiten nach dem vierten Genfer Abkommen, zusammengefaßt in den Genfer Konventionen vom 12. August 1949, regeln. Der Generalsekretär hatte die wirksame Anwendung dieser Resolution zu überwachen. In Ausführung dieses Mandats sandte der Generalsekretär einen Sonderbeauftragten (Nils-Göran Gussing) in den Nahen Osten. Nach einer Reise in das besetzte Gebiet wurde seine Tätigkeit unterbrochen, als die israelische Regierung darauf bestand, daß er auch die Lebensbedingungen der Juden im Konfliktgebiet zu untersuchen habe, wenn ihm erlaubt sein sollte, die der Araber zu prüfen. Gegensätzliche Auslegungen der Resolution führten in eine Sackgasse. Als der Sicherheitsrat ein Jahr später in der Resolution 259 (1968) den Auftrag ausdrücklich auf die besetzten Gebiete beschränkte, verweigerte Israel die weitere Zusammenarbeit.

Wegen dieses erzwungenen Stillstands setzte die Generalversammlung im Jahr 1969 eine Sonderkommission ein zur »Untersuchung israelischer Praktiken, die die Menschenrechte der Bevölkerung in den besetzten Gebieten betreffen« (Dreierkommission). Die Mitglieder der Dreierkommission waren Vertreter von Ländern, die keine diplomatischen Beziehungen zu Israel unterhielten. Aus diesen und anderen Gründen verweigerte die Regierung von Israel ihre Mitarbeit und beschränkte sich in der Folge darauf, die Dreierkommission und ihre Erkenntnisse unglaubwürdig zu machen, die sich als Resultat von Israels ablehnender Haltung nicht auf Untersuchungen an Ort und Stelle stützten.

In ihrem ersten Bericht erörterte die Kommission eine Menge Anklagen über Folter und anerkannte die Glaubwürdigkeit verschiedener Personen, die diese Angaben machten. Spätere Berichte ließen das Folterproblem im Hintergrund und beschränkten sich darauf, die Entwicklungen in Hinblick auf jene Anklagen zu verfolgen, die im ersten Bericht erhoben worden waren.

Da es wegen der Zusammensetzung dieser Sonderkommission Verzögerungen gab, die auf Gerangel um die Verfassungsmäßigkeit der Verfahren zur Ernennung der Mitglieder zurückgingen, nahm sich die Menschenrechtskommission selbst

des Problems an. Unter erneuter Bestätigung »des unverzichtbaren Rechts auf Rückkehr für alle Bewohner, die seit Ausbruch der Feindseligkeiten ihre Heimat verlassen haben«, setzte die Kommission durch Resolution 6 (XXV) die Besondere Arbeitsgruppe von Sachverständigen (Special Working Group) ein, um die Behauptungen zu überprüfen, die sich auf Verletzungen der vierten Genfer-Konvention durch Israel bezogen. Dies war das einzige Mal, daß die Menschenrechtskommission außerhalb des südlichen Afrika im eigenen Auftrag Ermittlungen durchführte, um Situationen zu studieren, die ein konsequentes System von groben Verletzungen der Menschenrechte offenbaren. Zusammengesetzt aus den gleichen Personen, die auch in Südafrika ermittelt hatten, und mit nahezu den gleichen Beweisen, wie sie die Sonderkommission der Drei geliefert hatte, stellte die Besondere Arbeitsgruppe abschließend fest, daß in Israel anscheinend immer Zwangsmaßnahmen angewendet werden, um entgegen den Bestimmungen der Genfer Konvention Informationen und Geständnisse zu erpressen. Sie zog nicht in Betracht, daß sie in der Lage gewesen wäre, die Angaben über Folterungen auf gerichtlichem Wege bestätigen zu lassen.
Durch die Beschränkung der Menschenrechtsuntersuchungen auf die von Israel besetzten Gebiete und das südliche Afrika und die gleichzeitige Weigerung, auf Empfehlungen zur Überprüfung anderer Länder wie zum Beispiel Griechenland und Haiti tätig zu werden, haben die Vereinten Nationen kein Zutrauen in ihre unparteiische Unterstützung der Bestrebungen zum internationalen Schutz der Menschenrechte geweckt.

Fallstudie B:
Regionale und internationale Reaktionen auf die Anwendung von Folter in Griechenland 1967–73

Am aktuellen Beispiel der Anwendung von Folter durch das Militärregime in Griechenland lassen sich sehr gut die Möglichkeiten und Grenzen internationaler Anstrengungen gegen die Folter aufzeigen. Obwohl das Griechenland der Obristen nicht das schlimmste Beispiel für staatliche Folterpraktiken in der Welt ist, so ist es doch der Musterfall eines Herrschaftssystems, das auf Folter angewiesen ist, um regieren zu können, und – was sehr wichtig für unsere Arbeit ist – es ist der Fall, in dem die internationalen Bemühungen zur Verhinde-

rung der Folter am weitesten vorangetrieben wurden.
Die Verletzung der Menschenrechte in Griechenland hat international große Beachtung gefunden, eine Beachtung, die verglichen mit der Aufmerksamkeit, die man diesem Problem global schenkt, gewiß unverhältnismäßig groß ist, aber für die Leidtragenden noch immer nicht ausreicht. Besondere, wenn nicht gar einmalige Umstände erklären, warum die internationalen Bemühungen im Fall Griechenlands am weitesten vorangetrieben wurden, und warum die Frage der Folter zeitweise zu einem Hauptthema der griechischen Außenpolitik wurde. Ein wesentlicher Faktor war die Tatsache, daß Griechenland als ein westliches und europäisches Land angesehen wird, das politisch und ökonomisch dem Westen verbunden ist. Die öffentliche Meinung des Westens war besonders hellhörig für alles, was in Griechenland geschah; Griechenland war ja eine parlamentarische Demokratie gewesen. Obwohl die Obristen ihren Militärputsch im Kontext des Kalten Krieges gesehen haben wollten, orientierte sich die öffentliche Meinung aufgrund der allgemeinen Entspannung und der offenen Unterdrückung auch von Nichtkommunisten in Griechenland mehr an der Realität als an der Propaganda. Das Regime verfolgte und entfremdete sich namhafte griechische Persönlichkeiten, die dann zu gefährlichen Regimegegnern wurden, weil sie wußten, wie sie westliche Institutionen einsetzen konnten. Zudem hatten frühere griechische Regierungen internationale Vereinbarungen unterzeichnet, die meist die Verpflichtung zur Achtung der Menschenrechte enthielten; an erster Stelle die Europäische Menschenrechtskonvention, die das Recht internationaler Organisationen bestätigt, sich mit Verletzungen der Menschenrechte in Griechenland zu beschäftigen. Schließlich genießt Griechenland im Westen eine gefühlsmäßige Sonderstellung, weil es als »Wiege der Demokratie« angesehen wird, als das Land, in dem das »Abenteuer des Westens« begann; um so schockierender war es, daß in diesem Land die Folter auftauchte.
Es wäre eine interessante theoretische Übung zu analysieren, wie viele internationale Abmachungen Griechenland durch die Anwendung der Folter verletzt hat, doch würde dies an dem Problem vorbeigehen. Die Frage kann nur verstanden werden, wenn man die politische Wirklichkeit betrachtet, denn Verträge können nur an der Realität gemessen werden.
Nach dem Abzug der deutschen Truppen gegen Ende des Zweiten Weltkriegs brach in Griechenland ein Bürgerkrieg aus, der zu einem Teil des sich rasch verschärfenden Kalten Kriegs zwischen den USA und der Sowjetunion wurde. Das

geschwächte Großbritannien konnte dem *ancien régime* in Griechenland nicht helfen; so griffen die USA ein und machten Griechenland zu einem abhängigen Bündnispartner in dem allmählich Konturen gewinnenden westlichen Block. Die Beziehungen zu den USA wurden bestimmend für die griechische Nachkriegsgeschichte und sollten sich auch im besonderen Fall der Folter unter dem Obristenregime als der bestimmende Faktor erweisen.

Am 21. April 1967 glückte der Putsch einer Gruppe von Offizieren. Statt der Wahlen, die für Mai vorgesehen waren, wurden Massenverhaftungen und Säuberungen durchgeführt, Kriegsrecht und Zensur verhängt – alles bekannte Merkmale von Militärdiktaturen. Vom ersten Tag an wurde gefoltert, und Folterungen wurden zu einem unentbehrlichen Bestandteil der staatlichen Unterdrückungsmaßnahmen gegen jede Opposition.

(Anmerkung: Es gibt eine beträchtliche Zahl von Büchern über die Folter im Griechenland der Obristen; die kompetenteste Veröffentlichung ist der Bericht der europäischen Menschenrechtskommission in »The Greek Case«, Band 2, 2. Teil. Siehe auch J. Becket, »Barbarism in Greece«, New York 1970; dieses Buch führt 438 Opfer und 126 Folterer namentlich auf. Persönliche Berichte von gefolterten Opfern enthalten die Bücher: »Dans les prisons des colonels«, Paris 1971; und A. Fleming: »Piece of Truth«, London 1973. Es sind auch drei englischsprachige Bücher erschienen, deren Autoren mit dem griechischen Militärregime sympathisieren. Sie streiten zwar nicht ab, daß es Folterungen gibt, wollen darin aber kein Mittel staatlicher Politik sehen. Es sind dies die Bücher: K. Young: »The Greek Passion«, London 1969; D. Holden: »Greece Without Columns: The Making of the modern Greeks«, London 1972; B. Stockton: »Phoenix with a Bayonet«, Georgetown Publications 1971.)

Politik und Standpunkte

Was Macht und Einfluß betrifft, so spielen die USA in Griechenland die beherrschende Rolle. Das Interesse der Vereinigten Staaten an Griechenland ist strategischer Natur – sie brauchen Militärbasen und Einrichtungen für ihre Truppen in einer politisch stabilen Umgebung. Das griechische Militärregime hat diese Erfordernisse mehr als erfüllt und noch neue Basen und Einrichtungen in der hohen Stabilität einer Diktatur zur Verfügung gestellt. Aus diesen Gründen hat das Regime sich während der besprochenen Periode der tatkräftigen Unterstützung der US-Regierung erfreut. Für die amerikanische Regierung ist die Frage der Folter immer völlig nebensächlich gewesen; man erklärte nur, daß Folter nicht mit der allgemeinen Linie der amerikanischen Politik übereinstimme. Die amerikanische Politik in der Frage der Folter besteht darin, in offiziellen Erklärungen die Folterungen zu bestreiten, oder ihre Bedeutung herunterzuspielen, wenn nichts mehr bestritten werden kann. Im Fall Griechenlands ergab sich dieses Verhalten folgerichtig aus der allgemeinen Unterstützung der griechischen Militärdiktatur.

Im Nachkriegseuropa war der »Ostblock« Gegner des griechischen Staates. Die sozialistischen Länder halfen den Verlierern des Bürgerkriegs in Griechenland und nahmen nach der Niederlage Tausende von Flüchtlingen auf. Die griechische kommunistische Partei (KKE) setzte ihre Arbeit im Exil fort, und in Griechenland bildeten linke Gruppen die EDA, eine Partei, deren Grundsatzentscheidungen in Moskau gefällt wurden. Die Beziehungen Griechenlands zu seinen Nachbarn begannen sich im allgemeinen Entspannungsklima der sechziger Jahre zu verbessern, doch erst nach der Machtübernahme der Obristen bemühte sich das sozialistische Lager ernsthaft um bessere Beziehungen zu Griechenland. Die russische Politik zeigte ein deutliches Interesse für dieses Regime, und die ökonomischen, politischen und kulturellen Beziehungen wurden ausgebaut.

Während die Medien der sozialistischen Länder das griechische Regime heftig kritisierten – besonders scharf waren die Angriffe kurz nach dem Putsch –, vertraten höchste Parteikreise in Osteuropa die erstaunliche Überzeugung, daß »die Obristen viel getan haben«. Erschütterndes Nebenergebnis der politischen Annäherungsversuche war die Auslieferung geflüchteter Griechen aus Bulgarien, wo sie um politisches Asyl nachgesucht hatten. (Über die Außenpolitik der osteuropäischen Staaten siehe: »Greece under Military Rule«, London 1972, S. 222/225. Siehe auch Christian Science Monitor, »Athens warms to advances by Moscow«, 4. 1. 1973.)

Auf einer Konferenz der nationalen Komitees für Demokratie in Griechenland, die am 29. und 30. Juni 1968 in Genf stattfand, drängte der sowjetische Delegierte die nationalen Komitees zu raschen Boykottmaßnahmen: Einstellung ausländischer Investitionen, Boykott griechischer Schiffe, künstlerischer Aktivitäten, des Sports und des Tourismus. Dennoch baute die Sowjetunion danach ihre Beziehungen in allen diesen Bereichen aus, auf ökonomischem Gebiet durch die Errichtung von Kraftwerken und den Aufbau einer Torfindu-

strie. (Siehe: Procès-Verbal de la Conférence des Comités Nationaux pour la Grèce Democratique, Genève, Maison des Congrès, 20–30 juin 1969 – Vervielfältigung.)
Wie die USA entwickelte auch die Sowjetunion eine besondere Terminologie in Sachen Griechenland. Die Sowjetunion erklärt, den Sozialismus, die proletarische Revolution und die internationale Solidarität der Arbeiterklasse zu unterstützen und gegen Kapitalismus, Faschismus und Imperialismus zu kämpfen. Da die Obristen eine rechtsgerichtete Militärdiktatur installierten, die offiziell den Kommunismus bekämpfte, Tausende von Kommunisten inhaftierte und Hunderte von ihnen folterte, schuf die russische Freundlichkeit eine Verständnislücke; man versuchte sie zu überbrücken, indem man sagte, der Staat sei verpflichtet, im Interesse der friedlichen Koexistenz freundliche Beziehungen zu anderen Staaten aufzubauen, während die Partei das griechische Militärregime verurteile. Ferner wurde vorgebracht, daß man gutnachbarliche Beziehungen zu Griechenland herstellen müsse, wenn man effektiv für die Inhaftierten eintreten wolle. Diese Politik führte zu einer Spaltung der griechischen Linken, genau wie die amerikanische Politik zu einer beträchtlichen Desillusionierung liberaler Kreise in Griechenland geführt hat.
Das Thema Griechenland entwickelte sich in den Jahren nach 1967 zu einem drängenden politischen Problem. Die griechische Frage wurde ständig auf höchster politischer Ebene diskutiert, und auch die größeren politischen Parteien befaßten sich mit ihr; sozialdemokratische Parteien zeigten sich allerdings aktiver als konservative Parteien. Während die Regierungen der drei wichtigsten europäischen Staaten – Bundesrepublik Deutschland, England und Frankreich – gute Handelsbeziehungen zu den griechischen Obristen aufrechtzuerhalten suchten, gaben die BRD und England politische Erklärungen ab, in denen sie den Mangel an Demokratie und die Mißachtung der Menschenrechte kritisierten. In überstaatlichen Organisationen wie dem Europarat und dem Gemeinsamen Markt bezogen diese beiden Staaten Position gegen Griechenland, nicht jedoch im weiteren atlantischen Zusammenhang, insbesondere in der NATO.
Die skandinavischen Länder Norwegen, Schweden und Dänemark waren die einzigen Staaten, die sich bereit zeigten, für ein Prinzip Opfer zu bringen. Sie gingen auf staatlicher Ebene gegen Griechenland wegen Verletzung seiner internationalen Verpflichtungen vor. Sie brachten den Fall auch vor den Europarat.

Die Politik des Militärregimes in Griechenland zielte zuerst auf das Überleben ab, später auf ein möglichst glanzvolles Überleben. Die Regierungsbürokratie behielt ihre Struktur, es wurden nur Offiziere an die neuralgischen Punkte gesetzt. Eine neue Entwicklung war die wachsende Größe und Macht des Unterdrückungsapparates, wo Militärpolizei und andere Armeeinheiten in Sicherheitsfragen mit der Polizei zusammenarbeiteten. Diese Kräfte standen in direkter Verbindung mit der Junta und führten die Folterungen aus. Die offizielle Position der griechischen Regierung war stets, daß es nie Folterungen gegeben habe. Berichte über Folterungen wurden immer wieder auf allen internationalen Ebenen dementiert. Der ganze traditionelle Staatsapparat mit dem Außenministerium, dem Justizministerium und dem Presseamt wurde eingesetzt, die Anklagen zu bekämpfen. Die Zensur verhinderte, daß diese Beschuldigungen aus dem Ausland zum innenpolitischen Thema wurden.

Die Frage der Folter hat die Vereinten Nationen noch nicht im Sicherheitsrat oder in der Vollversammlung beschäftigt, doch befaßten sich damit die UN-Menschenrechtskommission, wenn auch ohne nennenswertes Ergebnis, sowie die Internationale Arbeitsorganisation (ILO), eine unabhängige Sonderkommission der UN, deren Untersuchungskommission feststellte, daß das griechische Regime zwei ILO-Abkommen verletzt hat.

In den europäischen Institutionen nahm man die Frage der Folter viel ernster und ergriff auch Maßnahmen, was der Ausschluß Griechenlands aus dem Europarat beweist. Ermöglicht wurde dies zum einen durch das Vorhandensein eines Instrumentariums zur Untersuchung von Menschenrechtsverletzungen und durch die Bereitschaft der Mitgliedsstaaten, es zu gebrauchen, und zum anderen, weil der stärkste Verbündete des Regimes, die USA, als Nichtmitglied im Europarat diese Bemühungen nicht blockieren konnte. Griechenlands Verhältnis zur EG wurde wegen seiner Verletzungen der Menschenrechte teilweise eingefroren.

Auf dieser Ebene nahmen sich verschiedene Organisationen des Problems der Folter an, meist sehr intensiv und mit größtem Nachdruck, doch setzte ihre mangelnde Macht der Effektivität Grenzen.

Zunächst sind hier die Organisationen zu nennen, die direkt mit den Menschenrechten befaßt sind. Sie entsandten Prozeßbeobachter und Ermittler nach Griechenland, sammelten Informationen und veröffentlichten Untersuchungsberichte in der Hoffnung, daß andere Regierungen Maßnahmen ergreifen würden. Zu diesen Organisationen gehörten Amnesty

International, die Internationale Juristenkommission, die Liga für Menschenrechte, die Vereinigung Demokratischer Juristen und viele andere.

Das Internationale Komitee des Roten Kreuzes (ICRC) spielte eine wichtige Rolle bei der Untersuchung von Haftbedingungen und der Frage der Folter. Es konnte politische Gefangene besuchen und übergab dem Regime Dokumentationen mit den Untersuchungsergebnissen. Infolge der Untersuchungen vor der Europäischen Menschenrechtskommission unterzeichnete das Militärregime einen beispiellosen Vertrag mit dem ICRC, in dem Vertretern des Roten Kreuzes das Recht eingeräumt wurde, jederzeit Polizeistationen und Gefängnisse zu besuchen; diese Übereinstimmung dauerte offiziell ein Jahr, doch stellte sich sehr bald heraus, daß sie wenig bewirkte, besonders nachdem der Zweck der Übereinkunft für das Regime, nämlich im Europarat zu bleiben, nicht erreicht werden konnte.

Auch außerhalb der eigentlichen Hilfsorganisationen beschäftigte das Problem der Folterungen verschiedene gesellschaftliche Gruppen und ihre Verbände. So wurden in der Griechenlandfrage beispielsweise der Weltkirchenrat, das Internationale Presseinstitut, der Welt-Universitätsdienst, der Internationale Bund Freier Gewerkschaften (ICFTU) und andere aktiv.

Auch die politischen Parteien des Westens interessierten sich für das Griechenlandproblem und die Berichte über Folterungen. Im allgemeinen verurteilten die Oppositionsparteien das Obristenregime am schärfsten. Kamen sie an die Regierung, nahmen sie gemäßigtere Positionen ein, doch das Thema tauchte immer wieder in politischen Grundsatzerklärungen auf, es spielte eine Rolle in Wahlkämpfen und wurde in Parlamentsdebatten aufgegriffen, wo die Folteranklage ein wichtiges Argument der Gegner des griechischen Militärregimes wurde. Die Haltung der britischen Labour Party ist ein gutes Beispiel: während George Brown, damals Minister im Labour-Kabinett, im November 1967 sagte, der Ausschluß Griechenlands aus der NATO werde »die Allianz schwächen und zerstören«, verabschiedete der Parteikongreß zur gleichen Zeit eine Resolution zugunsten des Ausschlusses von Griechenland. (Die griechische Frage war auch im amerikanischen Präsidentschaftswahlkampf 1972 Gegenstand einer scharfen Kontroverse zwischen den Kandidaten.)

In den meisten westlichen Ländern bildeten sich Gruppen mit dem Ziel, den politischen Gefangenen in Griechenland zu helfen. Meistens waren es Hilfs- und Wohltätigkeitsorgani-

sationen, die die Lebensbedingungen der Gefangenen und ihrer Familien zu bessern suchten. Diese Organisationen, die nicht mit den Widerstandsgruppen exilierter Griechen verwechselt werden dürfen, wurden im Laufe der Zeit zu wichtigen Informationsquellen für alle, die sich mit dem griechischen Problem befaßten, und leisteten wertvolle Hilfe.
Presse, Fernsehen und Radio spielten eine Schlüsselrolle im Kampf gegen die Folter in Griechenland. Ohne die Verbreitung der Information, daß gefoltert wurde, wäre das Ganze nicht zu einem brisanten politischen Problem geworden. Der Ausschluß Griechenlands aus dem Europarat im Dezember 1970 kann direkt auf die Veröffentlichung der Untersuchungsergebnisse der Europäischen Menschenrechtskommission in der Presse zurückgeführt werden. Diese Veröffentlichung schuf eine Atmosphäre, in der es für gewisse Regierungen sehr schwierig geworden wäre, die nun wegen Folterungen offiziell verurteilte Militärjunta in der Organisation zu halten. Nicht nur in Europa übten die Medien großen Einfluß aus, auch in den USA drängten sie die Regierung in dieser Frage in die Defensive.

Geschichte des Falles

> ». . . die Delegation kann objektiv feststellen, daß Folter vorsätzlich und offiziell angewandt wird, und sie ist überzeugt, daß griechische Bürger, die der aktiven Opposition gegen die Regierung verdächtigt werden, in großem Umfang gefoltert werden . . .«
> Bericht einer Delegation von Amnesty International aus Griechenland, 17. Januar 1968

> »›Der internationale Kommunismus‹ startete nach der Revolution vom 21. April 1967 eine beispiellose, schmutzige Kampagne mit der Anklage, daß politische Gefangene gefoltert würden . . . Diese kommunistischen Beschuldigungen wurden in einem Bericht der Organisation ›Amnesty International‹ wiederholt . . .«
> (Zitiert aus: »The Truth Regarding the Deported Communists and the Alleged Tortures«, einem Pamphlet, das vom Presse- und Informationsbüro des Ministeriums des Premierministers im Frühjahr 1969 veröffentlicht wurde; der komplette Text ist abgedruckt in Becket: »Barbarism in Greece«, S. 192 bis 199).

Die erste Phase: April 1967 – November 1968
Anklage und Gegenanklage

Die erste Phase ist gekennzeichnet durch die Bestrebungen der einen Seite, das Problem der Folterungen bekanntzumachen, und den Bemühungen der anderen Seite, die Anschuldigungen zu leugnen und das Thema zu unterdrücken. Gleichzeitig bemühten sich beide Seiten, die öffentliche Meinung zu überzeugen; das Problem gewann in der Presse an Bedeutung und wurde zum Anliegen regierungsunabhängiger Organisationen und schließlich von Staaten und internationalen Organisationen.

Der Staatsstreich hatte die Verhaftung und Deportation von Tausenden von Personen zur Folge. Einige wurden während dieser Zeit getötet, viele geschlagen und mißhandelt, einige systematisch gefoltert, meistens um herauszufinden, wo bestimmte Leute sich versteckt hielten. Viele Leute wurden von den Sicherheitsorganen verhaftet und zum Zweck der Einschüchterung geschlagen. Nachdem die neuen Machthaber die Situation in der Hand hatten und daran gehen konnten, ihre Macht zu konsolidieren, setzte die systematische und regelmäßige Anwendung von Folter durch Angehörige der Staatsorgane ein. Eine Reihe staatlicher Organisationen, die Zivilpolizei und Abteilungen der Armee praktizierten die Folter. Fast gleichzeitig gelangten Berichte über Folterungen aus Griechenland ins Ausland. Doch erst im November 1967 erschien ein glaubwürdiger Bericht in einer »seriösen« westlichen Zeitung, dem britischen »Guardian«, und berief sich auf Gespräche mit Personen, die beschuldigt wurden, die Widerstandsorganisation »Patriotische Front« durch die Verteilung von Flugblättern unterstützt und Mikis Theodorakis versteckt zu haben. Viele dieser Angeklagten waren nach ihrer Verhaftung gefoltert worden, aber keiner von ihnen wagte dies vor Gericht offen zu sagen. Der Artikel nannte keine Namen und war sehr darauf bedacht, daß niemand anhand der Angaben identifiziert werden konnte, denn es bestand durchaus die Gefahr erneuter Folter.

Die große Zahl politischer Gefangener und die Berichte von Mißhandlungen veranlaßten Amnesty International Ende Dezember 1967, zwei Rechtsanwälte nach Griechenland zu schikken. Bei ihren Erkundigungen über Gefangene hörten sie ständig Geschichten über Folterungen. Trotz der großen Schwierigkeiten, mit Opfern in Verbindung zu treten, gelang es ihnen, 16 Personen zu sprechen, die behaupteten, gefoltert worden zu sein, und sie sammelten die Namen von 32 anderen, die noch im Gefängnis waren und ebenfalls Opfer von Folterungen zu sein schienen. Nach ihrer Rückkehr aus Griechenland Ende Januar 1968 veröffentlichten sie einen Bericht über ihre Untersuchungen, in dem die Foltermethoden, Orte, an denen gefoltert wurde, und einige Folterer genannt wurden. Namen von Opfern wurden nicht erwähnt, da diese Vergeltungsmaßnahmen befürchteten und die Nennung ihrer Namen nicht erlaubt hatten. Dieser Bericht fand große Beachtung in der Presse, und das Problem war nun ernsthaft zur Diskussion gestellt, obgleich die griechische Regierung zu dem Zeitpunkt noch nicht reagierte und der Bericht durch die Tatsache, daß keine Namen genannt wurden, an Gewicht verlor. Einer der Rechtsanwälte kehrte zwei Monate später nach Griechenland zurück und erhielt die Erlaubnis, bestimmte Gefangene im Gefängnis zu besuchen. Neun der zwölf Gefangenen, die er sprach, sagten aus, sie seien mit Falanga und Elektroschocks gefoltert worden. Der zweite Bericht von Amnesty International gab dann im Einverständnis mit den Opfern Namen an.

Das Problem konnte nun vom griechischen Militärregime und denen, die es unterstützten, nicht länger ignoriert werden. Die Berichte über Folterungen drohten, die Interessen der Machthaber zu gefährden. Internationale Zeitungen wie die Londoner ›Times‹, ›Le Monde‹ und die ›New York Times‹ hatten Artikel darüber veröffentlicht. Nach dem zweiten Bericht von Amnesty ging die griechische Regierung zur Offensive über. Im Inneren verschärfte sie die Sicherheitsmaßnahmen und schüchterte Opfer ein, um zu verhindern, daß Berichte über Folterungen durchsickerten. Für die öffentliche Meinung im Ausland stellte das Regime den Bericht als Verleumdung und Teil der »kommunistischen Verschwörung« dar und griff die Vertreter von Amnesty persönlich an. Als es einsah, daß diese Taktik nicht mehr hinreichte, suchte es nach »unabhängigen« Quellen, die seine Dementis bestätigen sollten. Es lud Journalisten und Parlamentarier nach Griechenland ein, bezahlte ihnen sämtliche Unkosten und beauftragte ausländische Public-Relations-Firmen, das *»Image«* des Regimes aufzubessern.

Ende April 1968 legten die Machthaber Beweismaterial vor, das nach ihrer Auffassung die »Verleumdung« widerlegte:

1. Der Besuch einer Gruppe von britischen Parlamentariern aller Parteien, von denen einer die Erklärung abgab, er glaube nicht, daß es in den Deportationslagern Folterungen gegeben habe;
2. ein Bericht des Delegierten des Internationalen Roten Kreuzes über seinen Besuch in der Bouboulina-Straße, wo dem Bericht nach die Mehrzahl der Folterungen stattgefunden hatte;
3. eine Erklärung von Francis Noel-Baker im englischen Unterhaus.

Die Berichte über Folterungen waren nicht aus den Internierungslagern auf griechischen Inseln gekommen, sondern aus den Polizeistationen und Militärlagern. Deshalb war die Erklärung des britischen Abgeordneten nicht relevant.

Francis Noel-Baker bestritt auch nicht die Tatsache, daß Folterungen stattfanden, sondern griff den Vertreter von Amnesty wegen seiner »krassen politischen Ansichten« an und sagte, die Berichte über Folterungen seien »übermäßig hochgespielt« worden. Die griechische Regierung betrachtete den Bericht des Roten Kreuzes als ihre stärkste Waffe, obwohl dieser Bericht die Aussagen der Opfer über Folterungen und die Behauptung der Polizei wiedergab, es sei nicht gefoltert worden. Trotz der Tatsache, daß sich 46 von 131 Gefangenen über Folterung oder Mißhandlung beklagten, verwendete die griechische Regierung ausgewählte Auszüge aus dem vertraulichen Bericht des Roten Kreuzes für die öffentliche Erklärung, das Rote Kreuz habe keine Beweise für Folterungen gefunden. Das Rote Kreuz beschwerte sich über diese Art der Veröffentlichung, und der vollständige Bericht wurde freigegeben.

Aufgrund von Anfragen amerikanischer Bürger über die Folterungen mußte die US-Regierung durch das Außenministerium zu dieser Frage Stellung nehmen. Die im folgenden abgedruckten offiziellen Texte sind Auszüge aus Briefen des Außenministeriums an Kongreßabgeordnete, die auf Drängen ihrer Wähler Anfragen eingebracht hatten. Die Erwiderungen der griechischen Regierung auf Beschuldigungen waren ausgesprochen grob formuliert und wirkten sich auf die öffentliche Meinung im Ausland ungünstig aus. Die Antworten des Außenministeriums waren für einen intellektuelleren Personenkreis abgefaßt und gebrauchten die vorsichtige Sprache eines Rechtsanwalts, der seinen Mandanten zu schützen sucht. Während Sprache und Stil sich unterschieden, war das Ziel beider Regierungen das gleiche: die öffentliche Meinung von etwas zu überzeugen, von dem sie selbst wußten, daß es nicht wahr war.

Die ersten Anfragen brachten die grundsätzliche Einstellung des US-Außenministeriums zum Vorschein, die sich vom April 1967 bis zum Juli 1968 nicht mehr ändern sollte:

> »Wir sind zu der vorläufigen Feststellung gekommen, daß es in einzelnen Fällen bedauerlicherweise Mißhandlungen von Gefangenen gegeben hat. Wir gewannen den Eindruck, daß diese Vorfälle sich hauptsächlich bei der Fahndung nach und der Verhaftung und Verurteilung von Mitgliedern der Patriotischen Front ereigneten, die in den Au-

gen der griechischen Verantwortlichen und der öffentlichen Meinung allgemein als eine kommunistisch beeinflußte Gruppe gilt. Während dieser Phase, die ihren Höhepunkt im Sommer und Herbst 1967 hatte, explodierte eine Reihe von selbstgemachten Bomben auf öffentlichen Plätzen in Athen, was den Tod eines unschuldigen Passanten zur Folge hatte, und die Polizei scheint zur Entlarvung der Verantwortlichen in einigen Fällen zu unverhältnismäßig harten Maßnahmen gegriffen zu haben. Seit Auflösung der Patriotischen Front ist die Zahl der Berichte über Mißhandlungen von Gefangenen zurückgegangen.«

Obwohl ihm die sehr vorsichtigen Formulierungen auffallen könnten, würde der uninformierte Leser daraus den Eindruck gewinnen, daß es in Griechenland – wie in anderen Ländern auch – in Einzelfällen Mißhandlungen durch die Polizei gab, aber nur gegenüber gewalttätigen kommunistischen Attentätern, die unschuldige Passanten töteten. Wer die wirklichen Tatbestände kennt, erhält einen anderen Eindruck. Mitglieder der Patriotischen Front, einer linksgerichteten Organisation, der Personen verschiedener politischer Anschauung angehörten, waren im August, September und Oktober festgenommen worden. Der letzte Prozeß gegen Mitglieder der Patriotischen Front endete am 22. November 1967. Am 30. November 1967 explodierte auf dem Dach des Justizministeriums eine Bombe, und eine Passantin, Katerina Milona, wurde durch ein herabfallendes Stück Rohrleitung getötet. Dies war der einzige Bombenzwischenfall mit tödlichem Ausgang in den Jahren 1967 und 1968, und er ereignete sich, *nachdem* die Mitglieder der Patriotischen Front verhaftet, gefoltert, vor Gericht gestellt und zu Gefängnis verurteilt worden waren. Wegen dieses Vorfalls gab es nie eine Anklage. Das Wichtigste aber ist wohl, daß Berichte über »Mißhandlungen« von Gefangenen – wie das US-Außenministerium die Folterungen nur nennen wollte – seit November 1967 nicht seltener, sondern erheblich häufiger geworden waren.

Mitte Februar holte man einige Gefangene aus der Haft und brachte sie auf das in der Marinebasis Scaramanga liegende abgetakelte Kriegsschiff »Elli« zum Verhör. Die Regierung sprach von einem Komplott gegen die Kriegsmarine, an dem angeblich 115 Intellektuelle und Marineangehörige beteiligt gewesen seien. An Bord des Schiffes wurden die Gefangenen geschlagen und mit Elektroschocks und Wassermethoden gefoltert. Leute in Athen, die davon wußten und sich Sorgen machten, versuchten die ausländische Öffentlichkeit zu alarmieren. Bald darauf wurde bekannt, daß ein Gefangener, Marinemaat Constantinos Paleologos, unter der Folter gestorben war, und als man einige der Opfer Anfang März ins Gefängnis zurückbrachte, wurden Einzelheiten über andere Gefangene bekannt. Einer von diesen, Gerassimos Notaras, beschrieb einem Vertreter von Amnesty die Folterungen, die er erlitten hatte und bestätigte die Berichte, daß auf der »Elli« gefoltert worden sei. Amnesty veröffentlichte dies am 6. April 1968. Am nächsten Tag wurde der Bericht vom Pressesprecher der griechischen Regierung dementiert. Am 9. April schrieb das amerikanische Außenministerium in einem Brief, der von dem für Griechenland zuständigen Staatssekretär im Außenministerium unterzeichnet war, an einen US-Senator:

> »Wunschgemäß ersuchten wir die Botschaft in Athen, Nachforschungen in dieser Angelegenheit anzustellen. Es ist der Botschaft nicht gelungen, irgendwelche Informationen zu erhalten, die die Behauptungen bekräftigen würden. Derzeit erscheinen uns die Beschuldigungen, daß auf der ›Elli‹ gefoltert wurde, nicht glaubhaft, da die ›Elli‹ nahe der Küste ankert und sich auf dem Schiff und auf den anderen Schiffen in der Nähe vielköpfige Besatzungen befinden, so daß unter diesen Umständen das Kommen und Gehen von Wächtern und Gefangenen schwer zu verheimlichen wäre. Berichte über solche Bewegungen sind der Botschaft nicht bekannt geworden.«

Während jene, die sich im Ausland um diese Dinge kümmerten, bereits den Namen des unter der Folter gestorbenen Mannes wußten und Amnesty schon die Aussage eines der Opfer gedruckt hatte, konnte das amerikanische Außenministerium, das in Griechenland über die Hilfsmittel eines Botschaftsstabs von mehr als 200 Diplomaten, einer CIA-Organisation mit mehr als 600 Mitarbeitern, darunter zahlreichen Einheimischen, und einer militärischen Präsenz von Tausenden von Armeeangehörigen in allen Teilen Griechenlands gebot, »keine Informationen erhalten, welche die Behauptungen bekräftigen würden« und glaubte nicht, daß die Beschuldigungen, auf der »Elli« sei gefoltert worden, zu Recht erhoben wurden.

Im weiteren Verlauf ging das US-Außenministerium dazu über, von sich aus Standardbriefe zu verschicken. Anfang Mai 1968 wurden Rundschreiben an interessierte Kongreßabgeordnete verschickt mit einigen »zusätzlichen Details . . . in bezug auf die Beschuldigungen wegen angeblicher Mißhandlungen von griechischen politischen Gefangenen, (welche) . . . uns zur Kenntnis gebracht wurden«. Diese »Details« erwiesen sich als der Bericht des Roten Kreuzes und der Besuch

der Delegation von britischen Unterhausabgeordneten – also lediglich das von der griechischen Regierung vorgebrachte Beweismaterial, dagegen nichts von dem inzwischen reichlich vorhandenen Material, das die Folterungen bestätigte.
Die Berichte über Folterungen häuften sich, sie kamen aus Athen, Saloniki, von Kreta und aus dem Militärlager Dionysos außerhalb von Athen. Viele Gruppen waren die Opfer: die Liga zur Verteidigung der Demokratie, die studentische Gruppe Rigas Ferraios, rechtsgerichtete Armeeoffiziere. Doch die Briefe des US-Außenministeriums enthielten noch immer die Passage über »unsere vorläufigen Feststellungen« und die alte Behauptung, daß die Zahl der Berichte über Mißhandlungen zurückginge.
Am 3. Juli stand Gerassimos Notaras vor einem Militärgericht und prangerte seine Folterer mit der Aussage an, daß sein Geständnis falsch gewesen und nach langen Folterungen, deren letzte an Bord der »Elli« stattgefunden hätten, von ihm unterschrieben worden sei. Das Gericht bestritt seine Darstellung nicht, und die Staatsanwaltschaft bestätigte, daß auf der »Elli« Gefangene gehalten worden wären, doch wurde die Folter als rechtlich irrelevant bezeichnet. Notaras hatte aber einen Präzedenzfall gesetzt, denn es war das erste Mal, daß ein Folteropfer seine Peiniger öffentlich anklagte. Später geschah dies bei jedem politischen Prozeß, aber zu der Zeit war es ein Schlag gegen das Regime, da es die Opfer nicht länger zum Schweigen bringen konnte. Am 10. Juli, eine Woche später, schickte das US-Außenministerium folgenden Brief, in dem diese neuen »Details« nicht erwähnt wurden, an einen interessierten Senator:

> »Unsere Botschaft in Athen hat auf unsere jüngste Anfrage wegen neuerlicher Meldungen über Folterungen in Griechenland geantwortet. Sie hat keine neuen Informationen von Bedeutung und macht darauf aufmerksam, daß Behauptungen über Folterungen weiterhin von der internationalen Presse veröffentlicht werden, und zwar besonders von den Zeitungen, die die gegenwärtige griechische Regierung aus politischen Gründen ablehnen. Soweit wir und unsere Botschaft Kenntnis davon haben, sind viele dieser Anklagen entweder falsch oder grobe Entstellungen seitens politischer Gegner der Regierung ... Die allgemeine Behandlung von Gefangenen durch die griechische Regierung ist ein Thema, dem das Außenministerium und unsere Botschaft in Athen gewissenhaft nachgegangen sind. Die griechische Regierung ist sehr deutlich auf den nachteiligen Eindruck aufmerksam gemacht worden, der aus solchen Anklagen

entsteht. Wir glauben, daß sie – besonders seit Januar 1968 – Anstrengungen unternommen hat, um jegliche Ausschreitungen von Untersuchungsbeamten zu unterbinden. Wir werden fortfahren, alles in unserer Macht stehende zu tun, um den Wahrheitsgehalt dieser Beschuldigungen in Erfahrung zu bringen und jede Gelegenheit ergreifen, auf eine *weitere* faire Behandlung von Gefangenen zu drängen. (Hervorhebung von uns)

Im Sommer 1968 war die Folterfrage fest im Bewußtsein der Öffentlichkeit verankert. In Europa konnte das Ringen, die öffentliche Meinung davon zu überzeugen, daß das Regime bewußt Foltermethoden angewendet hätte oder nicht, zu dem Zeitpunkt noch als unentschieden angesehen werden. Das Regime dementierte die Anklagen energisch und stützte sich dabei auf glaubhaft scheinende Quellen wie den Bericht des Roten Kreuzes und die Aussagen der britischen Parlamentarier. Wer auf seiten der Opfer stand, brachte nun immer mehr namentlich unterzeichnete Berichte über Folterungen heraus. Die andauernden Verfahren vor Militärgerichten waren jetzt durch Erklärungen der Angeklagten gekennzeichnet, daß sie gefoltert worden seien. Regierungsunabhängige Organisationen veröffentlichten Berichte, entsandten Beobachter und sammelten und verbreiteten Informationen. Der europäischen Öffentlichkeit war es klar, daß im Königreich der Hellenen nicht alles mit rechten Dingen zuging, aber es gab immer noch die Tendenz, je nach der eigenen ideologischen Überzeugung, den Behauptungen, es würde systematisch gefoltert, zu glauben oder zu mißtrauen. Die Debatte wurde in die Europäische Menschenrechtskommission getragen und setzte nun auch jenseits des Atlantik ein, wo sie zu einem Hauptthema der amerikanischen Presse wurde.

Die Zweite Phase November 1968
Die Europäische Menschenrechtskommission

»Die Kommission sieht als erwiesen an, daß Folterungen und Mißhandlungen in Verletzung von Artikel 3 in einer Anzahl von Fällen verübt wurden, und aufgrund der ›Wiederholung von Handlungen‹ und der ›offiziellen Duldung‹ solcher Praktiken kann gesagt werden, daß die Anwendung von Folter in Griechenland eine ›administrative Praxis‹ ist.« (Bericht der Europäischen Menschenrechtskommission zum Fall Griechenland, der nach zweijährigen Untersuchungen in Griechenland und Europa verfaßt wurde, wobei 88 Zeugen vernommen, Hunderte von Dokumenten vorgelegt, 20 000 Seiten Aussagen aufgenommen und ein 1200 Seiten umfassender Bericht veröffentlicht wurde, in dem 213 Opfer der Folter genannt werden.)

»Ich vermute eher, daß – wenn sie (die griechischen Behörden) zu hart durchgriffen – dies mehr in der Anfangsphase vorkam, während der Verhaftungsperiode, als diese Burschen aufgegriffen wurden; vielleicht gab es — ich bin sicher, daß es während der ersten Phase Fälle gegeben hat, in denen die Polizei unnötig drastisch vorging, aber was die allgemeine Behauptung über eine Folterpolitik der griechischen Regierung angeht, so gibt es keine Beweise dafür.« (Aussage des amerikanischen Botschafters in Griechenland, Henry Tasca, vor dem *House Armed Services Committee* im Januar 1972.)

Diese Phase stand im Zeichen des Verfahrens vor der Europäischen Menschenrechtskommission, die die Beweise über Verstöße gegen die Europäische Menschenrechtskonvention durch das griechische Regime prüfte, besonders die Verstöße gegen Artikel 3, der die Folter verbietet. Daß das Problem vor die Kommission gebracht wurde, hatte zwei wichtige Konsequenzen: das öffentliche Interesse nahm zu, und das Problem wurde auf offizieller Ebene vorerst nicht weiter behandelt. Der Ministerrat des Europarats stimmte auf seiner Sitzung vom 5. Mai 1969 für die Zurückstellung einer Entscheidung über Griechenland bis zu seiner nächsten Sitzung im Dezember, denn zu diesem Zeitpunkt sollte der Bericht der Kommission vorliegen. Regierungen wiesen Anfragen mit der Begründung ab, daß das Folterproblem jetzt vor dem Europarat anhängig sei und die Entscheidung der Kommission abgewartet werden müsse. Durch den Umstand, daß der Entscheidung der Komission soviel Bedeutung beigemessen wurde, gewann die im wesentlichen richterliche Entscheidung bedeutendes politisches Gewicht.

Während Europa sich auf die in Straßburg stattfindenden Verhandlungen konzentrierte, war diese Periode in Griechenland durch zahlreiche Militärgerichtsprozesse gekennzeichnet, in denen die Angeklagten jetzt regelmäßig die erlittenen Folterungen anprangerten. Die Barriere der Angst war durchbrochen worden, weil es nun die Hoffnung gab, daß die Offenbarung der Wahrheit nicht bloß eine nutzlose Geste sein, sondern der Kommission helfen würde. Eine bedeutsame Folge davon war, daß die Folterfrage zu einem wichtigen Thema der amerikanischen Presse wurde. Die griechische Regierung konnte nur auf ihren Dementis beharren.

Die Regierungen Norwegens, Schwedens, Dänemarks und der Niederlande hatten bereits im September 1967 bei der Europäischen Menschenrechtskommission Anträge eingebracht, in denen das griechische Militärregime des Verstoßes gegen acht Artikel der Konvention beschuldigt wurde. Ein Jahr lang war die Kommission mit mündlichen Verhandlungen und schriftlichen Darlegungen über grundsätzliche, verfahrensrechtliche und legale Aspekte des Prozesses beschäftigt. Der ursprüngliche skandinavische Antrag bezog sich nicht auf Artikel 3, der die Folter verbietet, aber nach der Veröffentlichung des Berichtes von Amnesty und anderem Beweismaterial wurde der skandinavische Antrag auch auf Artikel 3 ausgedehnt. (Dies stellte im ersten Jahr die wichtigste verfahrensrechtliche Entscheidung der Kommission dar, da sie dem Zusatz stattgab und somit das Argument der griechischen Regierung, die Maßnahmen zur Verbesserung der Situation im Lande seien noch nicht erschöpft, zurückwies. Die Kommission war der Ansicht, daß diese Maßnahmen nicht als »wirksam« oder »ausreichend« angesehen werden könnten. Die Entlassung von 30 der höchsten Richter Griechenlands am Vortage beeinflußte diese Entscheidung.) Es wurde eine Unterkommission von sieben europäischen Juristen gebildet, die sich auf die Anhörung der Zeugen vorbereitete. Eine der grundsätzlichen Fragen, die sie zu entscheiden hatte, war, »ob politische Gefangene gefoltert oder unmenschlicher oder entwürdigender Behandlung durch die Polizei der beklagten Regierung ausgesetzt waren oder nicht, und ob dies, wenn es sich so verhielt, als eine ›administrative Praxis‹ bezeichnet werden konnte.«

Die Entscheidung, Artikel 3 mit aufzunehmen, veränderte den Charakter des Falles. Er war nicht nur von größerem Interesse für die Öffentlichkeit, da die Folterfrage die öffentliche Meinung Europas stark beschäftigte, sondern veränderte auch die Verhandlungstaktik beider Seiten. Artikel 15 der Konvention schließt Artikel 3 ausdrücklich von denjenigen Artikeln aus, die ein Staat in Krisenzeiten vorübergehend außer Kraft setzen darf. Mit anderen Worten: die Konvention besagt, daß es keine Situation gibt, die einen Staat berechtigt, zur Selbstbehauptung die Folter anzuwenden. Der Prozeß konzentrierte sich dann auf diese beiden Artikel, denn wenn die Skandinavier Folterungen beweisen konnten, würde die griechische Regierung keine legalen Gründe mehr zu ihrer Verteidigung vorbringen können und eindeutig gegen die Konvention verstoßen haben.

Beide Parteien und die Zeugen reisten nach Straßburg, wo die Verhandlung am 25. November 1968 beginnen sollte. Nur ein Folteropfer war aus Griechenland geflohen und be-

reit, vor der Kommission auszusagen, und somit war die Möglichkeit der Skandinavier für eine direkte Beweisführung begrenzt. Diesem Mangel wurde auf eine höchst dramatische Art und Weise abgeholfen, als zwei Zeugen, die das Militärregime mitgebracht hatte, damit sie aussagten, sie wären nicht gefoltert worden, ihren bewaffneten Wächtern entkamen, in das Hotel der Skandinavier gelangten und dort um Asyl baten. Sie sagten dann vor der Kommission aus, daß sie gefoltert worden seien. Diese Geschichte kehrte auf die Titelseiten der Zeitungen zurück, als einer der Überläufer einen Monat später in der griechischen Botschaft in Stockholm erschien, seine Aussagen widerrief, sich weigerte, wieder nach Straßburg zu gehen und nach Griechenland zurückkehrte.
Die Unterkommission bereitete dann eine Reise nach Griechenland vor, um dort Zeugen zu vernehmen und verschiedene Lokaltermine wahrzunehmen. Die Tatsache, daß die Kommission die Macht hat, durch Unterkommissionen direkt in Mitgliedsstaaten Untersuchungen anzustellen, bedeutet den ersten Schritt zum internationalen Schutz der Menschenrechte. Nach erheblichen Verzögerungen und nachdem die griechische Regierung bestimmte Bedingungen auferlegt hatte, traf die Unterkommission im März 1969 in Griechenland ein. Dies war für die Verfechter der Menschenrechte ein historischer Augenblick, denn nun trat in Griechenland ein Gremium ausländischer Juristen auf, die Zeugen vernahmen und angebliche Folterer ihren Opfern gegenüberstellten. Ein Wortwechsel zwischen dem Präsidenten der Kommission und einem Polizisten, der sich ergab, als ein Opfer hereingebracht werden sollte, und der in den Bericht Eingang gefunden hat, verdeutlicht sehr gut die entgegengesetzten Vorstellungen von absoluter nationaler Souveränität auf der einen und dem internationalen Schutz der Menschenrechte auf der anderen Seite.

> »Polizist Fotinos: Braucht man hierfür keine Erlaubnis? Braucht man nicht die Erlaubnis der Regierung?
> Der Präsident: Die Unterkommission, mein Herr, benötigt eine solche Erlaubnis der Regierung nicht, denn die Regierung hat sich durch die Unterzeichnung der Konvention verpflichtet, die darin festgelegten Bestimmungen einzuhalten.
> Als das Folteropfer eintrat und den Polizisten als seinen Folterer identifizierte, erhob sich Fotinos und versuchte den Raum zu verlassen.« (Bericht, Band 2, Teil 1, Seite 180)

Die griechische Regierung stellte die Zusammenarbeit ein und verweigerte die Kontaktaufnahme mit Zeugen auf der Liste der Unterkommission. Daraufhin verließen die Juristen das Land unter Protest. Unterdessen waren weitere Folteropfer aus Griechenland geflohen und wurden im Juni und Juli in Straßburg angehört. Das Beweismaterial war jetzt so überzeugend, daß die griechischen Vertreter bestimmte Sitzungen boykottierten, um so das Verfahren und die Veröffentlichung des Berichts zu verzögern.

Ende Mai erregte der Fall erneut Aufmerksamkeit, als die auflagenstarke amerikanische Zeitschrift »Look« einen Leitartikel mit der Überschrift »Griechenland: Regieren durch die Folter« veröffentlichte. Die griechische Botschaft in Washington wies die Beschuldigungen als »verleumderisch und völlig unbegründet« zurück. Premierminister Papadopoulos verkündete, daß er persönlich jeden, dem Folterungen nachgewiesen werden könnten, öffentlich auf dem Platz der Verfassung hinrichten würde. Außerdem forderte er den Autor des Artikels und seinen Informanten auf, nach Griechenland zu kommen, um dort »objektive Ermittlungen zu betreiben«. Die Herausforderung wurde angenommen, aber dann änderte die griechische Regierung ihre Meinung. Papadopoulos begnügte sich damit, einem amerikanischen Kongreßabgeordneten zu sagen, es habe keine Folterungen gegeben, und er gebe sein militärisches Ehrenwort, daß er Selbstmord begehen würde, wenn es welche gegeben hätte.

In Washington, besonders im Kongreß, machte man sich jetzt mehr Gedanken, obgleich die neu angetretene Regierung Nixon sich nicht ganz im klaren zu sein schien, wie sie sich den Obristen gegenüber verhalten sollte. In Beantwortung einer Anfrage eines der bestinformierten und engagiertesten Senatoren erklärte Außenminister Rogers offener als jeder amerikanische Beamte das jemals zuvor getan hatte oder wieder tun würde:

> »Senator Pell: Ich habe den Eindruck, daß die Verhältnisse sich wieder normalisieren. Aber dieses Regime ist auf der Folter und der Unterdrückung bürgerlicher Freiheiten aufgebaut. Können Sie nicht bei künftigen Verhandlungen über Wirtschaftshilfe einen härteren Standpunkt vertreten und die Zusicherung verlangen, daß Folterungen nicht mehr als eine normale Methode des Regierens angesehen werden?
>
> Rogers: Ja, Herr Senator, wir teilen Ihre Besorgnis, nicht nur über die Folterungen, sondern auch über die bürgerlichen Freiheiten. Wir tun gegenwärtig auf diplomatischer Ebene, was wir können, um hier etwas zu erreichen, und wir werden uns bei zukünftigen Verhandlungen auch der

von Ihnen erwähnten Faktoren bewußt sein.« (Christian Science Monitor, 13. Mai 1969, Artikel von Saville R. Davis)

Diese Erklärung fand nur geringe Beachtung; vielleicht deshalb, weil sie nicht als definitive Stellungnahme zum Folterproblem gedacht war. Das Thema wurde in der Folgezeit jedoch verstärkt von der amerikanischen Presse aufgegriffen.

Im Sommer 1969 entwarf die Unterkommission ihren Bericht. Es gab viele Verhandlungen hinter den Kulissen. Wie es die Konvention verlangt, versuchten die zwei Parteien zu einer gütlichen Einigung zu kommen. Aufgrund dieser Verhandlungen unterzeichnete die griechische Regierung ein Abkommen mit dem Internationalen Komitee des Roten Kreuzes, das dem Komitee freien Zutritt zu allen Internierungslagern, Haftanstalten und Polizeistationen in Griechenland zubilligte. Es scheint, daß die Aufstellung eines Zeitplans für Neuwahlen und die Wiederherstellung der Demokratie das größte Hindernis bei den Verhandlungen war. Die Skandinavier forderten, daß man ein Datum für Wahlen festsetze, doch die Griechen weigerten sich. Der Bericht wurde der Hauptkommission vorgelegt und am 5. November 1969 angenommen. Am 18. November 1969 wurde er den Außenministern der Mitgliedsstaaten zugeleitet. Der Bericht stellte fest, daß die Folter eine administrative Praxis der griechischen Regierung sei. Für die Ministerratssitzung des Europarats am 11. Dezember in Paris bahnte sich eine Konfrontation an zwischen den Ländern, die Griechenland ausschließen wollten, und jenen, die seine Mitgliedschaft aufrechterhalten wollten, um somit weiterhin Einfluß nehmen zu können.

Die amerikanische Regierung, obschon kein Mitglied des Europarats, hatte von Anfang an eine aktive diplomatische Rolle gespielt. Zunächst hatte sie diplomatischen Druck auf die antragstellenden Staaten ausgeübt, um sie zur Aufgabe ihres Vorhabens zu bewegen. Als sie damit keinen Erfolg hatte, übte sie über ihre Botschafter in Europa Druck auf die Mitgliedsstaaten des Rates aus, Griechenland nicht auszuschließen, da dies zu Schwierigkeiten innerhalb der NATO führen würde. Die amerikanische Regierung war in einer schwierigen Situation: einerseits glaubten alle europäischen Staaten, daß nur die USA die Lage in Griechenland ändern könnten, andererseits verteidigten die USA das Regime und wollten es im Europarat – einer auf demokratischen Prinzipien beruhenden Organisation – halten.

Der bevorstehende Zusammenstoß wurde noch dadurch verschärft, daß der Bericht an die Londoner »Sunday Times«

und andere Zeitungen gelangte. Dies schuf ein Klima der öffentlichen Meinung, das die Minister nicht ignorieren konnten. Dem Europarat war nie soviel Aufmerksamkeit zuteil geworden. Die griechische Delegation war entschlossen, die Position Griechenlands bei den Verhandlungen zu verteidigen und seine Mitgliedschaft zu erhalten. Trotz einer bestechenden Rede des Außenministers Pipinelis war die Stimmung eindeutig gegen ihn, und gemäß seinen Anweisungen verließ er vor der Abstimmung den Ministerrat. Griechenland widerrief seinen Beitritt zur Europäischen Menschenrechtskonvention. Panzer rollten in Griechenland, und Flaggen wurden gehißt, aber der Sieg über das Folterregime war nur ein moralischer.
Für die Durchsetzung der Europäischen Menschenrechtskonvention und den Schutz der Menschenrechte durch internationale Organisationen hatte der Fall Griechenland bisher den größten Fortschritt gebracht, aber es war ganz klar, daß dies noch nicht genügte, den Verstößen ein Ende zu machen.
Wo die wirkliche Macht lag, nämlich in der amerikanischen Regierung, wurde der Bericht kaum zur Kenntnis genommen. Die Einstellung wird aus dem folgenden Wortwechsel vor einem Kongreßausschuß ersichtlich:

»Abgeordneter Fraser: Stimmt es, daß die gegenwärtige griechische Regierung fast aus dem Europarat ausgeschlossen — hinausgeworfen — wurde?

Davies (stellvertretender Staatssekretär für den Nahen Osten und Südasien): Griechenland verließ den Europarat, weil es der Meinung war, daß der Rat nicht das Recht habe, sich in die inneren Angelegenheiten Griechenlands einzumischen.

Fraser: Die durchgeführten Untersuchungen befaßten sich mit der Frage der Folterung von politischen Gefangenen. Wie ich mich erinnere, unterzeichneten die Griechen den Vertrag, der den Europäern das Recht einräumte, in dieser Angelegenheit Untersuchungen durchzuführen. Irre ich mich da?

Davies: Ich fühle mich außerstande, darauf zu antworten, Sir.« (Seite 77, Joint Hearings: Ausschuß für auswärtige Angelegenheiten, Repräsentantenhaus, 92. Kongreß, »Political and Strategic Implications of Homeposting on Greece«, 7. und 8. März, 12., 13., 18. April 1972.)

»Ich wurde brutal gefoltert und unter unbeschreiblichen Bedingungen gefangengehalten.« (Stathis Panagoulis während seines Prozesses in Athen, Januar 1973)

»Was hatten Sie erwartet, das Athener Hilton?« (Oberstleutnant Karamaios, Vorsitzender des Militärgerichtshofs.)

Januar 1970 – Folter wie gewöhnlich

Das stärkste Hilfsmittel war nun erschöpft; doch in den Folterkammern des griechischen Militärs und der Sicherheitspolizei ging alles seinen gewohnten Gang. Nach drei Jahren war es klar, daß das griechische Regime noch immer der Überzeugung war, foltern zu müssen, um an der Macht zu bleiben. Solange es Inhaftierungen aus Sicherheitsgründen gab, gab es Folterungen. Es war bewiesen worden, daß Folter eine administrative Praxis war, doch der einfache Beweis reichte nicht aus, um dieser Praxis ein Ende zu setzen. Es wurde jetzt offenbar, daß dazu ein Wechsel in der Regierung notwendig war.

Doch ein Regierungswechsel schien noch unwahrscheinlicher, als die Vereinigten Staaten im September 1970 das zeitweilig unterbrochene Militärhilfeprogramm für Griechenland im vollen Umfang wiederaufnahmen und nach dem neuen Stützpunktabkommen die Übersiedlung Tausender von amerikanischen Militärangehörigen mit ihren Familien nach Griechenland vorbereiteten. In politischen Stellungnahmen wurde »die feste Verpflichtung der Vereinigten Staaten zu einer Politik der Nichteinmischung in die inneren Angelegenheiten anderer Staaten« betont und die Anwendung der Folter in Griechenland entweder bagatellisiert oder geleugnet.

Ein neuer internationaler Vorstoß wurde im August 1971 unternommen, als der Unterausschuß zur Verhinderung von Diskriminierung und zum Schutz von Minderheiten des Wirtschafts- und Sozialrates der Vereinten Nationen ein neues Verfahren beschloß, wonach Einzelpersonen und regierungsunabhängige Organisationen bei Verletzungen von Menschenrechten direkt bei der UN-Menschenrechtskommission Beschwerde einbringen können. Am 19. Mai und am 20. Juni 1972 wurden im Namen von Personen, die entweder Opfer oder Zeugen von Folterungen gewesen waren, vollständig dokumentierte Memoranden über Griechenland eingereicht. Angesichts der erheblichen, durch die Verfahrensweise bedingten Verzögerungen und der beklagenswerten Vergangenheit der Menschenrechtskommission konnte dieser Vorstoß nur als ein erster Schritt in einer langfristigen Anstrengung angesehen werden, ein wirksames internationales System zum Schutz der Menschenrechte und Grundfreiheiten zu schaffen.

Da die Folterungen in Griechenland den aktiven Bemühungen

der internationalen Organisationen wirksam entzogen waren, kümmerten sich nur noch die Presse und regierungsunabhängige Organisationen um die Angelegenheit. Amnesty International, die Internationale Juristenkommission, die Liga für Menschenrechte, die Internationale Vereinigung demokratischer Anwälte und andere Organisationen schickten weiterhin Beobachter in die Gerichtssäle und kümmerten sich um die Erklärungen Gefangener über Folterungen und die Schicksale in Isolierhaft gehaltener Personen. Die ausländische Presse berichtete weiterhin über Folterungen, doch hatten sich diese schon so eingebürgert, daß sie nicht mehr als Neuigkeit in den Nachrichtenteil kamen, es sei denn, das Opfer war eine prominente Persönlichkeit. Es war schwierig, das Interesse der Zeitungen und der Leser wachzuhalten, besonders angesichts der Zunahme von Barbarei und Grausamkeiten in allen Teilen der Welt. Die relative Ohnmacht der internationalen Organisationen und der internationalen öffentlichen Meinung wurden sogar in den Foltervorgang eingebaut. Während der Folter machte man sich mit Bemerkungen wie »Jetzt kann dir die Menschenrechtskommission nicht helfen ... Das Rote Kreuz kann nichts für dich tun ... Sag es ihnen ruhig, es hat keinen Zweck, du bist hilflos ...« über die Opfer lustig.

Von Anfang an hatten die Folterer gesagt, daß die USA sie unterstützten, und das zählte. Ihre Einschätzung des internationalen Systems und der Wirksamkeit des internationalen Schutzes der Menschenrechte war sicherlich realistischer als die Hoffnungen der Intellektuellen, die von ihnen gefoltert wurden.

Diese Darstellung behandelte bisher nur die ausländische öffentliche Meinung und sprach nur von Griechen, die den Staat repräsentierten oder Opfer von Folterungen waren. Doch sind die Ereignisse auch für die öffentliche Meinung in Griechenland selbst nicht ohne Folgen geblieben. Unter der Militärdiktatur gab es zur Frage der Folter keine öffentliche Meinung im eigentlichen Sinne, da die Medien der Zensur unterlagen und politische Parteien oder regierungsunabhängige Institutionen nicht existierten. Öffentliche Stellungnahmen zu diesem Thema gab es nur in den Anschuldigungen der Opfer während der Gerichtsverhandlungen. Dennoch war für das System eine »öffentliche Meinung« zur Folter wichtig. Das Regime hatte ein scheinbar paradoxes Interesse: Einerseits sollten alle Bürger zur Abschreckung wissen, daß Folter die Strafe für abweichende Meinungen war, andererseits mußte in aller Öffentlichkeit die Anwendung von Folter geleugnet werden, um mit nominellen Werten wie dem »Griechenland der christlichen Griechen« oder dem Anspruch, »eine zivilisierte Nation« zu sein, in Übereinstimmung zu bleiben. Seltsamerweise funktionierte dieses Paradox in der Praxis recht gut. Entlassene Gefangene waren fassungslos, daß selbst lebenslange Freunde ihren Folterberichten keinen Glauben schenkten.

Das mag mit dem verbreiteten Phänomen zusammenhängen, daß die Menschen lange nicht glauben wollen, ihre eigenen Landsleute könnten solche Untaten verüben; die Deutschen im Zweiten Weltkrieg, die Franzosen in Algerien, die Amerikaner in Vietnam sind zeitgenössische Beispiele in der westlichen Welt. Dennoch wäre es verfehlt zu glauben, die öffentliche Reaktion beschränke sich in solchen Fällen auf einen defensiven Chauvinismus; sie ist viel komplizierter. Würde der Bürger das Gehörte glauben, so zwänge sein eigenes Wertsystem ihn zum Handeln; daher ist es bequemer und sicherer, nicht daran zu glauben oder es von sich zu schieben und so dem moralischen Dilemma auszuweichen. Ein weiterer Abwehrmechanismus besteht darin, einen Bericht als »übertrieben« abzutun, obwohl diese Antwort eher bedeutet, daß die Aufmerksamkeit, die dem Bericht zugewendet wird, übertrieben ist, nicht die Zahl der Opfer oder die Art der Folter. Diejenigen, die an die Berichte glauben, sind entweder durch die Angst vor Folterungen oder durch das Bewußtsein ihrer Ohnmacht gegenüber dem Staat eingeschüchtert, oder sie beschließen zu handeln. Die griechische Erfahrung hat gezeigt – und dies wird anderswo genauso sein –, daß nur eine Handvoll handeln wird. Mit starken Sicherheitskräften und modernen Mitteln können diese »Dissidenten« isoliert, festgenommen und gleichfalls in der Foltermaschinerie zerrieben werden. Die überwiegende Mehrheit der Bevölkerung »kümmert sich um ihre eigenen Angelegenheiten«, während die wenigen, die etwas tun, durch den Staat isoliert werden. So profitiert der Staat von dem scheinbaren Paradox, denn die meisten potentiellen Gegner werden gelähmt, weil ihnen der Preis zu hoch erscheint, und die aktive Opposition bleibt auf eine übersichtliche Zahl beschränkt.

Folter blieb administrative Praxis, wobei die Militärpolizei die Führung übernahm. Neue Prozesse brachten neue Anschuldigungen wegen neuer Folterungen; zu den bekanntesten zählte der Prozeß gegen Oberstleutnant Minis, der 111 Tage lang von der Militärpolizei festgehalten wurde. Seine Folterer erklärten ihm nicht nur, daß der Premierminister den Gang der Verhöre verfolge, da es sich bei ihm um einen wichtigen Gefangenen handele, sondern forderten ihn auf, jedem von seiner Folter zu berichten, damit alle zittern sollten, die in die Räume der Militärpolizei kämen.

Ende Februar 1973 wurden sechs junge Anwälte, die Studenten verteidigt hatten, von der Militärpolizei festgenommen und unter Arrest gehalten, ohne daß Anklage gegen sie erhoben wurde. Eine hinausgeschmuggelte Nachricht lautete: »Tut alles, was ihr könnt, die Qualen sind unerträglich.« In einer beispiellosen Aktion wurden daraufhin aus England, den USA und Kanada renommierte Anwälte als Vertreter von Menschenrechtsorganisationen geschickt, um diesen Anwälten zu helfen. Trotz ihrer höflichen Nachfragen wurden sie von der Regierung grob abgewiesen. Im Juni 1973 erhielt Amnesty International verläßliche Nachricht, daß mindestens neun Marineoffiziere, die im Zusammenhang mit einer versuchten Meuterei gefangengenommen worden waren, gefoltert wurden.

Während dieser Zeit äußerte sich das US-Außenministerium erneut zum Problem der Folterungen:

> »Zu der Frage, ob die griechische Regierung ›Folter‹ praktiziere, deuten die dem Außenministerium zur Verfügung stehenden Informationen darauf hin, daß es Fälle von Gefangenenmißhandlung geben mag. Wir besitzen jedoch keine schlüssigen Beweise, daß solche Mißhandlungen Ausdruck einer systematischen, geschweige denn offiziellen Politik wären. Wir bedauern jede Mißhandlung von Gefangenen, wo immer sie geschieht, und haben der Regierung Griechenlands klar zu verstehen gegeben, daß jeder Häftling eine gerechte und menschliche Behandlung erhalten sollte.« (Brief von George Churchill, US-Außenministerium.)

Es ist schwierig, eine Änderung der amerikanischen Haltung seit 1968 zu erkennen: »Folter« ist in Anführungszeichen gesetzt, und nach sechs Jahren der Beweisführung ist die Sprache noch immer vorsichtig und bagatellisierend.

Schlussfolgerungen

Aus der griechischen Erfahrung können einige verallgemeinernde Schlußfolgerungen gezogen werden:

1. Folter kann zum integralen Bestandteil eines Regierungssystems werden. Wenn dieser Fall eintritt, liegt die einzige Möglichkeit, ihr Einhalt zu gebieten, darin, das System zu ändern. Dies ist ein politisches Problem, das außerhalb der Macht und der Absicht irgendeines internationalen Mechanismus zum Schutz der Menschenrechte liegt.

2. Eine staatstragende Bürokratie wird Folterungen und Folterer in Schutz nehmen, wenn die Verantwortlichen erklären, daß die Folterpraxis einem politischen Interesse dient. Im Fall Griechenlands traf dies sowohl für die griechische Bürokratie als auch für die des amerikanischen Außenministeriums zu.
3. Organisationen und Personen, die in einer gegebenen Situation gegen Folter auftreten, sind von verschiedenen Bedingungen abhängig, um wirksam arbeiten zu können: a) einer allgemeinen Anerkennung des Prinzips, daß Folter verwerflich und ungesetzlich ist; b) korrekten Informationen über Folterungen; c) der Möglichkeit, diese Informationen zu verbreiten; d) dem Vorhandensein einer öffentlichen Meinung; e) der allgemeinen Anerkennung des Grundsatzes, daß Staaten ihre Handlungen zu rechtfertigen und in einen rationalen Dialog einzutreten haben.
4. Im bestehenden internationalen System haben nur Staaten wirkliche Macht. Um Wirkung zu erzielen, müssen Aktionen gegen die Folter auf zwischenstaatlicher Ebene unternommen werden, vorzugsweise von einer Großmacht. Wenn die allgemeine Einstellung gegen die Folter zu staatlicher Aktion führen soll, muß eine verständnisvolle Verbindung zwischen öffentlicher Meinung und staatlicher Gewalt existieren. Dies traf im Fall Griechenlands für die skandinavische öffentliche Meinung zu, doch obgleich diese Staaten bereit waren, die Frage in begrenztem Umfang international zu verfolgen, war ihr Einfluß nicht groß genug.

Die zwei ersten Verallgemeinerungen beruhen auf einer realpolitischen Einschätzung der internationalen Politik. Die Theorie der Realpolitik bietet überzeugende Erklärungen für das Verhalten von Staaten, doch im griechischen Fall ist sie unzureichend. Wäre sie die einzige Richtschnur staatlichen Handelns, so würden betroffene Regierungen einfach sagen, daß sie Folter anwenden, und daran die Frage knüpfen, wie viele Divisionen die Gegner der Folter aufbringen können. Doch das Gegenteil ist der Fall: Staaten leugnen regelmäßig, daß sie Folter anwenden. Während sie Bombardierungen und Morde nicht nur verkünden, sondern auch noch diejenigen verherrlichen, die bombardieren und töten, verkündet oder verherrlicht kein Staat die Folter und ihre ausführenden Organe. Darüber hinaus haben die meisten Staaten das Bedürfnis, Handlungen, die sie nicht verheimlichen können, zu rechtfertigen, und dies führt sie unweigerlich in einen nationalen Dialog. Nichtsdestoweniger war die Verhandlung vor

dem Europarat insofern einmalig, als die Folterer mit ihren Opfern konfrontiert wurden. Man kann sagen, daß der Fall eine prophylaktische Wirkung hatte und der Menschenrechtskonvention in Europa mehr Respekt einbrachte. Auf diesem Gebiet können diejenigen arbeiten, die gegen Folter kämpfen. Im Fall Griechenlands sahen sich sowohl das griechische Regime als auch das US-Außenministerium gezwungen, zu dem Problem Stellung zu nehmen. Jede Erklärung zog eine Antwort und neue Erklärungen nach sich. Die Wahrheit besitzt einen Wert, wenn beide Seiten die Spielregeln akzeptieren, d. h. eine vernünftige Diskussion führen. Die Hauptstärke derjenigen Mitglieder des internationalen Systems, die keine wirkliche Macht besitzen, liegt darin, Fakten vorzulegen und Staaten zu zwingen, diese Fakten öffentlich und im Rahmen ihres behaupteten Wertsystems zu rechtfertigen.
Es ist schwierig, einzuschätzen, inwieweit die erheblichen internationalen Bemühungen die Folterungen in Griechenland eingeschränkt haben, doch kann angenommen werden, daß die Folterungen durch den äußeren Druck für einen gewissen Zeitraum gemildert wurden.

Seit dieses Kapitel geschrieben wurde, haben in Griechenland fundamentale Veränderungen stattgefunden. Im August 1973 wurden beinahe alle politischen Gefangenen aufgrund einer Amnestie entlassen, doch führten Studentendemonstrationen im November 1973 zu zahlreichen neuerlichen Verhaftungen und der Ablösung des Papadopoulos-Regimes durch eine personell anders zusammengesetzte, aber wesensverwandte Regierung. Das von Papadopoulos vor seinem Sturz verhängte Kriegsrecht wurde beibehalten, und in den folgenden Monaten wurden Hunderte von Menschen eingekerkert oder deportiert. Vom Augenblick der ersten Verhaftungen an erreichten Klagen über neuerliche Folterungen die Außenwelt. Bemühungen von Vertretern internationaler Organisationen und – in wenigstens einem Fall – von einem Arzt, Gefangene zu besuchen, blieben erfolglos, aber von Angehörigen und entlassenen Gefangenen kamen ausführliche Berichte über den Zustand gefolterter Gefangener.
Im Juli 1974 wurde das Militärregime durch eine Zivilregierung ersetzt, und eine erneute Amnestie brachte die Entlassung aller politischen Gefangenen. Berichte über den körperlichen Zustand vieler der entlassenen Gefangenen sowie ihre eigenen Erzählungen über ihre Behandlung bestätigten zweifelsfrei, daß die Anwendung von Folter unter dem Militärregime der Regelfall war. David Tonge berichtete im »Guar-

dian« vom 28. Juli 1974: »Die körperlichen Narben an vielen der griechischen Gefangenen, die seit der Generalamnestie am letzten Donnerstag entlassen wurden, beweisen, daß die Mißhandlungen in den vergangenen Monaten bei weitem umfassender gewesen sind, als zuvor befürchtet worden war.« Amnesty International hat die neue Regierung ersucht, die Folterbeschuldigungen der Vergangenheit zu untersuchen und die Opfer zu entschädigen. 1975 fanden die ersten Prozesse gegen Folterer statt.

Fallstudie C: Die britische Regierung und Nordirland

Im Fall Griechenlands wurden nationale und internationale Anstrengungen zur Beendigung der Folter von der autoritären Regierung bis zuletzt vereitelt. Obwohl die griechische Militärregierung anfangs empfindlich auf die durch Folterbeschuldigungen erzeugte negative Publizität reagiert hatte, versagte sie sich schließlich jede freiwillige Kooperation, verwarf die Menschenrechtskonvention und zog sich ganz von den Untersuchungen zurück, als ihr klar wurde, daß der Europarat die Tatsache der Folterungen anerkannte.
Was die britische Situation angeht, so war der Aufmerksamkeit, die das In- und Ausland den Klagen über Brutalitäten und Folterungen in Nordirland widmete, eine Untersuchung solcher Behauptungen nicht nur von Organisationen wie Amnesty International sondern auch seitens der Regierung des Vereinigten Königreichs selbst vorausgegangen. Die widersprüchlichen Ergebnisse einiger dieser Ermittlungen sowie die unterschiedliche Bereitschaft zur Zusammenarbeit während der Bemühungen zur Aufklärung lassen den Schluß zu, daß es trotz des konträren Landesrechts und möglicherweise ohne Wissen der höchsten innenpolitischen Stellen eine administrative Folterpraxis gibt.
Häufige und ausgedehnte brutale Verhöre innerhalb eines abgesperrten Militär- oder Polizeilagers, unter Mitwirkung von militärischem, polizeilichem und medizinischem Personal, sind nur mit Wissen wenigstens einiger Offiziere durchzuführen. Die Schwierigkeit liegt darin, herauszufinden, an welchem Glied der Befehlskette Duldung oder Ermutigung aufhören und die Irreführung beginnt. Zieht man die natürliche Tendenz der Sicherheitstruppen, ihre eigenen Leute zu schützen, in Betracht, so wird es für zivile Politiker sehr schwierig, ohne die Kooperation des betroffenen Soldaten oder Polizisten Klagen über Folterungen und Brutalitäten zu untersuchen.

Von truppeninternen Nachforschungen ist noch weniger zu erwarten, daß sie ehrlich und gründlich sind, da es sich bei den zu untersuchenden Vorgängen um weithin praktizierte und auf gewissen Ebenen von den Streitkräften akzeptierte Techniken handelt.

Daher erscheint verständlich, daß die politischen Machthaber geneigt sind, die Beschuldigungen über Folterungen oder Einschüchterungen als »Propaganda« abzutun, um so mehr, als die Informationen, die sie von unten erhalten, durch viele Schichten der Vertuschung und Beschönigung geglättet sind, bis sie die Spitze erreichen.

Solange eine Regierung auf die Integrität der Gesamtheit ihrer Sicherheitsstreitkräfte vertraut, ist es unwahrscheinlich, daß sie Anschuldigungen gegen dieselben ernst nehmen wird. Sie wird Vorfälle dieser Art, die sie als wohlbegründet akzeptieren muß, als Einzelfälle abtun.

Bei dem Versuch, die geschilderte Foltersituation aufzubrechen, kommt es nicht notwendigerweise darauf an, eine bestehende und solche Praktiken fördernde Regierungspolitik zu ändern, sondern es gilt zu erreichen, daß die Exekutive erkennt, was geschieht, und sich dann darauf zu verlassen, daß die eingeführten Verfahren zur Einhaltung der Gesetze die Angelegenheit regeln werden. So ist die Aufgabe politisch leichter zu lösen als durch Versuche, eine Regierung auf allen Ebenen unter Druck zu setzen, damit sie die Menschenrechte respektiere.

Internierung ohne Gerichtsverfahren wurde in Nordirland am 9. August 1971 nach dem Zivilverwaltungsgesetz (besondere Vollmachten) für Nordirland aus dem Jahr 1922 wieder eingeführt. An diesem Tag wurden 342 Verhaftungen vorgenommen; zahlreiche weitere folgten in den nächsten Tagen. Bis zum 10. November stieg die Zahl der Verhafteten auf 980 an. Eine Woche nach den ersten Verhaftungen brachten die irischen Zeitungen bereits erste Berichte über Brutalitäten der britischen Armee (die britische Presse befaßte sich erst Mitte Oktober mit diesen Behauptungen). Am 31. August 1971 berief der Innenminister einen aus drei Mitgliedern bestehenden Untersuchungsausschuß unter dem Vorsitz von Sir Edmund Compton ein, um »die Behauptungen der am 9. August nach dem Zivilverwaltungsgesetz aus dem Jahre 1922 Verhafteten zu überprüfen, die angegeben hatten, sie seien im Verlauf ihrer Haft entweder vor ihrer Freilassung oder bevor man sie einer strafbaren Handlung bezichtigte und an einem im Haftbefehl angegebenen Ort festhielt, von den Sicherheitsstreitkräften körperlich mißhandelt worden.«

Der Compton-Ausschuß hielt sich vom 1. September bis zum 26. Oktober in Nordirland auf, und der Untersuchungsbericht wurde am 16. November 1971 veröffentlicht.
Die Untersuchung wurde von Anfang an durch Praktiken beeinträchtigt, die die Beschwerdeführer, wenn auch nicht unbedingt vorsätzlich, so doch recht wirksam daran hinderten, vor dem Ausschuß auszusagen. Angewandt wurden diese Methoden, um »das Leben derjenigen zu schützen, die die Verhaftungen und Verhöre vorgenommen hatten«. (Siehe Einführung, Artikel 13)
Die Vernehmungen fanden unter Ausschluß der Öffentlichkeit statt, die Beschwerdeführer erhielten keine Gelegenheit zu einer Gegenüberstellung mit den Angehörigen der Sicherheitsstreitkräfte, gegen die die Anklagen erhoben worden waren. Klägern und Beklagten war es erlaubt, einen Anwalt zu nehmen, dem jedoch nicht gestattet wurde, die Zeugen einem Kreuzverhör zu unterziehen oder sich Einblick in die Akten zu verschaffen. Während dieses Verfahren die Angehörigen der Sicherheitsstreitkräfte vor Vergeltungsmaßnahmen der IRA schützen mochte, waren die Kläger überzeugt, daß die Zusammensetzung des Ausschusses keine faire Anhörung gewährleisten würde und sie nicht vor Repressalien der RUC oder des Militärs würde schützen können, und zeigten sich daher nicht bereit, mit dem Ausschuß zusammenzuarbeiten. Von den vierzig Klägern oder Beschwerdeführern, die der Bericht erfaßte, erschien nur einer persönlich vor dem Ausschuß, ein weiterer gab eine schriftliche Erklärung ab, und so bestand praktisch das gesamte Beweismaterial über die Beschwerden aus Hörensagen.
Vielleicht lag es daran, daß der Ausschuß nur in wenigen Fällen zu echten Ergebnissen gelangen konnte. Er stellte fest, daß verschiedene Praktiken, über die die Verhafteten sich beklagt hatten (z. B. Verhüllen des Kopfes, starker Lärm, Schlafentzug), tatsächlich angewandt wurden und konstatierte Mißhandlungen. Zwanzig verschiedene Beschwerden wurden individuell abgehandelt: in zwei Fällen wurde auf Mißhandlung erkannt; in vier Fällen erklärte man, daß Mißhandlungen im Sinne der Anklage nicht vorlägen; in achtzehn Fällen ergab sich keine oder eine nur teilweise Bestätigung der Anklagen, von denen drei nach Meinung des Ausschusses ohnehin nicht wahr gewesen waren. Bei fünf Fällen, in denen mehrere Klagen eingegangen waren, konnte der Ausschuß in einem zu keinen Erkenntnissen kommen, in einem weiteren fand sich keine Bestätigung der Klage über tätliche Angriffe, in einem dritten Fall konnte vorsätzliche Mißhandlung nicht nachge-

wiesen werden, und nur in drei Fällen wurde auf leichte Mißhandlung erkannt. Darüber hinaus kritisierte der Ausschuß Planung und Verabreichung der medizinischen Versorgung im Zusammenhang mit den Ereignissen des 9. August 1971.

Doch obwohl die Substanz der Beschuldigungen entweder bestätigt werden mußte oder jedenfalls nicht widerlegt werden konnte, machte der Compton-Ausschuß einen möglichen restriktiven Effekt auf Verhörprozeduren dadurch zunichte, daß er die Befragungsmethoden zu rechtfertigen schien und sich im übrigen mit semantischen Tricks behalf. In Artikel 52 stellt der Ausschuß fest:

> »Diese Methoden wurden zur Unterstützung der Verhöre einiger weniger in Nordirland verhafteter Personen angewendet, von denen man annahm, sie seien im Besitz von Informationen, die es so schnell wie möglich zu erlangen galt, um Menschenleben retten und den Häftlingen gleichzeitig die nötige Sicherheit für Person und Identität gewährleisten zu können.«

In den Klagen, die dem Ausschuß vorgelegt wurden, war von physischer Brutalität und Folterung die Rede; im Bericht des Ausschusses wurden daraus »physische Mißhandlungen«, was auch als schlechte Behandlung übersetzt werden kann (Artikel 105).

> »Wo wir zu dem Schluß gekommen sind, daß physische Mißhandlungen stattgefunden haben, wurde nicht auf Brutalität von seiten der Vernehmungsbeamten erkannt. Wir sind der Ansicht, daß Brutalität eine unmenschliche und böse Form von Grausamkeit ist, und daß Grausamkeit eine Neigung zum Quälen beinhaltet, gepaart mit Gleichgültigkeit oder Vergnügen am Leiden des Opfers. Wir glauben nicht, daß das hier geschehen ist.«

Nach dieser Definition ist die Anwendung von Elektroschocks zur Gewinnung von Informationen weder grausam noch brutal. Der Ausschuß machte den Gemütszustand des Vernehmungsbeamten zum Aufhänger seiner Definition, und seine Schlußfolgerungen gerieten so in Abhängigkeit von den am leichtesten verschleierten oder sogar vergessenen Elementen in der leidenschaftslosen Atmosphäre eines offiziellen Verhörs. Überdies zog der Ausschuß großen Vorteil aus seiner Möglichkeit, die Schwere von Anklagen gegen Hoheitsträger des Staates dadurch zu vermindern, daß er Handlungen, die von den Opfern als Brutalität oder Folterung bezeichnet wurden, einfach als »Mißhandlung« definierte.

Am 16. November wurde im Unterhaus die Bildung eines Prüfungsausschusses angekündigt, der die Vernehmungsmethoden untersuchen sollte. Seine Konstituierung wurde am 30. November bekanntgegeben. Die drei Mitglieder, Lord Parker of Waddington (Vorsitzender), Mr. J. A. Boyd-Carpenter und Lord Gardiner, hielten ihre Sitzungen außeramtlich ab, wobei sie schriftliche und mündliche Zeugenaussagen von Einzelpersonen und Organisationen berücksichtigten. Aus ihrem Gutachten sollte hervorgehen, »ob und, wenn ja, in welcher Hinsicht die gegenwärtig für Vernehmungen und Inhaftierungen des Terrorismus verdächtiger Personen angewandten Methoden einer Verbesserung bedürfen«. Der Mehrheitsbericht und Lord Gardiners Minderheitsbericht wurden am 2. März 1972 veröffentlicht.

Der Mehrheitsbericht, der sich mit der Frage beschäftigte, ob die gegenwärtig angewandten Vernehmungsmethoden nicht nur mit den bestehenden Richtlinien für Sicherheitsoperationen, sondern auch mit den moralischen Maßstäben einer zivilisierten und humanen Gesellschaft vereinbar waren, kam zu dem Schluß, daß die Antwort einmal von der Intensität der Anwendung dieser Techniken und zum anderen von den Maßnahmen für einen wirkungsvollen Schutz vor Mißbrauch abhinge.

Außerdem, hieß es im Bericht, spreche die Kenntnis der Situation, in der solche Techniken gebraucht werden, zu ihren Gunsten: aktiver Guerillakrieg in den Städten, bei dem das Leben unschuldiger Menschen auf dem Spiel stehe und die Sicherheitsstreitkräfte, ihre Einrichtungen und Gefangenen in Gefahr seien. »Maßnahmen zur Selbstverteidigung« seien gerechtfertigt, und der Grad von Dringlichkeit zwinge zum Gebrauch jener Methoden, die der Compton-Ausschuß als physische Mißhandlung beschrieb.

Lord Gardiner jedoch widerlegte die Schlußfolgerungen des Mehrheitsberichts mit rechtlichen, moralischen und praktischen Begründungen. Er stellte sich auf den Standpunkt, daß die angewandten Methoden, selbst wenn sie von jemandem genehmigt worden sein sollten, nach Landesrecht und wahrscheinlich auch nach dem Völkerrecht illegal sind. Es gibt in den Sondergesetzen für Nordirland nichts, das sich als eine Erweiterung der normalen polizeilichen Vernehmungsbefugnisse auslegen läßt. Er bezweifelte Wirksamkeit und Nutzen der angegriffenen Techniken der sensorischen Deprivation und bestritt die Folgerung der Mehrheit, daß man die so erhaltenen Informationen mit anderen Methoden nicht hätte bekommen können. Lord Gardiner war nicht bereit, die Möglichkeit zu erwägen, daß das Unterhaus diese Methoden legalisieren und damit die internationalen Menschenrechte verletzen könnte. Er schloß seinen Bericht mit den Worten:

»Sind im Zusammenhang mit dieser traurigen Geschichte überhaupt jemandem Vorwürfe zu machen, so denjenigen, die vor vielen Jahren beschlossen, daß wir in Notzeiten und in kolonialen Situationen unsere legalen, wohlerprobten und in Kriegszeiten höchst erfolgreichen Vernehmungsmethoden aufgeben und durch Prozeduren ersetzen sollten, die geheim, ungesetzlich, moralisch verwerflich und unvereinbar mit den Traditionen der meiner Ansicht nach immer noch größten Demokratie der Welt sind.«

Nicht der im Mehrheitsbericht vertretene Standpunkt, sondern Lord Gardiners Auffassung wurde von der britischen Regierung akzeptiert, die nun erklärte, daß Intensivverhöre mit verhülltem Kopf und ständiger starker Lärmbelästigung in Zukunft nicht mehr als Hilfsmittel bei den Verhören benutzt würden.

Ungefähr zwei Wochen bevor der Bericht des Compton-Ausschusses veröffentlicht und die Konstituierung des Parker-Ausschusses angekündigt wurde, bildete Amnesty International eine internationale Untersuchungskommission zur Überprüfung der Behauptungen über Mißhandlungen Verhafteter und Internierter nach dem Zivilverwaltungsgesetz über Sondervollmachten und der Zustände in den Gefängnissen und Internierungslagern. Die Kommission befaßte sich vorwiegend mit nach dem 9. August 1971 aufgetretenen Fällen, in denen mit einer Ausnahme Intensivverhöre keine Rolle spielten. Die Kommission, bestehend aus einem norwegischen Rechtsanwalt, einem schwedischen Journalisten und einem holländischen Arzt, trat im Dezember 1971 in Belfast zusammen; das späteste Datum einer Beschwerde, die der Kommission zu Ohren kam, bezog sich auf am 18. November 1971 verhaftete Männer. Der Bericht wurde im März 1972 veröffentlicht.

Im Gegensatz zu den offiziellen Untersuchungsausschüssen hörte die AI-Kommission Zeugenaussagen von Häftlingen und Internierten wie auch von ehemaligen Häftlingen und Internierten. Von der Regierungsseite waren keine Zeugenaussagen erhältlich, da es den Mitgliedern der Sicherheitsstreitkräfte nicht gestattet worden war, vor einem unabhängigen internationalen Untersuchungsausschuß über etwas auszusagen, das als interne Angelegenheit betrachtet wurde. Auch verweigerten die britischen Behörden der Kommission ihre Unterstützung und schlugen die Einladung aus, einen Beobachter zu den Ausschußsitzungen zu entsenden. Da von diesen Stellen keine Kooperation zu erwarten war, beschloß die Kommission, sich in ihrer Arbeit auf die Untersuchung von angeblichen Mißhandlungen zu konzentrieren und mit Fällen zu befassen, die nicht vom Compton-Ausschuß behandelt worden waren. Die Aussagen bestanden aus eidesstattlichen Erklärungen und medizinischen Gutachten, aus mündlichen Aussagen von sechs bereits entlassenen Häftlingen sowie von Ärzten, die 19 der Kläger untersucht hatten. Gestützt auf dieses Beweismaterial, zog die Kommission den Schluß, daß die nach dem Gesetz über Sondervollmachten festgenommenen Personen während ihrer Verhaftung und ihres Transports von den Sicherheitsstreitkräften brutal behandelt worden waren und daß man die Verhafteten in verschiedenen Fällen gequält hatte, um Geständnisse oder Informationen zu erhalten. Diese Zwischenfälle wurden als Verletzung des Artikels 3 der Europäischen Konvention und des Artikels 5 der Allgemeinen Menschenrechtserklärung betrachtet. Vier von der Kommission untersuchte Fälle waren auch vom Compton-Ausschuß gehört worden; in dreien davon erkannte die Kommission auf Brutalität und wich damit von den Ergebnissen des Compton-Ausschusses ab.

Am 24. März erklärte der Innenminister, er habe den Bericht von Amnesty International gelesen und veranlaßt, daß die Fälle von der Polizei in Zusammenarbeit mit der Armee überprüft würden. Diese Ermittlungen wurden bald darauf eingestellt, da inzwischen in allen von Amnesty International behandelten Fällen Zivilverfahren eingeleitet worden waren, die noch nicht abgeschlossen waren. Zuflucht zu den Zivilgerichten schien tatsächlich das einzige brauchbare Hilfsmittel zu sein, das den Folteropfern aus Nordirland zur Verfügung stand.

In einem Zivilprozeß, der im Februar 1972 beim Landgericht Lorgan gegen den Polizeipräsidenten und den Verteidigungsminister angestrengt worden war, lautete das Urteil auf widerrechtliche Verhaftung und Bedrohung und billigte dem Kläger eine Entschädigung von £ 300 zu.

Zwei Monate später wurde neun Internierten und sieben ehemaligen Internierten, die wegen Tätlichkeiten mit physischer und psychischer Mißhandlung und Demütigung nach ihrer Verhaftung im August 1971 Klage erhoben hatten, Schadenersatz zugesprochen. Im Mai waren zwei Armeesoldaten mit jeweils £ 25 Strafe belegt worden, nachdem sie zugegeben hatten, den Kläger angegriffen und ihm Körperverletzungen zugefügt zu haben. Im Oktober befand ein Geschworenengericht in Armagh zwei Marinesoldaten der Mißhandlung schuldig und verurteilte sie zu jeweils £ 25 Strafe. Andere in

Aussicht gestellte oder schon eingeleitete Untersuchungsverfahren sind durch die Tatsache, daß die Behörden darauf bestehen, die Ermittlungen von den Sicherheitsstreitkräften durchführen zu lassen, gegen die sich die Anschuldigungen richten, starken Behinderungen ausgesetzt gewesen.
Doch obwohl die Opfer der angeblichen Mißhandlungen bei inländischen Ermittlungen und Untersuchungen nur widerwillig kooperierten, zeigten sie sich in dem von der Republik Irland gegen Großbritannien eingebrachten Verfahren, das nun der Europäischen Menschenrechtskommission vorliegt, nicht so befangen. Im Oktober 1972 wurden Teile des irischen Antrags zu weiteren Untersuchungen zugelassen, und zwar die im Zusammenhang mit den Artikeln 1, 3, 5, 6 und 15 der Konvention vorgebrachten Beschuldigungen. Im April 1973 akzeptierte die Kommission zur weiteren Untersuchung Anträge von sieben Einzelpersonen, die über Mißhandlungen durch Sicherheitsstreitkräfte in Nordirland klagten, gegen die Regierung des Vereinigten Königreichs. Die Kommission wies Großbritanniens Antrag ab, daß diese Fälle nicht angehört werden könnten, bis alle inländischen Rechtsmittel erschöpft wären, und erklärte zur Begründung, daß ein Individuum das Recht habe, Anträge auf internationaler Ebene zu stellen, wenn es glaubhaft machen kann, daß es Opfer eines administrativen Systems von Verletzungen der Konvention ist. Sowohl seine Behandlung wie auch die Existenz des Systems können zur Untersuchung zugelassen werden, wodurch das Individuum die vielleicht einzige bedeutsame Möglichkeit erhält, sich gegen verbreitet praktizierte Folter zu wehren.
Das Recht des Individuums, einen Fall dieser Art vor die Europäische Menschenrechtskommission in Straßburg zu bringen, bedeutet auch, daß die Regierung Anklagen und Beschuldigungen, mit denen sie konfrontiert wird, in Zukunft ernster nehmen wird, als bisher. Ein objektives Untersuchungsverfahren in Straßburg wird der Regierung einen starken Anreiz geben, ihre eigenen Ermittlungsprozeduren zu überdenken und neu zu bewerten. Die Annahme, daß die Strafverfolgung von Vollzugspersonal, das sich der Gefangenenmißhandlung schuldig gemacht hat, auf individueller Ebene für sich allein ausreichen könnte, in Situationen wie dieser Mißhandlungspraktiken zum Verschwinden zu bringen, wäre indessen verfehlt. Es bedarf starken Drucks von oben, um die unteren Ränge der Befehlshierarchie zur Einhaltung humaner Verhaltensnormen zu zwingen.
In Nordirland haben viele das Gefühl, daß dieser Druck höchster Stellen zur Unterbindung von Folter und Brutaliät nicht

existiert. Der Bericht des Compton-Ausschusses und die Geisteshaltung, die hinter dem Mehrheitsbericht des Parker-Ausschusses sichtbar ist, erhärten diese Vermutung und bestärken die Überzeugung, daß es gegen verbreitete Verletzungen des Rechts auf körperliche Unversehrtheit und humane Behandlung keine innerstaatliche Abhilfe gibt.

3. Weltübersicht über die Folter

Die Beschaffenheit des Beweismaterials

Eine für Untersuchungen dieser Art charakteristische Ironie liegt darin, daß Informationen gerade in den Ländern nur begrenzt zur Verfügung stehen, wo Verletzungen der Menschenrechte im allgemeinen und Folterungen im besonderen am wahrscheinlichsten vorkommen. In einigen Staaten, in denen sich Vermutungen über die Anwendung von Folter bestätigten, führte gerade die Unterstützung, die Amnesty International bei den Untersuchungen von offizieller Seite erhielt, zu den ernsten Schlußfolgerungen, die die Organisation ziehen mußte. Auf der anderen Seite gibt es Staaten, von denen angenommen wird, daß sie in großem Umfang Folter als Mittel administrativer Politik anwenden, ohne daß befriedigende Informationen zur Bestätigung dieses Verdachts beigebracht werden können. Dennoch muß Amnesty International auf die Folter aufmerksam machen, wenn sie substantielle Informationen erhält, selbst wenn dadurch ein unausgewogenes Bild vom Gebrauch der Folter in der gesamten Welt entsteht. Deshalb besagt die Feststellung, daß ein Staat die Folter anwendet, nichts über die Existenz oder Nichtexistenz von Anschuldigungen gegen andere Staaten. Kritik an einer Regierung ist nicht gleichbedeutend mit Lobpreisung einer anderen, über die Amnesty International keine Informationen hat.

In den meisten der folgenden kurzen Zusammenfassungen werden einige Worte über die Qualität und die Quantität der verfügbaren Informationen über Folter und politische Haft in jedem Land gesagt. Es bedarf kaum der Erwähnung, daß die Natur der Informationen von verschiedenen Einseitigkeiten bestimmt wird. Fast überall gelingt es nur den Berühmten oder Reichen, internationale Aufmerksamkeit auf ihr Los zu lenken, wenn sie einmal verhaftet und mißhandelt werden. Nur die Gebildeten – und insbesondere die europäisch Gebildeten – können wissen, daß eine Organisation wie Amnesty International existiert und ihre Lage erleichtern will. Noch wichtiger ist, daß Opfer aus anderen Kulturkreisen keine realistische Vorstellung von dem Ausmaß an öffentlicher Empörung haben mögen, die ihr Schicksal erregen könnte, weil das Folterverbot selbst einer europäischen Vorstellung von Menschenrechten entspringt. Die Einkerkerung von Ministern, Dichtern und Musikern, international geachteten Professoren und Ärzten wird nicht nur von ihren Familien bemerkt werden. Man wird sich um ihretwillen an die Presse, an internationale Organisationen und an Amnesty International wenden. Und wenn die betreffende Regierung überhaupt empfindlich für ausländische Meinungen ist, besteht die Möglichkeit, daß dieses eine Opfer nicht mehr gefoltert wird. Aber was ist mit dem Studenten, dem Taxifahrer, dem Arbeiter oder Bauern? Selbst wenn die Außenwelt von ihrer Existenz weiß, ist das Regime, das sie foltert, vielleicht gegen ausländischen wirtschaftlichen oder politischen Druck immun und sieht keinen Vorteil darin, Praktiken zu unterlassen, die zu seiner Machterhaltung beitragen.

Nimmt man als gegeben an, daß Amnesty Internationals Informationen nur einen Bruchteil der tatsächlich praktizierten Folter erfassen, so ändert das nichts an der Notwendigkeit, alles sorgfältig zu prüfen und auszuwerten, was an Beweismaterial eingeht. Um über die Zuverlässigkeit einer Anschuldigung urteilen zu können, muß zunächst die Informationsquelle untersucht werden.

Das zuverlässigste Beweismaterial liefert eine Gerichtsverhandlung mit unparteiischen Richtern und einer unbehinderten Verteidigung. In der Verhandlung, die von der Europäischen Menschenrechtskommission über Griechenland geführt wurde, trugen Anwälte beider Seiten ihre Argumente vor, wurden Zeugenaussagen von Folteropfern und Regierungsvertretern gehört, beschuldigte Folterer ihren Opfern gegenübergestellt. Nach vielen Monaten kam die Kommission zu dem Schluß, daß die Folter in Griechenland als administrative Praxis angewendet wurde. Es sollte nicht unerwähnt bleiben, daß die Gegenüberstellung von Folterern und ihren Opfern vor einem internationalen Gericht ein einmaliges Ereignis in der Menschheitsgeschichte darstellte.

Berichte über Folterungen durch britische Truppen in Nordirland führten zur Bildung des Compton-Ausschusses, der zu dem Ergebnis gelangte, daß die angeprangerten Techniken wirklich angewendet und offiziell gebilligt worden waren, daß sie jedoch nur als »physische Mißhandlung« (schlechte Behandlung) und nicht als Brutalität angesehen werden könnten. Doch trat nur einer der 144 mündlich vernommenen Zeugen als Ankläger auf, und so war das Ermittlungsverfahren, obschon quasi-gerichtlich, nicht mit der Behandlung des griechischen Falles durch die Europäische Menschenrechtskommission zu vergleichen. Im Gegensatz zu den von Regierung und Parlament eingesetzten Untersuchungsausschüssen konnte Amnesty International sich bei der Untersuchung der Folterbeschuldigungen nur auf die Beschwerdeführer, nicht aber auf die Behörden stützen.

Im Unterschied zu dem Beweismaterial, das von der Europäischen Menschenrechtskommission akzeptiert wurde, sind andere Arten von Material an sich noch keine Beweise. Obwohl z. B. vom Folteropfer unterzeichnete eidesstattliche Erklärungen einen hohen Glaubwürdigkeitsgrad haben können, werden sie ohne erhärtende zusätzliche Indizien über die Erlebnisse und Aussagen des Beschwerdeführers und über die Situation in seinem Land nicht als beweiskräftig akzeptiert. Sehr oft erhält Amnesty International Aussagen von weniger amtlichem Charakter; gedrängte Notizen auf einem Fetzen Papier oder Stoff, die aus dem Gefängnis und außer Landes geschmuggelt wurden. Auch diese werden unter Berücksichtigung der jeweils herrschenden Situation ausgewertet. Von hohem Wert sind persönliche Gespräche, da sie eine Beurteilung der Glaubwürdigkeit und ein Verstehen der Motivation erleichtern. Es überrascht nicht, daß ein Kommunist eine Rechtsdiktatur diskreditieren möchte, oder daß etwa ein Geistlicher einen kommunistischen Staat in Mißkredit bringen möchte, indem er ihn der Folter beschuldigt. Aber ungeachtet der persönlichen Motive können die Beschuldigungen durchaus wahr sein. Aussagen von Augenzeugen von Folterungen oder Ärzten, die Folteropfer untersucht haben, sind wertvolles ergänzendes Beweismaterial, aber für sich genommen noch keine absoluten Beweise für Folterbeschuldigungen.

Amnesty International erhält auch Berichte über Folterungen, die von Organisationen oder Nachrichtenmedien für die Opfer abgefaßt werden. Wiederum ist die mögliche Einseitigkeit der Quellen ein Faktor von Bedeutung, der untersucht werden muß. Eine Gruppe politischer Flüchtlinge, eine internationale Organisation von Geistlichen oder Juristen, eine radikale Zeitung — sie alle haben ihre Gründe, bestimmte Tatsachen publik zu machen. Bei der Beurteilung offizieller Verlautbarungen kommt Edmund Burkes »geographische Moral« ins Spiel: ein Politiker kann unmenschliche Methoden in einem anderen Land verurteilen und sie in seinem eigenen billigen.

Es sollte hinzugefügt werden, daß die Bereitschaft einer Regierung, etwaige Anschuldigungen zu untersuchen und die Verantwortlichen zu bestrafen, eine wichtige Rolle dabei spielt, wie Amnesty International das Beweismaterial einschätzt.

Es darf nicht unerwähnt bleiben, daß das Sammeln von Beweismaterial in Ländern, wo gefoltert wird, in der Praxis schwierig, wenn nicht unmöglich wird. Die Atmosphäre von

Terror und Einschüchterung, die auf diese Weise erzeugt wird, verhindert häufig Untersuchungen innerhalb und außerhalb des betreffenden Landes.

Daher muß der Leser bei der Lektüre der folgenden Seiten stets die begrenzten Möglichkeiten zur Beschaffung von Beweismaterial im Auge behalten. Amnesty International ist von der Richtigkeit der Informationen aus jedem aufgeführten Land überzeugt, aber sie wäre die erste, die darauf hinweisen würde, daß das Ausmaß der Folter in einem Land aufgrund falscher oder unzureichender Informationen unterbewertet sein kann, während ihre Existenz in einem anderen nicht einmal erwähnt wird.

Afrika

Während ihres Freiheitskampfes waren die militanten Kämpfer der nationalen Bewegungen verschiedener afrikanischer Staaten wie auch Personen, die verdächtigt wurden, mit ihnen zu sympathisieren, Folterungen ausgesetzt. Die Folterungen wurden vom militärischen und politischen Personal der Kolonialmächte ausgeführt, wie z. B. vor Jahren von den Franzosen in Algerien und bis vor kurzem von den Portugiesen in ihren Kolonien Angola, Mozambique und Guinea-Bissau. Wo die Reste der Kolonialherrschaft in Form von weißen Minderheitsregierungen fortbestehen, ist die Anwendung von Folter durch internationale Untersuchungen aufgedeckt und als flagrante Verletzung der Rechte der afrikanischen Bevölkerungsmehrheit verurteilt worden. Ungeachtet des Strebens nach Gerechtigkeit und des Schutzes der Menschen vor Folterungen und erniedrigender Behandlung, die in die Verfassungen der meisten afrikanischen Staaten Eingang gefunden haben, wird die Folter aus verschiedenen Gründen in vielen dieser Länder angewendet.

Folterungen sind in Verbindung mit den umfangreichen ethnischen Konflikten vorgekommen, die das vergangene Jahrzehnt in Afrika gekennzeichnet haben. Die internationale Presse berichtete über Grausamkeiten in Nigeria, im Sudan und in Burundi, die von Soldaten an Zivilisten und oft auch von Zivilisten an Zivilisten anderer ethnischer Zugehörigkeit begangen wurden. Hier muß bemerkt werden, daß Massaker dieser Art sich nicht auf Schwarzafrika beschränken, wie das Massaker von Sharpeville in Südafrika 1960 und die Ereignisse in Mozambique 1971–72 beweisen. In einigen Ländern

ist die Folter ein Hilfsmittel bei politischen Prozessen, um »Geständnisse« zu erpressen und belastende Aussagen von Angeklagten oder Zeugen zu erhalten. Hier nimmt Südafrika eine Vorrangstellung ein, aber auch andere Staaten wie Marokko, Tunesien, Kamerun, Tansania und Sansibar lassen sich anführen. In anderen Fällen wird die Folter nicht als eine Verhörmethode, sondern zur Bestrafung politischer Häftlinge eingesetzt, oder um den Protest politischer oder religiöser Minderheiten zu unterdrücken. In dieser Weise wurde die Folter gegen politische Gefangene in Togo, gegen die Zeugen Jehovas in Malawi und gegen Studenten in Äthiopien angewendet, um nur einige Beispiele zu nennen. In extremen Situationen, wie sie gegenwärtig in Uganda herrschen, scheint die Folter eine sadistische Begleiterscheinung bei der Ermordung politisch Verdächtiger zu sein. Eine weitere besorgniserregende Entwicklung sowohl in weiß als auch in schwarz regierten Staaten ist die zunehmende Anwendung von Folter nicht nur in politischen Fällen, sondern auch bei gewöhnlichen Rechtsverletzern. Berichte, daß Untersuchungsgefangene in Südafrika und Senegal, die krimineller Delikte verdächtig waren, mit Elektroschocks behandelt wurden, werden bestätigt durch Ereignisse in der Zentralafrikanischen Republik und Ghana, wo unbestreitbare Augenzeugenberichte festgestellt haben, daß die Folter (manchmal bis zum Eintritt des Todes) bei verdächtigten oder überführten Dieben oder anderen Verbrechern angewendet wurde.
Amnesty International möchte nicht zu der Annahme verleiten, daß nur die auf den folgenden Seiten angeführten Staaten in den letzten zehn Jahren die Folter angewendet hätten. Berichte über Folterungen liegen auch aus anderen Ländern vor, darunter aus Mali, Senegal, Lesotho, Guinea, Zaire, Gabun und Mauretanien. Aber wir geben hier eine Auswahl von Berichten, die uns in den vergangenen zehn Jahren erreicht haben und die wir innerhalb vertretbarer Grenzen verifizieren konnten. Die Bereitschaft afrikanischer Regierungen, zur Folter zu greifen, und die weite Verbreitung so ausgeklügelter Methoden wie des Elektroschocks sind ein Zeichen dafür, daß es gegenwärtig wenige afrikanische Staaten gibt, seien sie »unabhängig« oder von ethnischen Minderheiten oder Kolonialmächten regiert, wo in den letzten zehn Jahren keine Folterungen politisch Andersdenkender sowie rassisch oder religiös unterdrückter Gruppen stattgefunden haben. Und wenige Regierungen sind, wenn überhaupt, bereit, solche Praktiken zu untersuchen. (Diejenigen Territorien, die bis in die jüngste Vergangenheit dem portugiesischen Kolonialreich

angehörten, werden im europäischen Teil unter Portugal behandelt.)

Äthiopien[1]

Kaiser Haile Selassie, Afrikas ältester Staatsmann, regierte Äthiopien wie vor dreißig Jahren, als er 1941 nach der Befreiung seines Landes von italienischer Besetzung aus dem Exil zurückkehrte. Seine Regierung sah sich Unruhen von vielen Seiten gegenüber. Die revolutionäre Eritreische Befreiungsfront führte einen Guerillakrieg um die Abtrennung der überwiegend moslemischen Nordprovinz Eritrea vom übrigen Äthiopien. Studentenunruhen nahmen ständig zu, und unter den ethnischen Gruppen, die die Vorherrschaft der Amharen in Äthiopiens politischem Leben kritisieren, wurde immer wieder Unzufriedenheit laut. Der Kampf um Eritrea führte zu zahlreichen Verhaftungen von Zivilisten, und Berichte über Greueltaten der äthiopischen Armee an unbewaffneten Zivilisten in den Kampfgebieten häuften sich. Im Zusammenhang mit den Studentenunruhen und dem Aufbegehren ethnischer Gruppen wurden verschiedentlich Folteranschuldigungen gegen die äthiopischen Behörden erhoben. Der erste Bericht, den Amnesty International aus privater Quelle erhielt, stammt aus dem Jahr 1967, als einige Führer der Mecha- und Tulema-Vereinigung, einer ethnischen Organisation der Galla, verhaftet und angeklagt wurden, den Sturz der Regierung geplant zu haben. Berichten zufolge wurden einige der Angeklagten von der äthiopischen Polizei während eines Zeitraums von sechs Monaten umfassend gefoltert, um ihnen für den Prozeß Geständnisse abzupressen. Zu den Foltermethoden gehörten Schläge, Schlaf- und Nahrungsentzug und Aufhängen an einer Stange. Vor Gericht widerriefen einige Zeugen ihre Aussagen, die, wie sie behaupteten, unter der Folter erzwungen wurden. Nach vorliegenden Meldungen dauerten die Mißhandlungen auch nach der Verurteilung der Angeklagten während ihrer Gefängnishaft in Addis Abeba an. Der Generalsekretär der Vereinigung, Haile Mariam Gemada, starb 1969 im Gefängnis. Seine Freunde in der Vereinigung behaupteten, daß er an den Folgen der Folterungen gestorben sei und die letzten zwei Jahre vor seinem Tod gelähmt und ans Bett gefesselt war. Die äthiopischen Behörden behaupteten demgegenüber, er sei »eines natürlichen Todes« gestor-

1 Dieser Abschnitt wurde vor den Ereignissen geschrieben, die zum Sturz Haile Selassies und zur Machtübernahme durch die Armee geführt haben.

ben. In neuerer Zeit wurden aus zuverlässiger Quelle Berichte über Folterungen durch die äthiopische Polizei bekannt, als im Anschluß an Unruhen an der Universität »Haile Selassie I.« in der Hauptstadt zahlreiche Studenten verhaftet wurden. Studenten behaupteten, sie seien geschlagen worden, und es gab unbestätigte Beschreibungen von Folterungen durch Elektroschocks und das Einströmenlassen von CS-Gas in fensterlose Zellen. Die Regierung hat diese Beschuldigungen über Folterungen, die in direktem Widerspruch zu Artikel 57 der äthiopischen Verfassung stehen, in dem es heißt, daß »niemand grausamer und unmenschlicher Bestrafung unterworfen werden soll«, offenbar nicht nachgeprüft.

Burundi

Der ständige Konflikt zwischen dem Stamm der Watussi, der die herrschende Minderheit in Burundi bildet, und dem Volk der Wahutu, das 85 Prozent der Bevölkerung stellt, hat seit 1964 zu zahlreichen Anschuldigungen über den Gebrauch von Folter Anlaß gegeben. In einigen Fällen waren Folterungen Begleiterscheinungen der erbitterten Stammeskämpfe, die im letzten Jahrzehnt immer wieder aufflammten, vor allem in den Jahren 1965, 1972 und im Frühjahr 1973. Aus diesem letzteren Zeitraum wurde berichtet, daß Watussi-Soldaten und Angehörige der *»Jeunesse Révolutionnaire«* (der Jugendorganisation der herrschenden Uprona-Partei) Stammesmitglieder der Wahutu, darunter Frauen und Kinder, folterten und ermordeten. Gefoltert wurde nach bekanntgewordenen Meldungen auch vor einem politischen Prozeß Ende 1969, als eine Anzahl prominenter Wahutu, sowohl Militärpersonal als auch Zivilisten, verhaftet und der Verschwörung zum Sturz der Regierung des Watussi-Präsidenten Oberst Michel Micombero angeklagt wurden. Einer der Angeklagten, Cyprian Henehene, ehemaliger Gesundheitsminister, starb vor Beginn des Gerichtsverfahrens in der Untersuchungshaft. Studenten aus Burundi, die in Europa studierten, gaben an, daß er an den Folgen brutaler körperlicher Folterungen wie Elektroschocks, Prügeln und Blendung der Augen mit grellem Licht gestorben sei. Die Regierung von Burundi erklärte, er sei einem Herzanfall erlegen. Angesichts wiederkehrender Berichte über Folterungen und Massaker von Wahutu durch Watussi und des Versäumnisses der Regierung, diesen Beschuldigungen nachzugehen, entsteht der Eindruck, daß die Folter als Mittel ethnischer Unterdrückung in Burundi seit seiner Unabhängigkeit verbreitet Anwendung findet.

Ghana

Ghana gewann als einer der ersten afrikanischen Staaten im Jahre 1957 die Unabhängigkeit von der britischen Kolonialherrschaft. 1966 wurde der erste Präsident, Kwame Nkrumah, durch einen Militärputsch gestürzt. Drei Jahre später wurde eine neue zivile Regierung eingesetzt. Die Fortschrittspartei, die nun die Regierung übernahm, wurde nach knappen 27 Monaten wiederum vom Militär unter der Führung von Oberst I. K. Acheampong im Januar 1972 entmachtet. Seither regiert ein von den Militärs gebildeter Nationaler Befreiungsrat Ghana durch Dekrete.

Gleich zu Beginn von Nkrumahs Präsidentschaft wurden mehrere politische Parteien verboten, und 1964 wurde Ghana ein Einparteienstaat. Ein Gesetz über Vorbeugehaft, das bereits ein Jahr nach der Unabhängigkeit erlassen wurde, erlaubte fünfjährige Inhaftierung ohne Prozeß und wurde gegen Regimegegner angewendet. Als Amnesty International erst kurze Zeit bestand, gingen bereits Berichte über Folterungen aus Gefangenenlagern ein, in denen viele politische Häftlinge ohne Anklage und Prozeß festgehalten wurden. Politische Gruppen im Exil gaben an, daß Obetsebi-Lamptey 1962 an den Folgen von Folterungen starb. Ein Brief einer Gruppe von Gefangenen an den Premierminister von Großbritannien, Harold Wilson, wurde 1965 an exilierte Mitglieder der United Party gesandt. Darin hieß es, daß mehrere von ihnen im Sonderblock des Nsawam-Gefängnisses fünf bis sechs Monate lang gefoltert worden seien, und daß einer von ihnen, Dr. J. B. Danquah, nach etwa einjähriger Haft gestorben sei. Im Sommer 1972 erhielt Amnesty erneut Anklagen über die Anwendung von Folter in Ghana.

Im Juli 1972 gingen aus privaten Quellen Meldungen ein, daß mehrere Personen, die Mitte des Monats in Verbindung mit einem angeblichen Komplott zum Sturz des Nationalen Befreiungsrates verhaftet worden waren, während der Verhöre geschlagen wurden. Einer der Betroffenen, Ambrose da Rocha, starb kurz nach seiner Verhaftung unter mysteriösen Umständen. Als im September 1972 neun Personen wegen Subversion vor Gericht gestellt wurden, beschwerten sich einige der Angeklagten, daß sie während der Verhöre von Soldaten entkleidet, beleidigt und geschlagen worden seien, damit sie falsche Aussagen unterschrieben. Ein Angeklagter bezichtigte ein Mitglied des Nationalen Befreiungsrates der Teilnahme am Schlagen und zeigte dem Gericht Narben, die er als Spuren der Folterungen bezeichnete. Diese Fälle wurden in der ghanai-

schen Presse groß herausgestellt. Amnesty International forderte eine Untersuchung dieser Anschuldigungen durch die Regierung, erhielt aber keine Antwort.
Aus anderen Berichten, die im Lauf des Jahres 1972 aus Ghana eintrafen, ging hervor, daß Beschäftigte im öffentlichen Dienst, die verspätet in ihren Büros erschienen, von Armeeangehörigen zur Einübung militärischer »Disziplin« gezwungen wurden (Exerzieren, Tragen von schweren Steinen und so weiter). Diese brutale Behandlung wurde auch einigen der Zivilisten zuteil, die sich nach dem Dekret über Vorbeugehaft im Gefängnis befanden (mehr als 1300 wurden unmittelbar nach dem Staatsstreich vom 13. Januar 1972 verhaftet). Einer der Inhaftierten, der im Krankenhaus von Sunyani starb, soll mit einer zerbrochenen Flasche »rasiert« und gezwungen worden sein, schwere Steine zu tragen.
Folter wurde auch in Fällen von Kleinkriminalität als Abschreckungsmittel gebraucht, und wieder war die ghanaische Armee verantwortlich. Im Dezember 1972 erreichte ein zuverlässiger Augenzeugenbericht Amnesty International, worin beschrieben wurde, wie ein des Diebstahls Verdächtigter von drei Soldaten unter dem Befehl eines Gefreiten geschlagen, ausgepeitscht und mit Zigaretten gebrannt worden war. Der Informant teilte mit, daß an jenem Tag insgesamt acht Männer in dieser Art und Weise »erzogen« worden seien, und daß in einer anderen Stadt ein Mann an ähnlichen Foltern gestorben sei, während fünf ins Krankenhaus eingeliefert werden mußten. Man erzählte ihm, daß in dem Dorf, wo er die »Erziehung« gesehen hatte, schon andere gestorben seien. Amnesty International weiß von keinem Versuch der ghanaischen Regierung, solche Beschuldigungen zu untersuchen oder derartige Praktiken zu verbieten.

Kamerun

Seit 1966 bemüht sich die herrschende Partei in Kamerun, die *»Union Nationale Camerounaise«* (UNC), um die Konsolidierung ihrer Macht gegen die Guerillatätigkeit der verbotenen Oppositionspartei, der *»Union des Populations de Cameroun«* (UPC). In Mantoum, Tcollire, Lomie, Yoko und Tignere wurden staatliche Internierungslager errichtet. Trotz der Regierungsmaßnahmen setzte die UPC ihre heimliche und oft gewalttätige Opposition gegen die UNC, die schon auf die Zeit vor der Unabhängigkeit zurückgeht, fort, wobei sie hauptsächlich von ethnischen Gruppen im Süden des Landes unterstützt wird. In der internationalen Presse erschienen Berichte über

Folterungen von Mitgliedern und Sympathisanten der UPC. Dies gilt insbesondere für den Fall Ende 1970, als Ernest Ouandié, der Führer der UPC, der römisch-katholische Bischof Hdongmo von Nkongsamba und mehr als hundert angebliche UPC-Anhänger vor Gericht gestellt wurden. Ouandié behauptete, daß man ihn gefoltert habe, um Aussagen von ihm zu erpressen. Der Bischof soll gezwungen worden sein, Aussagen zu unterschreiben, indem man ihm die »Folterkammer« im Hauptquartier der politischen Polizei zeigte. Laut Berichten wurden überdies Frauen gefoltert, um »zu gestehen«, daß sie mit dem Bischof geschlafen hätten. Vor Gericht widerriefen sie ihre Aussagen. Die beschuldigten Folterer waren Mitglieder des *Service de Documentation* (SEDOC), Kameruns politischer Polizei. Im Frühjahr 1972 erschienen in der französischen Presse erneut Berichte über körperliche Folterungen. Außerdem wurden Mißhandlungen und Mißstände in den Gefängnissen beschrieben. Offizielle Stellen in Kamerun bestritten diese Berichte, aber im September desselben Jahres brachte die Presse neue Beschuldigungen. Dieses Mal wurden als Folterer Soldaten aus Nordkamerun genannt, und zu den Methoden gehörten Aufhängen an den Armen, Elektroschocks und Schläge. Die Regierung von Kamerun hat diese Anklagen weder untersucht noch die Folter verboten.

Malawi

Unter der Herrschaft seines Präsidenten, Dr. Hastings Banda, ist Malawi zur Quelle zahlreicher Meldungen über Mißhandlungen und Folterungen politischer Häftlinge und religiöser Dissidenten geworden. Das Motiv für die Anwendung von Folter in Malawi scheint in erster Linie die Einschüchterung politischer Gefangener und die Unterdrückung bestimmter religiöser Gruppen zu sein, und nicht so sehr das übliche Motiv, Informationen zu gewinnen. Als Folterer scheinen in den meisten Fällen die »Jungen Pioniere Malawis« aufgetreten zu sein, die Jugendorganisation der malawischen Kongreßpartei (MCP). 1965 erhielt Amnesty International Augenzeugenberichte von schweren Prügeln, die politischen Gefangenen in Dzeleka verabreicht wurden, dem größten Konzentrationslager in Malawi, das gegenwärtig mehr als tausend Insassen haben soll, die nach dem »Gesetz über öffentliche Sicherheit« von 1965 in Haft gehalten werden. Die Unterlagen im Besitz von Amnesty International zeigen, daß zwischen 1965 und 1968 wenigstens sieben Häftlinge infolge dieser Behandlung

durch die »Jungen Pioniere« starben.
Die »Jungen Pioniere Malawis« waren auch aktiv bei der Bekämpfung der Zeugen Jehovas, welche mit ihrer religiös begründeten Weigerung, Mitgliedskarten der Partei zu erwerben, die MCP verärgert hatten. Nach Berichten von Betroffenen und Meldungen in der internationalen Presse übernahmen die »Jungen Pioniere« eine führende Rolle bei den Verfolgungen der Zeugen Jehovas in den Jahren 1967 und 1972. Alle diese Aktivitäten der »Jungen Pioniere« erklären sich zum Teil aus den Ergänzungen zum Gesetz über die Jungen Pioniere, die 1965 eingeführt wurden. Darin heißt es, daß kein Polizist einen »Jungen Pionier« ohne Befragung des jeweiligen Bezirkskommandeurs der »Jungen Pioniere« inhaftieren darf. Ebenso darf kein Polizist eine Person, die von einem »Jungen Pionier« »rechtmäßig festgenommen« wurde, ohne eine solche Befragung auf freien Fuß setzen. Aus bestätigten Berichten geht hervor, daß die »Jungen Pioniere« und ihre Anhänger die Zeugen Jehovas während der Verfolgungen in den Jahren 1967 und 1972 mit Vergewaltigungen, Schlägen, Rasieren mit zerbrochenen Flaschen und Verbrennen gefoltert haben. Im Herbst 1972 führten diese Verfolgungen zu einer Reihe von Todesfällen und zur Auswanderung von ungefähr 21 000 Zeugen Jehovas nach Sambia, wo mehrere Hundert in einem unzureichend ausgestatteten Flüchtlingslager starben. Die Drangsalierung der Sekte scheint die Unterstützung der MCP und der Regierungsbürokratie zu haben, die man als mitschuldig ansehen muß, weil sie die Folterungen und Greueltaten an den Mitgliedern der Sekte zumindest durch stillschweigende Zustimmung sanktionierten.

Marokko

Das vergangene Jahrzehnt in Marokkos Geschichte ist gekennzeichnet von einer ständigen Verschlechterung des Verhältnisses zwischen der Monarchie des Königs Hassan II. und den großen Oppositionsparteien, *»Istiqlal«* und besonders der sozialistischen *»Union Nationale des Forces Populaires«* (UNFP). Diese Verschlechterung wurde charakterisiert durch das beharrliche Drängen nach verfassungsmäßigen, sozialen und wirtschaftlichen Reformen von seiten der UNFP und einer zwischen scheinbarer Versöhnlichkeit und rigoroser Unterdrückung schwankenden Politik von seiten des Königs. Das Jahrzehnt ist markiert durch eine Serie von Massenverhaftungen und Prozessen gegen UNFP-Mitglieder und andere linksstehende Kreise, wobei als Begründung häufig die Vorbereitung bewaffneter Subversion gegen den Staat angegeben wurde. Aus dem angesammelten Beweismaterial — schriftlichen Zeugenaussagen, protokollierten Aussagen vor Gericht, medizinischen Attesten und Berichten oppositioneller Gruppen — geht zweifelsfrei hervor, daß die Anwendung von Folter in Marokko längst zu einer etablierten administrativen Praxis geworden ist. Die meisten Berichte über Folterungen haben bestimmte Merkmale gemeinsam: die angewendeten Techniken waren in der Regel physischer Natur und dienten hauptsächlich dazu, Informationen über vermutete regierungsfeindliche Aktivitäten zu erhalten und Gefangene zum Unterschreiben falscher Geständnisse für den Gebrauch in politischen Prozessen zu zwingen. Die Verantwortlichen für diese Folterungen sind nach den vorliegenden Erkenntnissen Angehörige der marokkanischen Polizei, insbesondere des »*Service de la Police Judiciaire*« und des »*Corps Mobile d'Intervention*«. Oft fanden die Folterungen in Polizeikommissariaten statt, besonders in Rabat.

Eine der frühesten Folterbeschuldigungen kam von Mehdi Aloi, einem führenden Mann der UNFP, der nach eigenen Angaben 1963 verhaftet und gefoltert wurde, weil man Informationen über Mehdi Ben Barka, den Führer der UNFP, erzwingen wollte. Im November 1963 wurden 104 Mitglieder der UNFP angeklagt, die Ermordung des Königs geplant zu haben. Der Beobachter von Amnesty bei diesem Prozeß, ein französischer Jurist, berichtete, daß Aussagen über Folterungen gemacht wurden. Von Anbeginn des Prozesses behauptete die Verteidigung, daß die Angeklagten von der Polizei gefoltert worden seien. Eine Anzahl von Angeklagten zeigte dem Gericht Spuren ihrer Folterungen. Ferner wurden im Verlauf des Prozesses Erklärungen abgegeben, daß Zeugen mit der Drohung, man werde sie zu Tode foltern, falls sie nicht mit der Polizei zusammenarbeiteten, zur Aussage gezwungen wurden.

Ein weiterer Massenprozeß gegen Mitglieder der UNFP fand 1971 statt. Drei Beobachter von Amnesty nahmen daran teil. Einer von ihnen schrieb in seinem Bericht: »Nach sorgfältiger Prüfung aller verfügbaren Informationen muß gesagt werden, daß die meisten der Angeklagten während der Voruntersuchungen (d. h. als sie in Polizeigewahrsam waren) gefoltert oder mißhandelt wurden ... Als Foltermethoden wurden einhellig gewaltsames Biegen des Körpers, brutale Schläge, Eintauchen des Kopfes in schmutziges Wasser und Brennen mit Zigaretten genannt.« Es wurden ärztliche Atteste über die

Spuren von Folterungen an einigen Angeklagten vorgelegt. Ein Angeklagter starb unter verdächtigen Umständen während des Polizeigewahrsams, ein anderer erlitt einen Schädelbruch. 1972 erhielt Amnesty International ausführliche Berichte von Abraham Serfaty und Abdellatif Laabi, zwei jungen Anhängern der Linken. Sie beschrieben darin Folterungen (in mancher Beziehung denen ähnlich, die im Zusammenhang mit dem UNFP-Prozeß von 1971 erwähnt wurden), die sie während ihrer Inhaftierung Ende Januar und Anfang Februar im Regionalkommissariat von Rabat erlitten.
Im Juli 1972 erhielt Amnesty International aus privaten Quellen Informationen über eine Gruppe von 14 Folteropfern, vorwiegend Lehrern und Studenten, die im Februar und März verhaftet und zwei Wochen lang in Dar El Mokri nahe Rabat gefoltert worden waren. Eine zweite Gruppe von elf Personen, die zur gleichen Zeit festgenommen worden waren, wurde zur Station des *»Corps Mobile d'Intervention«* in Casablanca gebracht und dort gleichfalls zwei Wochen lang gefoltert. Ende desselben Jahres erhielt Amnesty einen handgeschriebenen Brief und einen maschinengeschriebenen und unterzeichneten Bericht von Evelyne, der Schwester Abraham Serfatys, in dem sie aussagte, daß ihr Bruder im Januar 1972 gefoltert wurde. Zugleich schilderte sie ihre eigenen Erfahrungen während ihrer Inhaftierung vom 26. September bis 4. Oktober 1972 in der Intendantur von Rabat und ihre Folterungen durch die Polizei, die so Informationen über ihren Bruder erhalten wollte. Zwei ärztliche Gutachten, in denen ihre von der Folter herrührenden Verletzungen beschrieben wurden, waren dem Brief beigefügt. Trotz der zahlreichen Folteranschuldigungen, die erhoben und urkundlich belegt wurden — Beispiele wurden oben aufgeführt —, scheinen die marokkanischen Behörden keine Schritte unternommen zu haben, die Anwendung von Folter zu untersuchen oder Folterpraktiken zu verbieten.

Rhodesien (Zimbabwe)

Eine Anzahl von Folteranschuldigungen erreichte Amnesty International aus Rhodesien. Erst kürzlich hat die ad hoc-Expertengruppe der UN-Menschenrechtskommission Folteranschuldigungen aus Rhodesien als Teil ihres Berichts zu Fragen der Menschenrechte im südlichen Afrika veröffentlicht.
Die politischen, rechtlichen und sozialen Verhältnisse, die die Folter in der Zeit unmittelbar vor der einseitigen Unabhängig-

keitserklärung durch die weiße Minderheitsregierung Ian Smith im November 1965 begünstigten, haben sich seither nicht zum Besseren gewandelt. Obgleich die Zahl der Berichte über tatsächliche Folterungen seit der Unabhängigkeit abgenommen hat, haben die gegenwärtigen Versuche der Sicherheitsstreitkräfte, die Guerillatätigkeit in verschiedenen Teilen des Landes zu unterdrücken, zu neuerlichen Beschuldigungen wegen der harten und brutalen Methoden Anlaß gegeben, mit denen man der eingeborenen Zivilbevölkerung Informationen über Standorte der Guerillas entreißen will.

Die ersten Anklagen über die Anwendung von Folter in Rhodesien wurden etwa im August und September 1963 erhoben. In dieser Zeit verschlechterte sich die politische Lage zusehends, und nationalistische Bewegungen, die gegen die Herrschaft der weißen Minderheit gerichtet waren, gewannen an Stärke. Ärztliche Gutachten über eine Reihe von Personen, die festgenommen worden waren, bestätigten die Erklärungen der Opfer über ihre Folterungen durch die afrikanische und die europäische Polizei.

1964 stieg die Zahl der Klagen über unzulässiges Verhalten der Polizei an. Inhaftierte wurden mißhandelt, um Aussagen zu erzwingen. Am 6. August stellte der Innenminister fest, daß in den ersten sechs Monaten des Jahres 33 Fälle in der Presse erwähnt worden seien. Er behauptete jedoch, daß die gegen die Polizei erhobenen Beschuldigungen nach späteren Untersuchungen zurückgewiesen worden seien. Dennoch wurden 1964 drei Polizisten wegen Körperverletzung an ihnen anvertrauten Häftlingen verurteilt. Zu Beginn des folgenden Jahres wurde Alexander Mashawira in der Polizeizentrale von Salisbury tot aufgefunden, nachdem er dort fünf Tage lang von der Sabotageabteilung vernommen worden war. Offenbar war er in einem neun Meilen von Salisbury entfernten verlassenen Gebäude gefoltert worden. Im Februar und März desselben Jahres wurden acht Afrikaner freigesprochen, weil das Gericht sich angesichts der Umstände, unter denen ihre Geständnisse wahrscheinlich zustande gekommen waren, weigerte, diese zu akzeptieren. Obwohl diese Gerichtsentscheidung und die gelegentlichen Strafverfolgungen von Polizisten Anzeichen dafür waren, daß die rhodesische Regierung auf Folteranschuldigungen reagierte, zeigten doch die allgemeine Schwerfälligkeit der Behörden bei der Untersuchung solcher Anschuldigungen wie auch Berichte, daß Beschwerdeführer von neuem inhaftiert und gefoltert worden waren, damit sie ihre Anschuldigungen zurückzögen, daß die Folter nicht bloß ein exzessives Vorgehen einiger sadistischer Polizisten war, sondern ein seit 1965 eingeführter Brauch, der die stillschweigende Zustimmung der Behörden fand.

Zwei Fälle, die nach der Unabhängigkeitserklärung bekannt wurden, veranschaulichen die enge Zusammenarbeit zwischen den Polizeibehörden Rhodesiens und Südafrikas. Am 2. Januar 1968 wurde Desmond Francis, ein südafrikanischer Lehrer der asiatischen Volksgruppe, in Victoria Falls in Rhodesien verhaftet. In seiner eidesstattlichen Erklärung sagte er aus, daß er zur Polizeistation Bulawayo gebracht wurde. Nach mehrtägiger Haft wurde er in den Werkstätten der Abteilung für öffentliche Arbeiten eine Woche lang von Peter Wartmeyer gefoltert, einem Mitglied der rhodesischen Sicherheitspolizei, der ihn über den Afrikanischen Nationalkongreß (ANC) ausfragte. Am 18. Januar wurde Francis nach Südafrika abgeschoben, wo man ihn wieder folterte und für mehr als ein Jahr in Einzelhaft hielt (siehe Abschnitt über Südafrika). 1970 wurde Benjamin Ramtose in Pretoria wegen Verstoßes gegen das Gesetz zur »Bekämpfung des Terrorismus« der Prozeß gemacht. Er gab an, daß er von rhodesischen Truppen aus Botswana entführt worden sei. Nach viertägiger Haft und Folterungen in Rhodesien seien zwei südafrikanische Polizisten eingetroffen und hätten sich an den Folterungen beteiligt. Später habe man ihn dann nach Pretoria gebracht.

Die jüngste konkrete Folteranschuldigung, die Amnesty bekannt wurde, war die von Nimrod Alick Khumalo, der am 30. Juli 1971 unmittelbar nach seiner Entlassung aus dem Gray-Gefängnis in Bulawayo starb. Die Umstände seines Todes sind nicht klar, aber es lagen überzeugende Angaben von Personen vor, die ihn während seiner Haft gesehen hatten und erklärten, daß man ihn gefoltert habe. Die Behörden dagegen behaupteten, er sei an Hirnhautentzündung gestorben.

Sambia

In den Jahren 1971 und 1972 erlebte Sambia eine Periode politischer Krisen, die mit der Bildung einer neuen politischen Partei, der *»United Progressive Party«* (UPP), im Frühling und Frühsommer 1971 begann. Die UPP drohte aus der allgemeinen Unzufriedenheit über die Politik von Präsident Kenneth Kaundas herrschender *»United National Independence Party«* (UNIP) und den drastischen Rückgang der Weltmarktpreise für Kupfer im vorausgegangenen Jahr, die in ganz Sambia (und besonders in dem politisch bedeutenden Bemba-

Stamm) spürbar war, Kapital zu schlagen. Präsident Kaunda reagierte schnell, um diese Bedrohung zu entschärfen, besonders nachdem Simon Kapwepwe, einer seiner Kabinettsminister, im August 1971 zurückgetreten war, um die Führung der UPP zu übernehmen. Ab 20. September nahm die Polizei in einer mehrtägigen Verhaftungswelle über einhundert Parteifunktionäre der UPP fest. Im Februar 1972 wurde die UPP offiziell verboten, und die Sicherheitspolizei nahm weitere 123 Funktionäre und Anhänger fest, darunter Kapwepwe. Der größte Teil der UPP-Leute blieb bis nach der offiziellen Einführung des Einparteienstaates in Sambia Ende 1972, in dem die UNIP die Einheitspartei stellte, in Haft. Im Zusammenhang mit diesem Ringen um die Einführung des Einparteiensystems wurden die Behörden Sambias wegen der Anwendung von Folter angegriffen. Beweise für die Folterungen lieferten Opfer und deren Verwandte, Berichte in der internationalen Presse und Fälle, deren Authentizität vor sambischen Gerichten erwiesen wurde. Die Folterungen scheinen während der Internierungshaft stattgefunden zu haben, und die Sicherheitspolizei Sambias, die *»Special Branch«* oder CID, wird übereinstimmend beschuldigt, während der Vernehmungen auf Polizeistationen und anderswo gefoltert zu haben. Die Methoden, von denen berichtet wurde, waren fast ausschließlich physischer Art.

Obgleich die Folter in mindestens einem Fall Strafcharakter gehabt zu haben scheint, wurde in allen Berichten der UPP-Mitglieder behauptet, daß sie den Zweck gehabt habe, Informationen über die UPP und ihre Aktivitäten zu erpressen. Im Juni 1972 erhielt Amnesty International Berichte, denen zufolge Simon Kapwepwe und Justin Chimba, ein anderer UPP-Führer, während ihrer Haft geschlagen wurden. Etwa zur gleichen Zeit berichtete ein Augenzeuge, der sich selbst in dem betreffenden Jahr, allerdings zu einem früheren Zeitpunkt, in Sambia in Haft befunden hatte, daß er Chimba und J. M. Chapoloko mit geschwollenen Gesichtern — Folgen der Schläge — gesehen habe. Im November 1972 verklagten fünf UPP-Mitglieder, unter ihnen Chimba und Chapoloko, die sich alle immer noch in Haft befanden, in einem Prozeß vor dem sambischen Obersten Gerichtshof die Regierung wegen Körperverletzung und Freiheitsberaubung auf Schadenersatz. Im Dezember entschied das Gericht, daß die fünf von Beamten der *»Special Branch«* mißhandelt und durch Entkleiden, Schläge und in einem Fall Elektroschocks gefoltert worden waren. Den fünf Männern wurden £ 20 000 Schadenersatz zugesprochen. Es heißt, daß der Generalstaatsanwalt das Gericht davon in

Kenntnis gesetzt hatte, daß er die Anklagepunkte nicht bestreiten werde. Amnesty ist nicht bekannt, daß die Regierung Sambias Schritte unternommen hätte, um die verantwortlichen Polizisten zu identifizieren und zu bestrafen. Außerdem wurde die sambische Polizei beschuldigt, dissidente Mitglieder rhodesischer Guerillaorganisationen geschlagen zu haben, von denen sich gegenwärtig mehr als 40 ohne Prozeß in Sambia in Haft befinden.

Südafrika

Schon lange ist die Brutalität der Polizei ein Wesenszug Südafrikas, wo diskriminierende politische Grundsätze und Gesetze innerhalb der unterprivilegierten Gemeinschaften Anlaß zu ständiger Unruhe geben. In größerem Umfang sind Folteranschuldigungen seit der Einführung strenger und weitreichender Sicherheitsgesetze durch die Regierung der Nationalisten, die 1948 an die Macht kam, urkundlich belegt. Diese Gesetze wurden hauptsächlich erlassen, um mit der afrikanischen politischen Opposition fertig zu werden. Sie führten die Vorbeugehaft ein und erweiterten die Befugnisse der Polizei über politisch Verdächtige derartig, daß die Sicherheitspolizei praktisch jeden so lange festhalten kann, wie sie es für nötig hält, bis er »alle Fragen zufriedenstellend beantwortet hat ... oder (bis) feststeht, daß seine weitere Inhaftierung nicht mehr von Nutzen ist ...« (Abschnitt 6 des Gesetzes zur Bekämpfung des Terrorismus von 1967).

Im Laufe der letzten zehn Jahre hat Amnesty International eine Menge Beweismaterial dafür erhalten, daß die Folter in Südafrika eine administrative Praxis ist. Eidesstattliche Erklärungen, Augenzeugenberichte und Zeitungsartikel zeigen, daß Folterungen und Mißhandlungen Teil der Verhöre waren. Im Jahr 1964 beantragte der UN-Sonderausschuß für die Rassentrennung in Südafrika, besorgt über die vor südafrikanischen Gerichten erbrachten Beweise für häufige Folterungen zur Gewinnung von Geständnissen oder Informationen, durch die andere mitbelastet wurden, eine internationale Untersuchung über die Mißhandlung von Häftlingen in Südafrika.

Nach intensiven Nachforschungen konnte die UN hinreichendes Beweismaterial sammeln, um zu bestätigen, daß in Südafrika systematisch gefoltert wurde. 1968 verabschiedete die Vollversammlung eine Resolution, die »jedwede Anwendung von Folter sowie unmenschliche und erniedrigende Behandlung von Häftlingen in südafrikanischen Gefängnissen und während der Verhaftung und Vernehmung in südafrikanischem

Gewahrsam« verurteilte.
Ironischerweise begannen die Folteranschuldigungen sich gerade in diesem Zeitraum zu häufen. Ein Jahr zuvor hatte die südafrikanische Regierung das Terrorismusgesetz verabschiedet, das in Abschnitt 6 eine Inhaftierung auf unbestimmte Zeit ohne Kontakt mit einem Rechtsanwalt oder der Familie des Inhaftierten vorsieht. Der *»South African Security Service«* (südafrikanischer Sicherheitsdienst) genießt in der ganzen Welt als einer der leistungsfähigsten, mit enormen finanziellen Mitteln ausgestatteten Nachrichtendienste hohes Ansehen; er ist berühmt für sein rasches Handeln bei jedem Anzeichen von Aktivität gegen die Apartheidpolitik innerhalb des Landes und bekannt dafür, daß er den Aktionen politischer Aktivisten und Dissidenten zuvorkommt. So wurde zum Beispiel Desmond Francis, ein junger südafrikanischer Lehrer asiatischer Abstammung, der in Sambia lebte, von der rhodesischen Polizei festgenommen, als er die Grenze von Sambia nach Rhodesien an einem Nachmittag im Januar 1968 passierte, um für seine Mutter einen Flug nach Südafrika zu buchen. Die rhodesische Polizei übergab ihn dann der südafrikanischen Sicherheitspolizei. Francis unterschrieb später eine eidesstattliche Erklärung mit einem Bericht über die Behandlung, die er während der mehr als 400 Tage dauernden Haft von seiten der Sicherheitspolizei erfahren hatte. Am 18. Januar 1968 wurde Francis von Rhodesien nach Südafrika geschafft. Ein junger Sicherheitspolizist kapholländischer Herkunft, der während der wenigen Tage, die Francis im Gewahrsam der rhodesischen Polizei verbracht hatte, anscheinend sein Folterer gewesen war, fuhr ihn nach Beit Bridge an der Grenze zwischen Rhodesien und Südafrika.
In Messina, einer kleinen Stadt in Transvaal, wurde Francis einem Major Swanepoel (jetzt Brigadekommandeur Swanepoel) übergeben, der ihn zum Hauptquartier der Sicherheitspolizei in den Compol-Buildings, Pretoria, begleitete. Francis berichtete, daß er in den vier darauffolgenden Monaten verschiedenen Arten der Folter und physischer Gewaltanwendung ausgesetzt gewesen sei, während man ihm Aussagen abpreßte. In dieser Zeit litt er ständig unter großen Schmerzen und inneren Blutungen. Schließlich zwang man ihn, eine Aussage zu unterschreiben, während sein Kopf mit einem Leinwandsack verhüllt war. Dann wurde ihm erklärt, daß er bei einem Prozeß gegen Personen, »die er nicht kenne«, als Zeuge auszusagen habe. 14 Monate nach seiner Festnahme fuhr man ihn nach Pietermaritzburg, wo er als Zeuge bei dem Prozeß auftreten sollte. Doch statt seine Aussage zu machen,

erklärte er dem Richter, daß er gefoltert worden sei. Der Richter erwiderte, daß seine Erfahrungen mit der Polizei während der 427tägigen Haft nicht Sache des Gerichts seien.

Ein Großteil der urkundlich belegten Folterberichte betrifft politische Fälle; es liegt auf der Hand, daß Schwarze eine größere Gefahr für die Politik der Nationalisten darstellen und deshalb eher wegen der schwerwiegenderen politischen Vergehen verhaftet werden. Ebenso spielt die traditionelle Haltung der südafrikanischen Polizei eine bedeutende Rolle dabei, wie die Menschen, die sich in ihrem Gewahrsam befinden, behandelt werden. Aus diesem Grund stammen die meisten Folteranschuldigungen von den sogenannten »nichtweißen« Häftlingen. Als jedoch die Zahl der weißen politischen Gegner anstieg, wendete man die Folter auch bei dieser Gruppe an, um Geständnisse zu erpressen. In einem Bericht des UN-Sonderausschusses für Rassentrennung von 1973 über die Folterung und Mißhandlung politischer Häftlinge in Südafrika heißt es: »Die zunehmende Handlungsfreiheit der *Special Branch* (Sicherheitspolizei) ist an der Tatsache zu erkennen, daß, während 1963 nur Afrikaner und andere Farbige physischer Gewaltanwendung ausgesetzt waren, seit Juli 1964 auch gegen Weiße Gewalt angewendet wird ...« Mit Ausnahme von zwei bekannten Fällen hat man sich zurückgehalten, soweit weiße Frauen betroffen waren, aber »nichtweiße« Frauen sind oft brutal behandelt worden.

Eine weniger bekannte Seite der Polizeibrutalität in Südafrika ist die Folterung von Personen, die gegen das Strafrecht verstoßen haben. Man nimmt allgemein an, daß die Inhaftierungsklauseln der Sicherheitsgesetze nur bei politischen Tätern Anwendung finden, doch werden tatsächlich einer Straftat verdächtigte Personen gemäß der Klausel der 180tägigen Untersuchungshaft nach der Strafprozeßordnung festgehalten und verhört. Verfahren gegen »nichtweiße« Straftäter, die Mord oder Raub zum Gegenstand haben, sind gewöhnlich von Folteranschuldigungen begleitet. Die Anschuldigungen werden als Hauptpunkte bei der Anfechtung der Zulässigkeit von »Geständnissen« eingesetzt, die vor der Polizei oder vor Untersuchungsrichtern nach der Vernehmung abgelegt worden waren. Im November 1971 wurde Temba Mkize aufgrund einer Klage gegen die südafrikanische Polizei 5000 Rand Schadenersatz zugebilligt. Temba Mkize war offenbar in Verbindung mit Anklagen wegen Straftaten in Polizeigewahrsam genommen worden. Er berichtete, daß er im Februar 1971 von zwei Polizisten gefoltert wurde, die ihm mit einem Handgenerator Elektroschocks verabreicht hätten, während er zwischen zwei Schränken an einem Besenstiel hing.

Die Foltermethoden, die im UN-Bericht von 1973 über die Mißhandlung und Folterung von Gefangenen in Südafrika erwähnt und von den Amnesty International vorliegenden Informationen bestätigt werden, umfassen sowohl physische als auch psychologische Techniken, darunter langdauernde Einzelhaft, und auch subtilere Methoden, die mehr auf die Psyche als auf den Körper zielen. Aber es ist klar ersichtlich, daß körperliche Brutalität noch immer das beherrschende Merkmal südafrikanischer Foltermethoden ist. Anschuldigungen wurden erhoben, daß sich in fast jeder Polizeistation in Südafrika ein Gerät zur Verabreichung von Elektroschocks befinde, aber die Einheitlichkeit der Methoden, selbst in kleinen, ländlichen Polizeistationen sowie die Tatsache, daß einige Vernehmungsbeamte von einem Zentrum zum anderen zu reisen scheinen, brachte die UN-Untersuchungsführer zu der Vermutung, daß die Polizei in irgendeiner Form in der Anwendung von Folter unterrichtet werden muß:

> »Die Schlußfolgerung, daß in der Grausamkeit gegenüber Gegnern der ›Apartheid‹ die Durchführung einer überlegten und zentral geleiteten Politik zu sehen ist, und daß Folterungen durch die Sicherheitspolizei von der Regierung gebilligt, wenn nicht gar gefördert werden, ist unausweichlich. Anschuldigungen wegen gleichartiger Folterungen kamen aus so vielen Zentren und belasteten so viele örtliche Beamte – und darüber hinaus bestimmte Vernehmungsbeamte, die von Pretoria in andere Gebiete reisen –, daß Grund zu der Annahme besteht, daß die Beamten der Sicherheitspolizei in diesen Methoden unterrichtet wurden« (›Mißhandlung und Folterung von Häftlingen in Südafrika‹, Bericht des UN-Sonderausschusses für Rassentrennung, New York 1973, S. 25).

In Verbindung mit Folteranschuldigungen tauchen immer wieder die Namen einer Reihe von Beamten der Sicherheitspolizei auf. Insbesondere ein Name ist es, der wiederholt in den Folterberichten aus einem Jahrzehnt erscheint: Theunis Jacobus Swanepoel. Swanepoel stieg aus dem Rang eines Leutnants im Jahr 1962 zu dem eines Brigadekommandeurs 1969 auf. Gleichzeitig wurde er zum Hauptvernehmer der Sicherheitspolizei ernannt.

Man nimmt an, daß mindestens zwanzig Todesfälle von politischen Häftlingen zwischen den Jahren 1962 und 1971 auf Folterungen und Mißhandlungen durch die Polizei zurückgehen. Viele Fälle wurden gerichtlich untersucht, aber in keinem wurde die Polizei in irgendeiner Weise verantwortlich

gemacht. Die Regierung lehnte Vorschläge ab, unparteiische Untersuchungen von Folteranschuldigungen und Todesfällen während der Haft vornehmen zu lassen. Der Fall Ahmed Timol, eines Lehrers, der im Oktober 1971 aus einem Fenster im zehnten Stock des Hauptquartiers der Sicherheitspolizei am Jan Vorster Square in Johannesburg zu Tode stürzte, ist ein derartiger Fall. Die Regierung wurde öffentlich aufgefordert, eine gründliche gerichtliche Untersuchung anzuordnen. Premierminister Jan Vorster erklärte, er sehe keinen Anlaß dafür, da eine Obduktion vorgenommen würde. Einige Zeitungen bezweifelten Versicherungen seitens der Polizei, daß Timol Selbstmord begangen habe. Sie wiesen darauf hin, daß sich bereits sieben Jahre zuvor ein ähnlicher Todesfall ereignet hatte, als Suliman Salojee, ein 32jähriger Angestellter eines Rechtsanwalts, während seiner Vernehmung durch die Polizei aus einem Fenster fiel. Die Polizei hatte versichert, daß sie unverzüglich Schritte unternehmen werde, damit so etwas sich nicht noch einmal ereignen könne. Die Presse hob hervor, daß der Raum, aus dem Ahmed Timol gefallen war, schwer vergitterte Fenster habe, und daß die ganze Abteilung als ausbruchssicher bezeichnet worden sei.
Anwälte, Ärzte und Geistliche haben sich gegen die Brutalität der Polizei ausgesprochen und ihnen bekannt gewordene Fälle an die Öffentlichkeit getragen. Auch innerhalb der Richterschaft gibt es eine unabhängige Meinung, die sich in der mutigen Haltung einiger Mitglieder angesichts der Mißbilligung durch die Regierung äußert. Allgemein läßt sich jedoch sagen, daß die Richterschaft in Südafrika den Eindruck erweckt, systembejahend und geneigt zu sein, eher die Ansichten der Polizei zu unterstützen als die Rechte des einzelnen. Die Regierung selbst hat kaum Interesse gezeigt, die Ausübung physischer Brutalität in ihren Polizeistationen und Gefängnissen zu kontrollieren; auch hat sie es nicht für nötig befunden, die gesetzlichen Voraussetzungen, die Folterungen ermöglichen, zu ändern. Einzelne ältere Regierungsmitglieder haben gelegentlich Erklärungen abgegeben, die darauf hindeuten, daß die Regierung sich weigert zu glauben, daß Folter und Mißhandlung Teil der polizeilichen Vernehmungsmethoden sind. Südafrikanische Behörden haben stillschweigend einige Fälle von Folterungen zugegeben, soweit diese vor Gericht bewiesen wurden. Ihre Einstellung dazu war jedoch, daß es sich dabei um vereinzelte Fälle einiger moralisch nicht gefestigter Personen gehandelt habe. In jüngster Zeit haben die Regierung und ihre Institutionen einen bemerkenswerten Versuch unternommen, ausführlich zu allen Anschuldigungen wegen

Folterungen und Mißhandlungen Stellung zu nehmen; aber Tatsache ist, daß Polizeiunterdrückung im südafrikanischen System verwurzelt ist und daß die Inhaftierungsklauseln die weitgehenden Befugnisse der Polizei über einen Großteil der Bevölkerung nur noch erweitern.

Südwestafrika (Namibia)

Seit dem Ende des Ersten Weltkriegs wird Namibia, das ehemalige Deutsch-Südwestafrika, als Treuhandgebiet der Vereinten Nationen von Südafrika verwaltet. Die Polizei Namibias ist daher mit der Südafrikas zusammengeschlossen, und die meisten Folteranschuldigungen von namibischen Häftlingen wurden gegen die südafrikanische Polizei erhoben.

Der größte Teil der urkundlich belegten Anschuldigungen bezieht sich auf den Zeitraum 1962–1969, als bei einem Versuch, einheimische nationalistische Kräfte zu zerschlagen, eine große Anzahl vermuteter Guerillas und Kollaborateure von der Polizei festgenommen wurde. Viele von ihnen wurden nach den Sicherheitsgesetzen lange in Haft gehalten, und 37 von ihnen wurde dann 1967 in Pretoria der Prozeß gemacht. Die erste Beschwerde wegen Folterungen wurde vor Gericht erhoben, als Joseph Halao Shityuwete, einer der Angeklagten, den Antrag stellte, einen Inhaftierten namens Gabriel Mbindi vorführen zu lassen, damit dieser zu den Körperverletzungen der Polizei aussagen könne. Der Richter gab Anweisung, Schritte zu unternehmen, um Gabriel Mbindi vor Körperverletzungen durch die Polizei zu schützen, und die Anhörung von Shityuwete wurde auf den 20. Februar 1968 festgesetzt. Dann aber wurde bekanntgegeben, daß Gabriel Mbindi nach 8½ Monaten Haft freigelassen und nach Namibia zurückgebracht worden sei. Die Polizei hatte ihm auf dem Wege eines außergerichtlichen Vergleichs 3000 Rand bezahlt. So kam der Fall Mbindi nie vor Gericht.

Drei Jahre später enthüllte der im Exil lebende südafrikanische Rechtsanwalt Joel Carlson in einem im Namen von zehn namibischen Gefangenen an die Vereinten Nationen gerichteten Appell, daß er von 27 der 37 im Prozeß von 1968 Angeklagten eidesstattliche Erklärungen erhalten habe, nach denen diese Männer während ihrer Vernehmung von der Sicherheitspolizei schwer gefoltert worden seien. Ein Mann habe den Prozeß nicht überlebt, und es hieß, er sei an den Verletzungen gestorben, die ihm während seiner Vernehmung zugefügt worden waren.

Ende der 60er und Anfang der 70er Jahre war der Informationsfluß, der bis zu Amnesty gelangte, nur spärlich, aber 1972 änderte sich das plötzlich, als Berichte erkennen ließen, daß die Polizei im Ovamboland im Norden Namibias Unterdrückungsaktionen großen Ausmaßes durchführte. Einige Monate zuvor hatten ungefähr 3000 Wanderarbeiter an einem allgemeinen Streik teilgenommen und waren von der Regierung in ihre Heimat zurückgeschickt worden. In dem betreffenden Gebiet wurde der Notstand ausgerufen und Hunderte von Personen wurden festgenommen. Amnesty erfuhr aus mehreren Quellen, daß die Verhafteten von der Polizei mißhandelt und verschiedenen Arten der Folter — darunter Schlägen, Elektroschocks und Einzelhaft — unterworfen wurden. Einer von ihnen war der anglikanische Geistliche Olavi Nailenge, den man Berichten zufolge folterte, um Informationen über die Tätigkeit der anglikanischen und lutherischen Kirchen zu gewinnen.

Folterberichte aus Namibia sind in jüngerer Zeit meistens Meldungen aus zweiter Hand gewesen, was der Furcht vor Vergeltungsmaßnahmen zuzuschreiben ist, falls die Beschwerden von den Opfern selbst oder auch nur von ihren Familien eingebracht würden. Häufig werden Fälle sehr ausführlich geschildert, jedoch ohne Angabe von Namen. Amnesty International hat 1973 acht solcher detaillierten und konkreten Berichte erhalten. In allen werden physische Folterungen einschließlich Elektroschocks und erschreckende Haftbedingungen angeführt. Sowohl schwarze als auch weiße Polizisten wurden beschuldigt, am Zusammenschlagen der Gefangenen teilgenommen zu haben. Die Folterungen geschahen im Ovamboland, einige in einem Lager im Ukwanyamagebiet nahe Chikango. Sie dienten als Hilfsmittel bei Vernehmungen über angebliche terroristische Aktivitäten und Sabotageakte sowie über Aspekte der kirchlichen und missionarischen Tätigkeit und sollten die Opfer zu Geständnissen von Straftaten zwingen. Geistliche in Namibia, besorgt über Nachrichten von den fortgesetzten Folterungen, legten bei Regierungsbeamten Protest ein, doch wurden ihre Beschuldigungen zurückgewiesen.

Im April 1973 begab sich eine Delegation führender lutherischer Missionsgeistlicher aus Namibia zu Premierminister Vorster von Südafrika und drückte ihre Überzeugung aus, daß die Behörden in Namibia in großem Umfang von der Folter Gebrauch machten. Sie forderten ihn zur Berufung eines Untersuchungsausschusses auf und übergaben eine Liste mit den Namen von 37 schwarzen Namibiern, die sich über Folterungen beklagten und bereit waren, ihre Beschuldigungen einem solchen Untersuchungsausschuß vorzutragen —

wenn der Premierminister persönlich für ihre Sicherheit garantieren würde. Fünf Monate später versicherte eine Nachricht aus dem Amt des Premierministers den Kirchenmännern, daß die Folterbeschuldigungen sich nach eingehenden Ermittlungen als unbegründet erwiesen hätten. Doch im April 1974, als sie ihr früheres Gespräch mit Vorster öffentlich bekannt machten, waren die Geistlichen überzeugt, daß eine Anzahl von Personen auf der Liste noch immer nicht über ihre Behauptungen, gefoltert worden zu sein, befragt worden waren. Überdies vertraten sie die Ansicht, daß seit ihrem Zusammentreffen mit dem Premierminister im Vorjahr viele weitere Namibier der Folter unterworfen worden seien. Ihrem Verlangen nach einer gerichtlichen Untersuchung schloß sich der anglikanische Bischof von Damaraland an, der angab, daß die Behörden Untersuchungsgefangene mit Elektroschocks, Schlägen und Statuenfolter (stundenlanges bewegungsloses Stehen) traktierten. Auch ein ehemaliger politischer Gefangener, der erklärte, selbst gefoltert worden zu sein, schloß sich dem öffentlichen Aufruf an.

Im Verlauf der letzten zwei Jahre ist zunehmend klar geworden, daß die südafrikanischen Behörden, die Namibia verwalten, bereit sind, jedes Mittel einschließlich der Folter zu gebrauchen, um jene einzuschüchtern und zu unterwerfen, die sich der vollen Anwendung der südafrikanischen Apartheidpolitik in Namibia widersetzen. Besonders gefährdet waren darum die Mitglieder der »South West Africa People's Organization« (SWAPO) und der »Democratic Development Co-Operative Party« (DEMKOP), zwei Organisationen, die unnachgiebigen Widerstand gegen die fortdauernde südafrikanische Herrschaft in Namibia leisten. In der Eingeborenensiedlung Katutura außerhalb der namibischen Hauptstadt Windhuk wurden von der SWAPO einberufene Versammlungen durch die Polizei gewaltsam aufgelöst, und viele Parteimitglieder wurden im Verlauf großangelegter Polizeirazzien festgenommen. Nach vorliegenden Informationen wurden nach einer solchen Razzia im Februar 1974 wenigstens zwei Funktionäre der SWAPO mit Schlägen und Elektroschocks gefoltert. Etwa zur gleichen Zeit wurde eine Anzahl anderer SWAPO-Mitglieder festgenommen und seither ohne Verbindung mit der Außenwelt in Haft gehalten. Bis heute wurden Verfahren nur gegen zwei von ihnen eröffnet, und bei ihrem ersten Auftreten vor Gericht litten sie infolge ihrer langen Einzelhaft an Symptomen geistiger Desorientierung.

SWAPO und DEMKOP finden nicht nur in den städtischen Regionen die Unterstützung der Bevölkerung. Auch im Ovam-

boland haben sie eine große Zahl von Anhängern, und dort werden sie von den Leitern der regierungstreuen Territorialbehörde von Ovamboland als eine Bedrohung betrachtet. Diese Stammesbehörde, die ihre Existenz der Apartheidpolitik der südafrikanischen Regierung verdankt, arbeitet darum mit dieser zusammen, wenn es um die Verfolgung von Mitgliedern der SWAPO und der DEMKOP geht. So ist es zur gewohnten Praxis geworden, daß politische Gegner, gegen die die südafrikanische Polizei keine Handhabe hat, der Stammesbehörde zur öffentlichen Auspeitschung übergeben werden. Stammespolizisten nahmen solche Auspeitschungen an drei- bis vierhundert Personen vor, darunter auch Frauen. Als Werkzeug diente dabei die zähe und feste Mittelrippe des Zweigs der Makalanipalme, die blutende Wunden und Verletzungen des Rückgrats und der Nieren verursachen kann.
Die südafrikanische Regierung behauptet, sie könne sich nicht in »Stammesbräuche« einmischen und den Auspeitschungen ein Ende bereiten, obwohl sie in Wirklichkeit alle wichtigen Angelegenheiten des politischen und wirtschaftlichen Lebens in Namibia direkt oder indirekt beherrscht. Sowohl Bischof Leonard Auala, ein gebürtiger Namibier, als auch ein 90jähriger Geistlicher mit einem eindrucksvollen Gedächtnis haben vor Gericht unter Eid ausgesagt, daß Auspeitschungen ursprünglich kein Stammesbrauch waren, sondern als systematische Strafe erst vor etwa 30 Jahren von einem weißen Kommissar namens Hahn eingeführt wurden, der unter dem Namen »Sjambok«, d. h. die Peitsche, bekannt war. Ihr Zeugnis wurde von der Aussage eines Anthropologen bestätigt, der sich intensiv mit namibischen Stammesgesetzen und -bräuchen beschäftigt hatte.
In einem Versuch, weitere Auspeitschungen zu verhindern, erwirkten Bischof Richard Wood von der Diözese Damaraland, Bischof Leonard Auala von der evangelisch-lutherischen Ovambo-Kavango-Kirche und Thomas Komati, der Mitglied der SWAPO und ein Opfer der Auspeitschungen ist, Ende 1973 und Anfang 1974 eine Serie von einstweiligen Verfügungen vor namibischen Gerichten. So wurde ein vorübergehendes Verbot der Auspeitschungen erreicht, das in der Zwischenzeit aber wieder aufgehoben wurde, und zu dem Zeitpunkt, da diese Zeilen geschrieben werden, gehen die Auspeitschungen weiter, während der Fall vom Obersten Richter erwogen wird. Um den Auspeitschungen ein Ende zu machen, veröffentlichte Amnesty International im Juli 1974 Auszüge aus eidesstattlichen Erklärungen von Opfern. Unterdessen wurde Thomas Komati festgenommen und eine Zeit-

lang in Einzelhaft gehalten, und viele Anhänger der SWAPO sind über die Grenze nach Angola geflohen, um dort Sicherheit zu finden.
Im August 1974 legte Amnesty International den Vereinten Nationen zu den Resolutionen 1235 und 1503 des UN-Wirtschafts- und Sozialrats eine Denkschrift über »Systematisch betriebene und verläßlich belegte grobe Verletzungen der Menschenrechte, verübt von der Regierung der Republik Südafrika an Bewohnern des UN-Treuhandgebiets Namibia« vor. Diese Denkschrift enthielt eidesstattliche Erklärungen von Opfern der Auspeitschungen und von einem Chirurgen, der zwei von ihnen untersucht hatte, zusammen mit Fotografien der zugefügten Wunden und des verwendeten Instruments.

Tansania

Was Tansania betrifft, so muß klar zwischen dem Festland Tanganjika (dem ehemaligen Deutsch-Ostafrika) und der Insel Sansibar unterschieden werden, die seit 1964 verfassungsmäßig zur Vereinigten Republik Tansania zusammengeschlossen sind. Obwohl Sansibar formell Teil der Republik ist, scheint es, daß die Zentralregierung wenig bestrebt oder fähig ist, sich in die internen Angelegenheiten der Insel einzumischen. Dies wirft ein schlechtes Licht auf die tansanische Regierung selbst, da gerade auf Sansibar und seinen Nachbarinseln die Folter als administrative Praxis zweifellos schon seit dem Sturz der gewählten Regierung der nationalen Partei Sansibars im Januar 1964 durchgeführt wird. Informationen über diese Mißachtung der Menschenrechte sind im vergangenen Jahrzehnt in regelmäßigen Abständen aus verschiedenen Quellen zu Amnesty gelangt: durch die Nachrichtenmedien, politische Exilgruppen und Berichte von Einzelpersonen, die gefoltert worden waren. Opfer waren vermeintliche Gegner der regierenden *»Afro-Shirazi-Party«* (ASP), die 1964 durch eine Revolution an die Macht gekommen war, und für die meisten Opfer waren Folterungen die Begleiterscheinung von Vernehmungen über angebliche regierungsfeindliche Aktivitäten und Gruppierungen. Folterer waren die Polizei von Sansibar und die Geheimpolizei, die nach Auskunft einiger Kläger von DDR-Experten ausgebildet sein soll. Die Foltermethoden waren sowohl physischer als auch psychologischer Art und wiesen zum Teil beträchtliches technisches Raffinement auf. Die zwei Regierungen der ASP, gegen die Folteranschuldigungen erhoben wurden (die unter Scheich Abeid Karume bis zu dessen Ermordung im April 1972, und das gegenwärtige Regime von Abond Jumbe) zeigten keinerlei Besorgnis über diese verbreiteten Anklagen und Gerüchte und unternahmen — soweit Amnesty bekannt — bisher auch keinen Versuch, die erhobenen Vorwürfe zu untersuchen oder die Anwendung von Folter gegen politische Häftlinge zu unterbinden.

Die ersten Berichte über Folterungen in Sansibar stammen aus der Zeit kurz nach dem Umsturz vom Januar 1964, in dessen Verlauf die ASP die einen Monat alte ZNP-Regierung (ZNP = *»Zanzibar Nationalist Party«)* stürzte. In einem anschließenden Pogrom wurden Tausende, vorwiegend Angehörige der arabischen und persischen völkischen Minderheiten der Insel, die bisher die Oberschicht gebildet hatten, getötet und mehrere Hundert verhaftet. Ein typisches Beispiel für eine Greueltat jener Periode war die Ermordung von Scheich Muhammed Salim, der, wie verlautete, erschossen wurde, nachdem man ihn gefoltert hatte. Er wurde in einem Grab beerdigt, daß er selbst hatte ausheben müssen. In Briefen, die während der folgenden Jahre aus Sansibar herausgeschmuggelt wurden, war wiederholt von unmenschlicher Behandlung und Folter die Rede, obgleich aus Angst vor Vergeltung nur wenige Namen genannt wurden. Auch wurde darin berichtet, daß zahlreiche Menschen zu Tode gefoltert worden seien, unter ihnen drei frühere Minister der ZNP-Regierung. 1972 erhielt Amnesty International eine Aussage von einem Eingeborenen aus Sansibar, der 1964 verhaftet und zu zehn Jahren Zuchthaus verurteilt worden war. Man hatte ihn bereits 1967 entlassen, doch zwanzig Monate später erneut festgenommen. Nun kam er in das Sicherheitsgefängnis in Sansibar, wo angeblich die meisten Folterungen vorgenommen wurden. Obschon monatelang unter schlechten Bedingungen dort festgehalten, wurde er nur einen Tag gefoltert. Die meisten anderen Berichte, die Amnesty erreichten, enthielten keine konkreten Einzelheiten, weil die Verfasser offenbar ihre Entdeckung fürchteten. In vielen von diesen Briefen wird behauptet, daß »Hunderte« von Häftlingen gefoltert worden seien, und alle erwähnen die unmenschlichen Haftbedingungen. Ein Brief vom April 1971 gibt an, daß Amani Thani durch Folterungen an den Rand des Todes gebracht worden sei, Hassan Sheikh erblindete und Ali Khalifa dem Wahnsinn verfiel. Andere seien zu Tode gefoltert worden. Die Zahl der Folterberichte hat nach der Ermordung Karumes im April 1972 nicht abgenommen. Personen, die unmittelbar nach dieser Ermordung auf der Insel festgenommen worden waren, sollen sowohl psychologischen als auch schwe-

ren körperlichen Foltern unterzogen worden sein.
Es gibt keine Beweise, daß im festländischen Teil Tansanias die Folter als administratives Mittel eingesetzt würde, obwohl die internationale Presse in den Jahren 1969 und 1970 über Polizeibrutalität gegen verhaftete Ausländer berichtete. In beiden Fällen wurden aufgrund der Vorwürfe offizielle Ermittlungen eingeleitet. Und es liegen verläßliche Berichte vor, nach denen die Festlandsbehörden im Jahr 1972 Folterungen unterbanden, die von Sansibar gekommene Beamte in Gefängnissen des tansanischen Hauptlands Häftlingen zugefügt hatten, die nach der Ermordung Karumes verhaftet worden waren.

Togo

Seit dem Sturz der Regierung von Präsident Grunitzky im Januar 1967 lebt Togo unter einer Militärregierung, die von General Eyadéma angeführt wird. Er hat versucht, durch Maßnahmen wie die Gründung einer Einheitspartei, der *»Rassemblement du Peuple Togolais«* (RPT), eine breite Basis für seine Regierung herzustellen, gleichzeitig aber nicht gezögert, Gegner seines Regimes zu foltern. Dies geschah besonders in den Jahren 1970 und 1971, nachdem die Aufdeckung einer »Verschwörung« zum Sturz Eyadémas gemeldet worden war. Die Beweise für die tatsächliche Existenz dieser Verschwörung sind so dürftig, daß Diplomaten in der togolesischen Hauptstadt Lome die Richtigkeit der Regierungserklärungen dazu bezweifelten. Das Beweismaterial gegen vier der Angeklagten wurde von den Richtern als für eine Anklageerhebung nicht ausreichend betrachtet. Dennoch wurden Gefängnisstrafen verhängt, und eine Reihe derer, die zur Zeit der gemeldeten Aufdeckung des Komplotts festgenommen worden waren, blieben ohne Prozeß in Haft. Nach den Verhaftungen und dem Prozeß erreichten Amnesty International Berichte über die unmenschliche Behandlung und Folterung von Häftlingen im Militärlager Tokoin in Lome und in den Gefängnissen in Sokode und Bassari. Offenbar wurden die Opfer nicht während eines Verhörs gefoltert, sondern oft nur zum Zeitvertreib ihrer Folterer aus den Reihen des togolesischen Armeepersonals, sowie als Strafe für die Häftlinge und als Warnung für andere Dissidenten. Zu den Foltermethoden gehörten Prügel mit Stahlruten sowie Elektroschocks, und es wird berichtet, daß Soldaten Häftlinge zwangen, sich gegenseitig zu schlagen. Von mindestens drei Häftlingen weiß man, daß sie an den Folgen ihrer Behandlung im Militärlager Tokoin gestorben sind. Als offizielle Todesursache wurde »Kreislaufkollaps« angegeben, aber selbst wenn es kein anderes Beweismaterial gegeben hätte, gaben die Fotografien der betreffenden Häftlinge vom togolesischen Informationsministerium deutlich genug die Rolle zu erkennen, die die Folter bei ihrem Tod gespielt hatte. Die Leichen der Gefangenen wurden den Angehörigen nie übergeben. 1971 ordnete General Eyadéma eine Untersuchung dieser Todesfälle an, aber die Ergebnisse wurden niemals veröffentlicht.

Tunesien

Es scheint, daß Tunesien, ein Einparteienstaat unter der straffen Herrschaft seines Präsidenten Habib Bourguiba, die Folter zumindest seit 1968 häufig angewendet hat, und zwar hauptsächlich im Zusammenhang mit einem Prozeß wegen angeblicher politischer Verbrechen von Studenten und Intellektuellen, die ihrer Opposition gegen Bourguiba und die Destour-Partei (PSD) Ausdruck verliehen hatten. Während des Prozesses wurden von den Verteidigern und den Angeklagten Beschwerden wegen Folterungen erhoben, und Amnesty erhielt eine Reihe von Folterberichten von Beobachtern, die Häftlinge nach ihrer Freilassung interviewt hatten. Folterberichte aus erster Hand wurden auch in der internationalen Presse veröffentlicht. Die Folterungen scheinen in den meisten Fällen von der tunesischen Polizei ausgeführt worden zu sein, und in einem Fall war es dem Opfer möglich, in seinen Folterern Angehörige der *»Direction de la Sureté de l'Etat«* (DSE), der politischen Polizei, zu erkennen. Das Motiv dieser Folterungen scheint fast ausschließlich die Gewinnung von Aussagen oder »Geständnissen« der Angeklagten gewesen zu sein, um so ihre Verurteilung durch ein ordentliches Gericht zu erleichtern. Ein politischer Häftling drückte dies gegenüber einem Beobachter von Amnesty so aus: »Ich glaube, das Ziel von alledem (d. h. der Folter) war nicht, mich dazu zu bringen, daß ich tatsächliche Informationen geben oder irgendeine bestimmte Straftat gestehen würde. Sie schienen einfach jemanden zu brauchen, der ihnen erzählte, daß von einem oder mehreren Regimegegnern ein politisches Verbrechen gegen die Regierung begangen worden sei, ganz gleich welches. Die Polizisten waren einfach in einer Situation, wo sie ihren Vorgesetzten etwas melden mußten, ob es nun wahr war oder nicht ...« Aufgrund übereinstimmender und fundierter Folterberichte, die Amnesty International während der Jahre 1968, 1969, 1972 und 1973 erhielt, scheint die Folter politischer Häftlinge in Tunesien den Status einer administrativen Praxis erreicht zu haben.

Während eines Prozesses im September 1968, bei dem mehr als hundert Studenten, Lehrer, Beamte und Arbeiter einer Verschwörung gegen den Staat beschuldigt wurden, beklagten sich Anwälte und Beschuldigte wiederholt über Folterungen im Verlauf der Untersuchungshaft. Personen, die direkten Kontakt mit den Häftlingen hatten, berichteten einem Beobachter von Amnesty über verschiedene Arten physischer Folterungen, darunter Schläge auf die Fußsohlen und Ersticken. Im folgenden Jahr wurden diese Berichte von einem Franzosen bestätigt, der zu den Verhafteten gehört hatte, aber später freigelassen wurde.

Weitere Folteranschuldigungen wurden 1972 während eines Prozesses gegen 41 Universitätsprofessoren und Studenten erhoben, die politischer Verbrechen angeklagt waren. Auch hier wohnte dem Prozeß ein Beobachter von Amnesty bei, dem es gelang, aus erster Hand Berichte über Folterungen zu sammeln, die im frühen Herbst 1972 stattgefunden haben sollen, während die Inhaftierten in Polizeistationen festgehalten wurden. Getrennte Gespräche mit zwei ehemaligen Gefangenen brachten sehr ähnliche Berichte zutage. Beide waren mit verbundenen Augen zu einer Villa außerhalb von Tunis gebracht worden, wo sie von sechs oder sieben Männern in Zivil gefoltert wurden. Auch von anderen Häftlingen heißt es, daß sie gefoltert worden seien: eine Gefangene wurde während ihrer neuntägigen Haft Anfang 1972 mehrere Male von Polizisten vergewaltigt, und ein Mann hatte Brandnarben von Zigaretten an Händen und Schultern. Im März 1973 wurden abermals Folteranschuldigungen vorgebracht, als ein belgischer Student und mehrere Tunesier wegen politischer Verbrechen vor Gericht kamen. Auch diesem Prozeß wohnte ein Beobachter von Amnesty bei. Trotz der Tatsache, daß die berichtete Anwendung von Folter eine klare Verletzung der tunesischen Verfassung darstellt, die die grundlegenden Menschenrechte garantiert, ist Amnesty International von einer amtlichen Untersuchung dieser Berichte oder einem Verbot der Folter durch die Regierung nichts bekannt.

Als der Justizminister Mohamed Bellalouna im September 1972 von einem Vertreter von Amnesty befragt wurde, stritt er die Möglichkeit, daß die tunesische Polizei foltere, nicht ab. Er erklärte, daß die Folter auch in anderen Ländern angewendet werde und daß die Polizei nicht seinem Ministerium unterstehe.

Uganda

Seit Erlangung der Unabhängigkeit im Jahre 1962 hat Uganda eine Anzahl politischer Krisen durchlebt, die in jüngster Vergangenheit immer häufiger wurden. 1966 vertrieb Premierminister Milton Obote den Präsidenten Kabaka Mutesa von Buganda und brach die Macht seines Stammes, der politisch mächtigsten Volksgruppe im Lande. Nach fünf Jahren zunehmend tyrannischer Herrschaft wurde Obote selbst durch einen Staatsstreich der Armee im Januar 1971, den General (jetzt Präsident) Idi Amin anführte, aus dem Präsidentenamt gejagt. Obwohl der Sturz Obotes ursprünglich vom Volk begrüßt worden war, vor allem in Buganda, haben Präsident Amins Versäumnis, den Ehrgeiz Bugandas zu befriedigen, seine chaotische und impulsive politische Führung, seine wachsende Zuhilfenahme von Terrormethoden bei der Unterdrükkung der Opposition und der Festigung seiner Macht sowie seine Unfähigkeit, eine schlecht disziplinierte, von Stammesstreitigkeiten gespaltene Armee zu führen, Uganda zu dem afrikanischen Staat gemacht, in dem die Menschenrechte am konsequentesten und schwersten verletzt werden.

Berichte über die Anwendung von Folter als administrative Praxis erreichten Amnesty International zuerst 1967, als die damals geltende Verfassung garantierte, daß »niemand der Folter oder einer unmenschlichen und erniedrigenden Bestrafung oder anderer Behandlung dieser Art ausgesetzt werden darf«. Die Beweise reichen von Augenzeugenberichten und Zeugenaussagen vor Gericht bis zu Meldungen, die auf Hörensagen beruhen und in Zeitungen veröffentlicht wurden. Während das Motiv der Folter in einigen Fällen zweifellos die Erzwingung von Geständnissen war, wird sie seit der Machtübernahme durch Idi Amin mehr und mehr zu einem Hilfsmittel bei Stammesmassakern und zum Vorspiel der Ermordung von Regimegegnern.

Unter dem Regime Obotes war angeblich die Polizei von Uganda, insbesondere das »*Criminal Investigation Department*« (= Oberste Kriminalbehörde) für die Folterungen verantwortlich gewesen. Nach der Machtübernahme durch Amin sagte die Polizistin Sergeant Robina Nakibule aus, daß es unter dem früheren Regime »bei den CID-Beamten allgemeiner Brauch war, Verdächtige zu foltern, um Geständnisse zu erhalten«. Vereinzelte Beschwerden über die Polizei, die Prügel und Elektroschocks verabreichte, wurden 1968 veröffentlicht, und danach wieder im Anschluß an die Freilassung der politischen Häftlinge des Regimes Obote im Januar 1971.

Während der zunehmend harten Herrschaft Obotes waren politische Häftlinge im Luzira-Gefängnis nach unbestätigten Berichten lange Zeit in sogenannten »Strafzellen« in Einzelhaft gehalten worden und mußten außer den äußerst schlechten Haftbedingungen anscheinend vorsätzliche Mißhandlungen erdulden, die gegen Ende 1966 immer häufiger wurden.
Die Berichte über Folterungen und Brutalitäten, die seit der Machtübernahme durch Idi Amin aus Uganda zu uns gelangten, unterscheiden sich sowohl in ihrer Natur wie auch in ihrem Ausmaß von den Mißhandlungen, die unter Obote an der Tagesordnung waren. Zu den Folterbeweisen kamen nun Massaker und Verstümmelungen. Die verantwortlichen Organe scheinen Einheiten der Armee von Uganda und das »*State Research Department*« (die gewöhnliche Polizei) gewesen zu sein. Bald nach dem Machtwechsel gab es Meldungen über Kämpfe zwischen den Angehörigen verschiedener Stämme innerhalb der Armee, begleitet von Greueltaten und Folterungen, die Soldaten und Zivilisten aus dem Heimatgebiet Obotes zugefügt wurden. In der internationalen Presse erschienen Fotografien von Leichen von Afrikanern, die vor ihrem Tod verstümmelt worden waren. Es gab Augenzeugenberichte, wie loyale Offiziere Obotes auf dem Gelände des Verteidigungsministeriums in Kampala zu Tode geprügelt wurden. Im August 1971 behauptete die amerikanische Regierung, sie habe überzeugende Indizienbeweise, daß zwei Amerikaner, die im Vormonat in Uganda verschwunden waren, gefoltert worden seien, bevor sie von ugandischen Soldaten ermordet wurden. Eine spätere gerichtliche Untersuchung dieses Vorfalls gab die Schuld am Tod der Amerikaner Angehörigen eines ugandischen Armeebataillons. Exilgruppen aus Uganda beschuldigten das neue Regime weiterhin des Massakers an den Stammesgenossen Präsident Obotes. Diese Berichte wurden von Augenzeugen, die nach Tansania fliehen konnten, bestätigt. Britische Journalisten, die im Herbst 1972 kurzfristig im Makindye-Militärgefängnis festgehalten wurden, beobachteten Auspeitschungen und Prügel mit Gewehrkolben. Sie erfuhren von anderen Häftlingen, daß afrikanische Gefangene von Soldaten gezwungen worden seien, einander mit Schmiedehämmern die Schädel einzuschlagen. Die Wachtposten im Makindye-Gefängnis seien häufig betrunken gewesen und hätten dann »mit Vorliebe Gefangene für ziemlich brutale Späße und Spiele ausgewählt«. Zahlreiche Zivilisten, unter ihnen prominente Angehörige der Justiz, der Verwaltung und freier Berufe, sind seit Amins Machtübernahme in Uganda »verschollen«. Aufgrund zuverlässiger Aussagen

wird angenommen, daß die meisten, wenn nicht alle, getötet wurden, nachdem sie von Soldaten oder Polizisten verhaftet worden waren. In einigen Fällen, wie dem des früheren Innenministers Basil Bataringaya, sollen dem Tod brutale Folterungen vorausgegangen sein.
Die Regierung Ugandas hat die Bitten von Amnesty International um eine Untersuchung der angeblichen Stammesmassaker nicht beantwortet, statt dessen versuchte sie die Berichte über Blutvergießen zu dementieren und das »Verschwinden« von Zivilisten den Aktivitäten von pro-Obote-Guerillas zuzuschreiben. Im Februar 1973 wurde eine Anzahl von Personen wegen dieser angeblichen Aktivitäten nach einem nichtöffentlichen Verfahren hingerichtet. Obwohl Präsident Amin die Armee gelegentlich davor gewarnt hat, Zivilisten zu belästigen, wurden keine ernsthaften Schritte unternommen, um dem Morden und der Anwendung von Folter ein Ende zu machen. Die Beweise zeigen, daß in einem Fall, wo eine gerichtliche Untersuchung über ein »Verschwinden« stattgefunden hat (im Fall der beiden erwähnten Amerikaner), die Ermittlungen durch das Eingreifen der Regierung und die fehlende Bereitschaft zur Zusammenarbeit seitens der Armee stark behindert wurden. Aus diesen Umständen wird ersichtlich, daß die gegenwärtige verbreitete und brutale Anwendung von Folter in Uganda vom Regime Amin zumindest stillschweigend gebilligt wird.

Asien

Dieser Bericht schildert die Situation in sieben Ländern, aber nur wenige Teile Asiens sind frei von politischen und sozioökonomischen Spannungen, die Ursachen der Folter sind. Die im folgenden beschriebenen Länder wurden nicht deshalb ausgewählt, weil sie gegenwärtig etwa besondere Problemfälle darstellten, sondern vielmehr wegen der Qualität der Informationen, die Amnesty International zur Verfügung stehen und es ihr in gewissem Umfang ermöglichen, Wertungen vorzunehmen. Die Tatsache, daß Burma, China, Thailand und Teile Südostasiens nicht erwähnt werden, bedeutet nicht, daß in diesen Ländern Folterungen nicht vorkämen.
Anders als in Europa und Lateinamerika existiert keine asiatische Menschenrechtskonvention. Auch wurde bisher keine übernationale Vereinbarung zum Verbot der Folter erreicht, auch wenn sie im allgemeinen auf nationaler Ebene verboten

ist. Dies sollte nicht zu der Annahme verleiten, daß Brutalität weniger im Widerspruch zu asiatischen Kulturformen als zur europäischen Tradition stehe; aber in Gesellschaftssystemen, die Probleme wie Unterernährung, Krankheit und Analphabetentum noch nicht gelöst haben, mögen Folter und Verweigerung der Menschenrechte weniger deutlich sichtbar werden als in wirtschaftlich entwickelten Gebieten. In den meisten Ländern Asiens werden diese Probleme durch den Bevölkerungsdruck verschärft, in einigen auch durch tiefe ideologische Gegensätze. Der einzige internationale Vertrag außerhalb der UN-Menschenrechtserklärung, der versucht, der Anwendung von Folter Einhalt gebieten, ist der Entwurf des *»Covenant on Civil and Political Rights«* (Vertrag über bürgerliche und politische Rechte). Nur ein asiatischer UN-Mitgliedstaat hat den ersten Schritt getan und diesen Entwurf unterzeichnet: die Philippinen. Keine internationale Organisation, sei es Amnesty International oder die Vereinten Nationen, hat über die Anwendung von Folter in Asien Untersuchungen angestellt, obgleich Vietnam Gegenstand mehrerer unabhängiger Erhebungen war und die Internationale Juristenkommission Vorbereitungen für ähnliche Untersuchungen in Tibet und Bangladesch getroffen hat. Auf nationaler Ebene ist Sri Lanka (Ceylon) das einzige Land, in dem eine unabhängige gerichtliche Untersuchung stattgefunden hat, über die dann auch öffentlich Bericht erstattet wurde.

Daraus ergibt sich, daß diese Übersicht sich auf ein vergleichsweise schwaches Gerüst aus Beweisen und Anschuldigungen stützt, die Amnesty International in den vergangenen Jahren zugeleitet wurden. Zudem muß berücksichtigt werden, daß dieses Material nicht notwendig den Ernst der Situationen, die es schildert, widerspiegelt. In Gebieten wie dem indischen Subkontinent, wo ein hohes Maß an Rechtsbewußtsein besteht, werden Verletzungen der Menschenrechte genauer belegt und veröffentlicht werden. Dagegen kann in Gebieten, in denen die Rechtsstaatlichkeit systematisch den politischen und militärischen Erfordernissen des Staates untergeordnet wurde, gerade die weite Verbreitung der Folter das Sammeln direkter Zeugenaussagen unmöglich machen. In Indonesien, um nur ein Beispiel zu nennen, wird diese Situation durch ein allgemein niedriges Maß an Rechtsbewußtsein erschwert, was in der Praxis bedeutet, daß viele Opfer nicht nur durch Furcht an der Schilderung ihrer Behandlung gehindert werden, sondern auch durch die Unkenntnis der Tatsache, daß sie Grundrechte haben, die verletzt wurden. Im Falle Vietnams dagegen wurde die Zugänglichkeit von Beweismaterial einmal durch den

Ernst der dortigen Lage bestimmt, zum anderen durch den internationalen Charakter des Konflikts.

Bei der Lektüre des Berichts tut man gut daran, sich bestimmte politische und rechtliche Faktoren vor Augen zu halten. Indien, Sri Lanka, Pakistan und Bangladesch sind funktionierende Demokratien, in denen die Justiz, auch wenn sie gelegentlich übergangen wird, politisch unabhängig ist. Wiewohl eine starke Justiz die Anwendung von Folter nicht verhindert, kann sie doch eine Kontrollfunktion über Polizei und Armee ausüben. In Indien kommen auf eine Million Einwohner 183 Anwälte, in Indonesien 17 (verglichen mit 1575 in den USA). Trotz ihrer starken richterlichen Tradition stehen die Philippinen gegenwärtig unter Kriegsrecht, während in Indonesien die Armee seit mindestens acht Jahren das politische Leben beherrscht. In diesen beiden Ländern ist, ebenso wie in Südkorea, die politische Linke verboten, und obwohl sie alle theoretisch Demokratien bleiben, existiert die politische Freiheit in der Praxis nur für die Wähler der Rechten. In Nordkorea und Nordvietnam haben wir die gleiche Situation, lediglich mit umgekehrten Vorzeichen.

Bei der Darstellung dieser Situationen haben wir versucht, einen klaren Trennungsstrich zwischen vorsätzlicher Folter und kollektiven Greueltaten zu ziehen, wie sie in Konfliktfällen vorkommen. Daher befaßt sich der Bericht nicht mit dem indisch-pakistanischen Krieg um Bangladesch, mit den Massenmorden in Indonesien während der Jahre 1965 und 1966, noch mit den Rassenunruhen in Malaysia 1969. In einigen Fällen war es jedoch schwierig, diese Trennungslinie konsequent zu ziehen: in Sri Lanka gehörten die tatsächlichen Kämpfe und die Verhöre von Gefangenen und Verdächtigen nach der JVP-Erhebung im April 1971 oft zu ein und derselben militärischen Operation. In Südvietnam, wo die Folter sicher ein Mittel zur Erzwingung von Informationen war, wurde sie unterschiedslos in den Gefängnissen angewendet, um potentiellen Dissidenten Furcht einzuflößen. Unter solchen Umständen ist es schwierig, eine logische Trennung zwischen kollektiven Greueltaten auf dem Schlachtfeld und kollektiver Brutalität in einem Gefängnis aufrechtzuerhalten.

Ein abschließendes Wort muß zu einer bedeutenden Auslassung gesagt werden — der Volksrepublik China. Diese Auslassung spiegelt die Schwierigkeiten wider, genauere Informationen über die Menschenrechte in China zu erhalten, wie auch die Tatsache, daß Amnesty International erst vor kurzem begonnen hat, in diesem Gebiet Nachforschungen anzustellen.

Der einzige Teil Chinas, mit dem Amnesty sich bisher eingehend beschäftigte, ist die Insel Formosa (Taiwan). Aus Taiwan erhielt Amnesty mehrere Folteranschuldigungen, insbesondere über Folterungen politisch Verdächtiger, die zur Vernehmung im Garnisonshauptquartier von Taipeh festgehalten wurden. Das seit mehr als zwei Jahrzehnten geltende Kriegsrecht ermöglicht es den Militärbehörden, Untersuchungsgefangene monatelang ohne Verbindung mit der Außenwelt in Haft zu halten, bis sie von einem Militärgericht abgeurteilt werden.

Noch gegen Ende 1972 erhielt Amnesty Berichte über Folterungen und Mißhandlungen politischer Häftlinge in den Gefängnissen des Bezirks Lhasa in der chinesischen Autonomen Region Tibet. Diese Berichte stammten von tibetischen Flüchtlingen in Nordindien und Nepal, blieben jedoch unbestätigt.

Schließlich sind die vielen Klagen über Folterungen und Mißhandlungen zu erwähnen, die während der Großen Proletarischen Kulturrevolution der Jahre 1966–69 aus China drangen – Beschuldigungen, die teils von den Chinesen selbst erhoben wurden, aber auch von Tibetern und Ausländern, die ihren Wohnsitz in China hatten oder sich zu dem Zeitpunkt in China in Haft befanden. Einer der letzteren war der englische Ingenieur George Watt, der im Anfangsstadium der Kulturrevolution wegen Spionage verhaftet wurde, als er unter Vertrag in der zentralasiatischen Autonomen Region Sinkiang arbeitete. Nach seiner Freilassung schilderte er nicht nur Mißhandlungen, die ihm während seiner Vernehmung und Haft in Peking zuteil wurden, sondern auch Verprügelungen, gewalttätige Straßenprozesse und summarische Hinrichtungen von Opfern der Roten Garden, die er vor seiner Verhaftung beobachtet haben will. Diese Erlebnisse stimmen mit vielen anderen Berichten aus erster und zweiter Hand überein, die zu der Zeit durchsickerten.

Die Gewalttätigkeit, die bestimmte Teile der Roten Garden wie auch bestimmte Phasen der Kulturrevolution kennzeichnete, und die Premierminister Tschou En-lai im Rückblick freimütig zugegeben hat, scheint heute völlig verschwunden zu sein. Allerdings wissen wir noch nicht, wie sich die »Normalisierung« Chinas 1969–70 auf die Behandlung politisch Andersdenkender ausgewirkt hat.

Eine weitere wenn auch kleinere Auslassung in diesem Bericht ist Singapur. Während der 60er und frühen 70er Jahre gebrauchte die Regierung von Singapur die Haft als ein Mittel zur Eindämmung oppositioneller Kräfte. Diese Internierungshaft scheint aber eher von gelegentlicher Brutalität als von systematischer Folter begleitet gewesen zu sein. Es liegen Beschwerden über Einzelhaft und daraus entstandene Dauerschäden bei einigen Gefangenen vor; in der Erklärung eines Anwalts wurde festgestellt, daß Chwa Seh Kea bei Vernehmungen im April 1970 systematisch mißhandelt wurde.

Indien

Der indische Staat Westbengalen hat eine extrem hohe Bevölkerungsdichte, und seine Hauptstadt Kalkutta ist mit ihren mehr als acht Millionen Einwohnern die mit Abstand größte Stadt des indischen Subkontinents. In den späten 60er Jahren schufen bittere Armut und hohe Arbeitslosigkeit in Westbengalen die Grundlage für die Entwicklung einer marxistisch-leninistischen Bewegung, die unter dem Namen Naxalismus (benannt nach einem Bauernaufstand im Dorf Naxalbari) bekannt ist. Die meisten Berichte über Folterungen in Indien stammen aus diesem Gebiet.

Die selektiven Ermordungen von Großgrundbesitzern, Polizeibeamten und anderen »Agenten des Staatsapparates« durch die Naxaliten, die 1967 in Westbengalen begannen und 1970 auf Kalkutta übergriffen, wurden von der Polizei mit einem zunehmend rigorosen Programm zur Aufruhrbekämpfung beantwortet. Tausende mutmaßlicher Naxaliten wurden bei Razzien gefangengenommen, und viele von ihnen befinden sich seitdem ohne Prozeß in Haft. Ihre Inhaftierung stützt sich auf mehrere Gesetze über die Vorbeugehaft, deren meistangewendetes (das Gesetz über die Aufrechterhaltung der inneren Sicherheit von 1971) im April 1973 vom indischen Obersten Gerichtshof für verfassungswidrig erklärt wurde.

Am 15. Mai 1973 berichtete die Zeitung ›Le Monde‹, daß bei einem Treffen sozialistischer Parteien in Neu-Delhi in Dokumenten, die dort vorgelegt wurden, die schlechte Behandlung der Revolutionäre nach ihrer Festnahme und während der Haft — Folterungen, Brennen mit Zigaretten, Fehlen medizinischer Betreuung, Schläge usw. — hervorgehoben wurde. Mehrere Dutzend Häftlinge — im Winter 1972 auch der Führer der Naxaliten, Charu Mazundar — starben während ihrer Haftzeit oder im Verlauf von »Kämpfen« in den Gefängnissen.

Vom *»Legal Aid Committee«* (Rechtshilfeausschuß) in Kalkutta, von der *»West Bengal Association of Democratic Lawyers«* (Vereinigung demokratischer Anwälte Westbengalens) und anderen linksgerichteten Gruppen erhielt Amnesty International Berichte über verbreitete Brutalitäten der Polizei gegenüber verhafteten Naxaliten, insbesondere in der Krisenzeit 1970—71, als die von Naxaliten durchgeführten Exekutionen zunahmen.

Im September 1970 begann die Vereinigung demokratischer Anwälte Westbengalens inoffizielle Ermittlungen über die Berichte. Ihr Protokoll enthält eine lange Liste von Beschwerden Gefangener über Folterungen und Prügel durch die Polizei, gewöhnlich unmittelbar nach der Festnahme. Es ist nicht bekannt, daß die Regierung in Neu-Delhi auf die Anschuldigungen reagiert hätte.

Das Bild, das sich aus allen Einzelinformationen ergibt, zeigt, daß auch weiterhin Fälle von Brutalität der Polizei und des Gefängnispersonals vorkommen, die schlimmste Periode jedoch die der Jahre 1970—71 war, als man die Bedrohung durch die Naxaliten als besonders groß einschätzte. Während die Polizeibrutalität dem Wunsch zu entspringen schien, Informationen über den Naxalismus zu erhalten, mögen sich in den Prügelstrafen und anderen Mißhandlungen in den Gefängnissen die katastrophalen Verhältnisse in den völlig überfüllten Haftanstalten Kalkuttas wie Alipore und dem *Presidency Jail* widerspiegeln.

Folteranschuldigungen erreichten Amnesty International auch von Zivilgefangenen aus zwei anderen Teilen Indiens, dem Nagaland im Nordosten und Kaschmir im Nordwesten.

Seit in Nagaland 1956 ein bewaffneter Aufstand gegen die Herrschaft Indiens ausbrach, ist dieses Gebiet Schauplatz erbitterter Kämpfe, die in den letzten Jahren allerdings abgenommen haben (die Loslösung Bangladeschs aus dem pakistanischen Staatsverband im Jahre 1971 war ein schwerer Schlag für die Naga-Rebellen). Als die selbsternannte Bundesregierung von Nagaland, die politische Dachorganisation der Aufständischen, noch handlungsfähig war, beschuldigte sie die indische Armee mehrfach »zahlreicher grausamer Verbrechen« an Bürgern Nagalands. Dazu gehörten Vergewaltigungen, Auspeitschungen und andere Folterungen von Männern und Frauen, die man der Unterstützung der Rebellen verdächtigte.

In Kaschmir, einem indischen Bundesstaat mit überwiegend moslemischer Bevölkerung, die seit jeher zu Pakistan tendiert und wo die *»Plebiscite Front«* hartnäckig für Selbstbestimmung gekämpft hat, wurden Anhänger der Front nicht selten aufgrund der Gesetze über Vorbeugehaft in Gewahrsam gehalten und den verschiedensten Arten von Unterdrückung ausgesetzt, obwohl die Situation sich seit 1972 gebessert hat. Im Mai 1972 wurde ein ehemaliger politischer Gefangener interviewt; er war 1966 in Haft gewesen, anscheinend wegen seiner führenden Rolle in der *»Plebicite Front«*. Dieser Mann gab an, daß er während der Vernehmungen ausgedehnten Folterungen unterworfen worden sei; insbesondere habe man ihn gewaltsam fünfzehn Tage und Nächte hindurch wachgehalten, wodurch sein Sehvermögen einen dauernden Schaden erlitten habe.

Indonesien

Die Folterberichte beziehen sich auf den Zeitraum nach dem Oktober 1965, als ein versuchter Staatsstreich der Linken von der Armee niedergeschlagen wurde. In den darauffolgenden Monaten übernahm die Armee eine immer beherrschendere Rolle in der Regierung und Verwaltung des Landes, und die kommunistische Partei Indonesiens (PKI), die zuletzt ungefähr 15 Millionen Anhänger gehabt hatte, wurde verboten. In einer Verordnung vom März 1966 wurden offizielle Richtlinien für die Ausschaltung der kommunistischen Bewegung herausgegeben. In der Verordnung heißt es, daß sowohl auf nationaler als auch auf örtlicher Ebene »schnelle, gezielte und entschlossene Schritte« gegen die PKI einzuleiten seien. Doch schon vor diesem Zeitpunkt war die Maschinerie zur unterschiedslosen Säuberung der politischen Linken in Gang gesetzt worden. Im Verlauf von Säuberungsaktionen der Armee und Pogromen, zu denen die Bevölkerung von den Streitkräften ermuntert worden war, wurden mindestens 300 000 angebliche Kommunisten ermordet und eine ähnlich hohe Zahl verhaftet. Diese Säuberungsaktionen erstreckten sich über den Rest der 60er Jahre, obwohl ihre anfängliche Heftigkeit allmählich abnahm, und noch immer sind Verhaftungen von Personen, die vor 1965 angeblich in die kommunistische Bewegung »verwickelt« waren oder später versuchten, diese wieder aufleben zu lassen, an der Tagesordnung. Wo Folterungen angewendet wurden, geschah es zur Gewinnung von Eingeständnissen früherer politischer Aktivität, was in vielen Fällen nicht mehr als die Mitgliedschaft bei einer der vielen legalen prokommunistischen Organisationen vor 1965 bedeutete. Ein weiterer Zweck der Folter war, politische Freunde der Häftlinge zu überführen und so der indonesischen Armee in ihrem erklärten Bestreben zu helfen, das Land vom Kommunismus zu »reinigen«.

Amnesty war es nicht möglich, die Verbreitung von Folterpraktiken zu untersuchen. Der Organisation liegen auch vergleichsweise wenige Berichte aus erster Hand vor. Doch aller Anschein spricht mit an Gewißheit grenzender Wahrscheinlichkeit dafür, daß Folter routinemäßig angewendet wird, sowohl von der Polizei bei gewöhnlichen Ermittlungen, als auch von der Armee in politischen Fällen. Im Fall krimineller Strafgefangener wurde dies erst im Mai 1973 offiziell zugegeben, als eine Militärzeitung berichtete, daß Dr. Hudioro, der Hochkommissar der Polizei, sagte, die Polizeibeamten »seien noch immer nicht in der Lage, Ermittlungen ohne Anwendung von Gewalt durchzuführen«. Seine Kritik bezog sich auf den Freispruch eines Beamten, der der Brandstiftung für schuldig befunden worden war. Er wurde in einer Berufungsverhandlung freigesprochen, weil er sein Geständnis erst nach Folterungen abgelegt hatte. Zu diesen gehörten Elektroschocks in die Genitalien und das Zerquetschen seiner Zehen unter einem Tischbein. Im Juni 1972 verkündete der Chef der nationalen Polizei, Mohammed Hassan, vor dem Rechtsausschuß des Parlaments, daß Polizeibeamte, die sich der Folter schuldig gemacht hätten, hart bestraft würden, doch es scheint, daß nie eine allgemeine Untersuchung stattgefunden hat.

Alles vorliegende Beweismaterial deutet darauf hin, daß bei politischen Gefangenen ähnliche Techniken angewendet werden. In einigen wenigen Fällen extremer Bestialität sind Beamte diszipliniert worden, aber im allgemeinen scheint es, daß den Militärbehörden die Anwendung von Folter zur Gewinnung von Informationen, die anders nicht zu erhalten sind, bekannt ist, und stillschweigend von ihnen gebilligt wird.

Es ist jedoch wichtig, darauf hinzuweisen, daß die Anschuldigungen sich auf bestimmte Teile der Streitkräfte beziehen, und daß die Folter, auch wenn Brutalitäten ziemlich verbreitet sein mögen, wahrscheinlich ein Vorrecht derjenigen ist, die für den politischen Nachrichtendienst zuständig sind. Seit 1965 hat die indonesische Armee die gesamte Verantwortung für alle Fragen der nationalen Sicherheit übernommen, wozu die Bekämpfung der Subversion und damit in der Praxis die Bekämpfung der politischen Opposition gehört. In diesem Punkt hat die Armee sich der richterlichen Gewalt bemächtigt und Gesetze und Ausführungsbestimmungen durch Militärentscheidungen und Befehle ersetzt. General Sumitro, Leiter des Kommandos zur Widerherstellung von Sicherheit und Ordnung (KOPKAMTIB), ist für alle Aspekte politischer Haft sowie für den politischen Nachrichtendienst direkt verantwortlich. Die Arbeit seines Kommandos wird ohne Rücksprache mit dem Justizministerium, dem Generalstaatsanwalt und ohne Rücksicht auf zivilrechtliche Bestimmungen ausgeführt. Die Macht des KOPKAMTIB liegt beim normalen Armeeapparat und wird von diesem ausgeübt. Auf regionaler Ebene werden KOP-

KAMTIB-Operationen von bestimmten Militärkommandos, KOPKAMTIBDA genannt, ausgeführt. In jeder Region gibt es Spezialeinheiten für den politischen Nachrichtendienst, zu dem auch die Vernehmung politischer Häftlinge gehört. Die berüchtigteste dieser Einheiten war die Kalong-(Vampir) Einheit in Djakarta. 1969 oder 1970 wurden diese Einheiten in der Zentrale und in den Regionen zu Einheiten für Spezialaufgaben, Satgas genannt, umgeformt, die unter einer gestrafften zentralen Leitung operieren. Diese administrative Umstrukturierung der nachrichtendienstlichen Arbeit könnte teils auf vergangene Ausschreitungen von Beamten zurückzuführen sein, und teils dazu gedient haben, deren relative Unabhängigkeit von der Kontrolle des zentralen Nachrichtendienstes einzuschränken. Es liegen jedoch keine Beweise dafür vor, daß die Satgas-Einheiten weniger zu Folterungen und Brutalitäten neigten. Die schwersten Folteranschuldigungen beziehen sich auf Verhöre durch die zentrale Satgas-Einheit in Kebayoran-Lama in den Außenbezirken Djakartas und durch die Satgas-Einheit von Djakarta, die Satgat-jaya, die in zwei Lagern in Djakarta tätig ist, von denen eins das frühere Kalonglager ist.

Der folgende Abschnitt, verfaßt von einem ehemaligen Gefangenen, schildert deutlich den außergesetzlichen Stil, in dem die Militärs ihre Verhöre abhielten:

> »Satgat-jaya wurde 1969 oder 1970 gegründet, um die ehemalige Operationstruppe zu ersetzen, die seit Mitte 1966 tätig gewesen war. Diese Einheit war unter dem Namen ›Kalong‹ (Vampir), ihrer offiziellen Bezeichnung, bekannt. Sie bediente sich besonders verwerflicher Methoden sowohl im Hinblick auf die Folterungen als auch auf die intensive Ausnutzung hochgestellter früherer PKI-Funktionäre bei der Jagd auf diejenigen, die sich noch in Freiheit befanden oder aktiv an Untergrundaktionen beteiligten. Eine Zeit lang war die mächtigste Person im Kommando ein Mann namens Atjep, vermutlich ein Zivilist, da er nie Uniform trug und keinen militärischen Rang zu haben schien. Er ist berüchtigt als Vernehmungsspezialist, vielleicht der brutalste von allen, obwohl es gewöhnlich seine Untergebenen waren, die die eigentlichen Folterungen ausführten . . . Seine Methoden und vielleicht auch seine Erfolge stießen sogar im Armeekommando häufig auf Kritik, und zweimal wurde er wegen besonders brutaler Behandlung von Gefangenen selbst inhaftiert. Aber es gelang ihm stets, solche Stürme zu meistern und mit neuer Kraft aus ihnen hervorzugehen. Er besitzt offenbar die Rückendeckung höchster Stellen, und

man sagte mir, er sei ein besonderer Günstling von General ...

Es gab eine Zeit, zu der das Kalonglager fast völlig von den zwei ehemaligen führenden PKI-Funktionären Burhanuddin und Sampir beherrscht wurde. Diese beiden hatten Positionen im Zentralsekretariat der PKI bekleidet und besaßen intime Kenntnisse über die Aktivitäten eines großen Personenkreises in der PKI. Sie nutzten dieses Wissen schamlos aus und schienen entschlossen, sich an Brutalität von Armeeangehörigen nicht übertreffen zu lassen. Doch gewinnt man den Eindruck, daß gegen Ende des Bestehens von Kalong die dort angewendeten Methoden innerhalb des Armeekommandos immer schärfer kritisiert wurden.«

Dieser Bericht schildert die Situation in Djakarta, aber auch aus Ost-Kalimantan, Sumatra (Padang) und West-Irian wurde über schwere Folterungen berichtet. Es besteht kein Grund zu der Annahme, daß die in diesen Gebieten herrschenden Verhältnisse Ausnahmefälle wären. In einem Brief, den 800 Häftlinge in Balikpapan, Kalimantan, im Januar 1972 verfaßten, heißt es: »Wir alle haben ausgedehnte Verhöre und Untersuchungen erlitten, die die Grenzen einer menschlichen Behandlung weit überschreiten.« Und weiter: »Wir wurden in von uns selbst gegrabene Gruben gestoßen, deren Boden mit Glassplittern bedeckt waren. Man hat uns Elektroschocks versetzt und mit Zigaretten gebrannt ... Einige unter uns wurden durch den Mund geschossen.« Der Bericht aus West-Irian über die Versuche der Indonesier, die kulturelle Entwicklung des Dani-Stammes gewaltsam voranzutreiben, ist durch Aussagen aus erster Hand und durch Fotografien belegt.

Obgleich, wie wir sehen konnten, Folterungen von kriminellen Strafgefangenen gelegentlich vor einem Zivilgericht ans Licht gebracht werden können, wurde in politischen Fällen Abhilfe durch normale Gerichtsverhandlungen weder beantragt noch erreicht. In den wenigen Fällen, wo Häftlinge vor einem Militärgericht erschienen, wurden Beschwerden über Folterungen ohne Erörterung abgewiesen. Sollte sich diese Lage ändern – und dafür gibt es keinerlei Anzeichen –, so zeigt die Statistik klar die geringen Chancen einer etwaigen Wiedergutmachung. Die *offizielle* Gesamtzahl der Gefangenen, die zwischen 1965 und 1972 verhaftet *und* aus der Haft *entlassen* wurden, beträgt 502 000; im gleichen Zeitraum erschienen weniger als 350 Personen vor irgendeiner Art Militärtribunal oder Zivilgericht oder hatten Zutritt zu diesen.

Die Ankündigung vom Juli 1972, daß Nord- und Südkorea Gespräche über eine mögliche Wiedervereinigung ihres Landes beginnen wollten, hat für die South Korean Central Intelligence Agency (Zentraler Nachrichtendienst Südkoreas) keine Änderung der energischen Unterdrückungspolitik gegenüber allen angeblichen kommunistischen Sympathisanten und Infiltratoren gebracht. Der südkoreanische Geheimdienst CIA ist verantwortlich für »Sonderermittlungen« in Fällen angeblich kommunistisch beeinflußter Verdächtiger sowie für die Beschaffung ihrer »Geständnisse«.
Am 4. Januar 1973 berichtete der »Guardian« über den Fall Park No-su, einen Forschungsstudenten an der Universität Cambridge, der nach Seoul zurückgekehrt war und dort wegen angeblicher Spionagetätigkeit für Nordkorea zum Tode verurteilt und hingerichtet wurde. Der Meldung zufolge erklärte Park in Notizen, die er nach seiner Hinrichtung hinterließ, die Gründe für sein »Geständnis«. Auf den Rand einer Abschrift des Gerichtsprotokolls gekritzelt, findet man die Liste der Folterungen, die er erlitt: Injektionen, Wasserfolter (gewaltsames Schlucken von Wasser), Schlafentzug während eines Zeitraums von zwei Wochen, Prügel von Vernehmungsgruppen, Folterungen der Genitalien.
Es war Amnesty International nicht möglich, diese Anschuldigungen nachträglich zu überprüfen und zu bestätigen. In einem anderen politischen Prozeß, der einige Publizität gewann, besteht dagegen kaum ein Zweifel, daß Folterungen zur Erpressung eines »Geständnisses« angewendet wurden und den Angeklagten sogar in einen Selbstmordversuch trieben. Dies war der Fall des koreanischen Studenten Soh Sung, der zweimal Nordkorea besucht hatte, davon einmal, bevor er sich, aus Japan kommend, in Südkorea niederließ. Mehrere Monate nach seinem zweiten Besuch wurde er verhaftet und zwei Wochen lang vom CIA verhört. Er legte ein mündliches »Geständnis« ab, auf dem dann hauptsächlich die Anklage beruhte, und das Gericht befand ihn für schuldig, für den Norden spioniert zu haben. Während seiner Vernehmungen unternahm er offenbar einen Selbstmordversuch, indem er sich in ein offenes Feuer warf, wobei er sich schwere und entstellende Verbrennungen zuzog. Soh berichtete einem juristischen Beobachter von Amnesty, der bei der Verhandlung vor dem Berufungsgericht zugegen war, daß er während seiner Vernehmungen geschlagen worden sei und sowohl »körperliche als auch geistige Schmerzen« gelitten habe. Der Bericht des Be-

obachters wurde an die zuständige Behörde in Südkorea geschickt, doch gab diese keine Stellungnahme ab.
Im Juli 1974 besuchte William J. Butler, der Vertreter der internationalen Juristenkommission der UNO, im Auftrag von Amnesty International Südkorea. Sein Bericht ergänzt das sich mehrende Beweismaterial, daß die intensive Folterung politischer Gefangener durch den koreanischen Geheimdienst CIA ein alltäglicher Vorgang ist. Butler sprach mit sechs Anwälten, die 32 Studenten vor Militärgerichten verteidigten. Die Anwälte sagten ihm, daß die Behörden zur Gewinnung von Geständnissen jeden der Studenten mit Elektroschocks in die Genitalien, Schlägen, Schlafentzug und Einläufen kalten Wassers durch die Nase gefoltert hätten. Auch der koreanische Dichter Kim Chi Ha bezeugte, daß er gefoltert worden sei, und Chang Chun Ha, ein bekannter Verleger und ehemaliges Mitglied der koreanischen Nationalversammlung, gab an, daß er an verschiedenen Körperteilen mit einer Flamme gebrannt wurde, während er an den Füßen aufgehängt gewesen sei. Diese Opfer werden üblicherweise beschuldigt, Spione im Dienst Nordkoreas zu sein, obwohl ihr einziges Vergehen oft darin liegt, daß sie die autoritäre Herrschaft des Präsidenten Park kritisierten. Die meisten dieser gefolterten Kritiker sind eindeutig keine Kommunisten, wie zum Beispiel der öffentliche Kritiker Präsident Parks, Bischof Chi Hak Sun von Wonju, der angeblich gefoltert und im August 1974 zu fünfzehn Jahren Gefängnis verurteilt wurde.
Aus Nordkorea, einem vollkommen unzugänglichen Land, das die Zeitung »Le Monde« als die »geschlossenste Gesellschaft der Welt« bezeichnete, hat Amnesty keine individuellen Folteranschuldigungen erhalten. Die Schwierigkeiten, Informationen über die Anwendung von Folter in Nordkorea zu erhalten (das viele gleich gelagerte politische Probleme hat wie der Süden, nur mit umgekehrten Vorzeichen), schließen ihre Existenz natürlich nicht aus.

Pakistan

Während des Bürgerkriegs im damaligen Ostpakistan, der in Verbindung mit dem Krieg zwischen Indien und Pakistan zur Gründung der unabhängigen Volksrepublik Bangladesch führte, verübte die pakistanische Armee »schreckliche Verbrechen an der Bevölkerung«, wie es die internationale Juristenkommission in Genf ausdrückte. Im Herbst 1971 wurde deutlich, daß die pakistanischen Streitkräfte und die *Razakars* (eine zivile Miliz, die sich überwiegend aus in Ostpakistan ansässigen Biharis rekrutierte) eine regelrechte Schreckensherrschaft auszuüben begannen, vorgeblich als Repressalie gegen Guerillaaktivitäten, aber anscheinend auch wegen der traditionellen Geringschätzung der aus dem Pandschab kommenden westpakistanischen Truppen gegenüber den Bewohnern Ostbengalens.

Seit Pakistan (West) 1972 zum parlamentarischen System zurückkehrte, lenkte ein bestimmter Vorfall die Aufmerksamkeit auf die Folterfrage. Am 18. Juli 1972 berichtete die Londoner »Times«, die Regierung habe vor der Nationalversammlung bestätigt, daß der pakistanische Militärattaché von den USA »Folterinstrumente« kaufe. Der Arbeitsminister sagte, daß seine Regierung nicht der Urheber dieses Geschäfts sei, sondern daß das frühere Regime von General Yahya Khan die Verantwortung dafür trage. Er fügte hinzu, daß diese Angelegenheit der Regierung Bhutto erst durch eine Pressemeldung aus Washington bekanntgeworden sei, und daß die Regierung unverzüglich den Befehl zur Stornierung des Geschäfts gegeben habe. Man gab an, daß unter den »Instrumenten« auch Lügendetektoren, Geräte zur Gehirnwäsche und für die Folterung von Gefangenen gewesen seien. Nach einem anderen Pressebericht stritt der Minister jegliche Verantwortung ab, während er zugleich behauptete, daß »jedermann alle diese technischen Erfindungen benutze.« Im Juni 1973 wurde aus Karachi gemeldet, daß es in den Gefängnissen Apparate für Elektroschocks gebe, die einige Gefangene auch gesehen hätten, jedoch lägen keine Beweise vor, daß sie benutzt würden.

Philippinen

Seit Verhängung des Kriegsrechts im September 1972 hat Amnesty International eine Anzahl von allgemeinen Berichten gesammelt, in denen von Folterungen durch die Armee und insbesondere durch die Polizei die Rede ist. Die philippinische Polizei *(Philippines Constabulary)* und die Anti-Drogen-Einheit *(Anti-Narcotics Unit)* wurden erwähnt. Eine Anschuldigung bezieht sich auf den durch Drogenvergiftung eingetretenen Tod der Studentin Likiosa Hilao in Camp Crame am 7. April 1973, zwei Tage nach ihrer Verhaftung wegen eines angeblichen Drogendeliktes; es ist ein sehr gut dokumentierter und veröffentlichter Fall. Amnesty hat sich beim Verteidigungsminister nach den Ergebnissen einer offiziellen Überprüfung des Verhaltens des Polizeibeamten erkundigt, den man als den Verantwortlichen genannt hatte. Informationen aus privaten Quellen deuten an, daß, obwohl Folterungen

bei einer Anzahl aus politischen Gründen verhafteter Personen durchgeführt wurden, dies selten der Fall ist, wenn es sich um Häftlinge aus der gesellschaftlichen Oberschicht handelt.
Die Philippinen haben den Internationalen Vertrag der Vereinten Nationen über bürgerliche und politische Rechte unterzeichnet und somit prinzipiell das absolute Verbot der Folter und der grausamen, unmenschlichen oder erniedrigenden Behandlung, selbst in Zeiten öffentlichen Notstands, akzeptiert (Artikel 7). Obwohl die rechtlich bindende Ratifikation bisher noch nicht erfolgt ist, heißt es in der Verfassung von 1973 (Artikel 2, Absatz 3), daß »die allgemein anerkannten Grundsätze des Völkerrechts« als »Teil des Landesrechts« angenommen werden; das bedeutet ein ständiges Festhalten der Regierung an Artikel 7 des Vertrags, selbst in Zeiten, in denen Kriegsrecht herrscht. Dennoch können diejenigen, die zur Zeit unter Kriegsrecht inhaftiert sind, kein Zivilgericht anrufen, und die Proklamation 1081 schließt insbesondere die Gerichte aus bei der Entscheidung über die »Gültigkeit, Gesetzlichkeit oder Verfassungsmäßigkeit von Urteilen, Verordnungen oder Gesetzen, die der Präsident verkündet oder erlassen hat«.

Sri Lanka (Ceylon)

Sri Lanka ist ein demokratischer Staat, in dem die Menschenrechte seit jeher von einer starken und unabhängigen Rechtsprechung geschützt werden. Die gegenwärtige Regierung der Einheitsfront, eine sozialistisch-marxistische Koalition, kam im Mai 1970 durch freie Wahlen an die Macht. Im April 1971 griff die *»Janatha Peramuna Vimukti«*, eine marxistisch-leninistische Massenbewegung der Jugend, in dem vergeblichen Versuch, die Schaffung eines gänzlich sozialistischen Staates zu beschleunigen, zur Gewalt. Die Regierung rief den Notstand aus, und nachdem die Aufständischen vorübergehend weite Teile des Landes unter ihre Kontrolle gebracht hatten, wurden sie nach schweren Kämpfen schließlich von der Armee geschlagen. 18 000 Personen wurden inhaftiert, von denen sich ungefähr ein Drittel noch immer in Haft befindet.
Als Folge der Notstandsverordnungen sind die normalen bürgerlichen Freiheiten drastisch eingeschränkt worden. Öffentliche Versammlungen sind verboten, das Habeas-corpus-Recht, wonach niemand ohne gerichtlichen Befehl bzw. Untersuchung in Haft genommen oder gehalten werden darf, ist zeitweilig außer Kraft gesetzt. Streitkräfte und Polizei haben praktisch unbeschränkte Befugnisse, Inhaftierungen, Durchsuchungen und Festnahmen vorzunehmen. Eine höchst um-

strittene Verordnung ermächtigt Armee und Polizei, Leichen ohne die Anwesenheit von Angehörigen und Freunden zu beseitigen. Zwei Notstandsverordnungen sind Gesetzesrecht geworden. Nach dem »*Criminal Justice Commissions Act*« von 1972 ist ein vor der Polizei abgelegtes Geständnis jetzt auch als Beweismittel vor Gericht zugelassen, während das Pressegesetz von 1973 die Zeitungen einer offiziellen Zensur in kritischen öffentlichen Streitfragen unterwirft. Obwohl diese Maßnahmen die Befugnisse der Richter eingrenzen, gibt es keine Beweise dafür, daß deren Unabhängigkeit vermindert worden wäre.
Beschwerden über Fehlverhalten von Polizisten wurden in Verbindung mit kriminellen Straftätern schon einige Zeit vor 1971 erhoben, und 1965 setzte die Vereinigte Nationalpartei den Polizeiausschuß ein, der unter anderem die Disziplin der Polizeikräfte untersuchen sollte. Der Schlußbericht des Ausschußvorsitzenden, eines ehemaligen Gerichtspräsidenten, war von scharfer Kritik gekennzeichnet. Er schloß mit der Feststellung, daß gelegentlich Folterungen vorgekommen seien, empfahl eine Änderung der »rohen und militaristischen Einstellung, die für die meisten Polizeistationen charakteristisch ist«, und riet zur Schaffung eines schnellen und wirksamen Apparates zur Bearbeitung von Beschwerden. Der Bericht wurde kurz nach dem Machtantritt der gegenwärtigen Regierung 1970 veröffentlicht. Daher läßt sich sagen, daß er die Meinung der Regierung wiedergibt.
Seit April 1971 erhielt Amnesty Berichte über Folterungen und Brutalitäten, die sich auf die Zeit des Aufstands bezogen. Es besteht kein Zweifel, daß die Regierungstruppen bei ihren Versuchen, Informationen über JVP-Anhänger zu erlangen, verbreitet schwere Greueltaten verübten. Dies wird von der Regierung nicht bestritten und im Juli 1971 sagte Premierminister Frau Bandaranaike vor dem Parlament: »Ich heiße die Exzesse der Sicherheitsstreitkräfte nicht gut, und in Fällen, in denen Beweise vorliegen, wurden bereits Untersuchungen angeordnet. Einige dieser Fälle werden jetzt verhandelt, und wir werden mit den betreffenden Personen, soweit sie schuldig befunden werden, nach dem Gesetz verfahren.«
Es wurden jedoch nur wenige Anklagen erhoben, und offizielle Untersuchungen fanden nicht statt. In einem bekannten Fall, wo zwei Soldaten der Vergewaltigung und brutalen Ermordung eines 19jährigen Mädchens angeklagt wurden, ist noch kein Urteil ergangen, obwohl das Verbrechen bereits am 16. April 1971 geschah. Andere Anschuldigungen, die sich auf die Monate April, Mai und Juni 1971 beziehen, beschrei-

ben Brutalitäten wie Schläge, Zufügung von Brandwunden und Sittlichkeitsdelikte.

Ein Abgesandter von Amnesty, der im September 1971 Sri Lanka besuchte, berichtete von einem Fall, wo man einen Mann vor der Polizeistation Ambalangoda mit den Füßen an einem Baum aufgehängt und am Boden unter ihm ein Feuer entzündet hatte, so daß er teilweise bei lebendigem Leib verbrannte. In seinem Bericht bemerkt der Delegierte: »Die Verzögerung bei der Rückkehr zu geregelten Zuständen mag in gewissem Umfang der Furcht vor Vergeltungsmaßnahmen für die schrecklichen Verbrechen zuzuschreiben sein, die Polizei und Streitkräfte während des Aufstands unzweifelhaft begangen haben.«

Seit August 1971 ist die Zahl der Beschuldigungen zurückgegangen, doch berichten zuverlässige Quellen, daß die Mißhandlungen in Polizeistationen andauern und daß die 1972 verabschiedete Änderung des Gesetzes über Geständnisse die Polizei ermutigt, von neuverhafteten mutmaßlichen JVP-Anhängern gewaltsam Aussagen zu erzwingen. In Fällen, die gegenwärtig vor Gericht verhandelt werden, haben sich mehrere Polizisten wegen Mordes und Körperverletzung zu verantworten.

Vietnam

Der Vietnamkonflikt hat eine Flut von Berichten über Grausamkeiten und Folterungen mit sich gebracht, und es kann als erwiesen angesehen werden, daß eine sehr große Zahl vietnamesischer Zivil- und Kriegsgefangener im Süden und eine kleine Zahl amerikanischer Kriegsgefangener in Nordvietnam gefoltert wurden.

a) Nordvietnam und die Provisorische Revolutionsregierung

Informationen über die Behandlung von Gefangenen, die in Nordvietnam oder von der Nationalen Befreiungsfront Südvietnams (FNL) festgehalten wurden, sind außerordentlich schwierig zu verifizieren. Die Gefangenenlisten, die beide Seiten im Süden nach den Friedensvereinbarungen vom Januar 1975 vorbereiteten, zeigten starke Unstimmigkeiten selbst über die Zahl dieser Gefangenen. Die FNL gab zu der Zeit an, 200 Zivilgefangene in Haft zu halten; die Saigoner Regierung bestritt diese Zahl und erklärte, daß die FNL mindestens 49 000 Zivilisten gefangenhalte oder in den Norden deportiert oder exekutiert habe. Behauptungen über die Be-

handlung dieser Gefangenen und derjenigen, die in Nordvietnam inhaftiert sind, sind ebenso schwierig zu bewerten. »Selbstverständlich haben wir politische Gefangene«, soll ein Regierungsvertreter im Norden einmal erklärt haben. »Welches Land hat keine? Aber wir behandeln sie anständig, anders als das Saigoner Regime!« Von der Saigoner Regierung (wie auch von einigen eher unparteiischen Beobachtern) wurde dagegen argumentiert, daß die provisorische Revolutionsregierung und ihr militärischer Arm, die Nationale Befreiungsfront (FNL), im Süden wenige Gefangene festhielten, weil sie sie hinzurichten pflegten.
Die ausführlichsten Folterbeschuldigungen gegen die Nordvietnamesen und die FNL stammen von amerikanischen Kriegsgefangenen, hauptsächlich Piloten, von denen einige schon 1965 abgeschossen wurden und erst 1973 heimkehrten. Nach den Aussagen dieser Kriegsgefangenen hörten die angeblichen Folterungen im Herbst 1969 auf, vielleicht in Reaktion auf die vorübergehende Einstellung der amerikanischen Bombenangriffe zu der Zeit. Amerikanische Luftwaffenangehörige, die nach der Wiederaufnahme von Bombenangriffen Ende 1971 in nordvietnamesische Kriegsgefangenschaft gerieten, beklagten sich nicht über Mißhandlungen.
Die Regierungen Nordvietnams und der Vereinigten Staaten erkannten beide den Wert dieser Kriegsgefangenen als Propagandamittel; die Publizität, die ihre Gefangennahme wie auch ihre Freilassung umrankte, macht es infolgedessen schwierig, viele der Behauptungen und Gegenbehauptungen über ihre Behandlung in den Gefangenenlagern Nordvietnams oder der FNL im Süden richtig einzuschätzen. Die Nordvietnamesen glaubten anscheinend, daß Schuld- und Reuebekenntnisse von gefangenen amerikanischen Bomberpiloten helfen würden, die amerikanische Öffentlichkeit gegen die Fortsetzung des Krieges einzunehmen, und vor dem Herbst 1969 wurden offenbar beträchtliche Anstrengungen unternommen, den Kriegsgefangenen solche Bekenntnisse abzuringen. Diejenigen Gefangenen, die am meisten litten, waren in der Regel jene, die sich am entschiedensten weigerten, umzudenken und ihre früheren militärischen Aktionen zu bedauern.
Die Nixon-Regierung identifizierte sich mit den Leiden der Kriegsgefangenen, und als diese nach den Friedensvereinbarungen vom Januar 1973 freigelassen wurden, arrangierten Regierung und Pentagon Rundreisen für 40 der heimgekehrten Gefangenen, die Pressekonferenzen gaben und in öffentlichen Aufführungen Szenen aus ihrer Leidenszeit nachspiel-

ten. Trotz der Tatsache, daß von der Publizität um ihre Anschuldigungen vieles dramatisiert und politisch ausgeschlachtet worden ist, wird die Substanz ihrer Erklärungen von Amnesty International als wahr akzeptiert.
Hanoi jedoch dementierte entschieden, daß es amerikanische Kriegsgefangene »rauh angefaßt« hätte. Nach einem Kommentar der nordvietnamesischen Nachrichtenagentur Anfang April 1973 waren »die Piloten der amerikanischen Piratenbomber, die Nordvietnam bombardiert haben, Verbrecher«. Nichtsdestoweniger, so fuhr der Kommentar fort, habe die Regierung in Hanoi sie in Übereinstimmung mit ihrer humanitären Politik und um der Freundschaft mit dem amerikanischen Volk willen gut behandelt.
Der Kommentar zitierte Oberst John Ord, der die Aufsicht über ein amerikanisches Krankenhaus im Luftstützpunkt Clark auf den Philippinen hatte und über die erste Gruppe zurückgekehrter Kriegsgefangener gesagt haben soll: »Die Verfassung der Männer ist wirklich gut. Das gilt für ihren geistigen und ihren körperlichen Zustand und auch für ihre Zähne. In all diesen Bereichen ist ihr Zustand als gut zu bezeichnen.« Hanois Argument ist insofern nicht völlig überzeugend, als zwischen der letzten Anwendung von Folter und der Rückkehr der Gefangenen in die Vereinigten Staaten dreieinhalb Jahre lagen. Daß ein Mann im Jahr 1973 relativ gesund war, beweist nicht, daß er 1969 nicht gefoltert worden ist. Tatsächlich ergaben spätere medizinische und psychiatrische Untersuchungen einige Fälle mit Dauerschäden unter den beinahe 600 zurückgekehrten Kriegsgefangenen. Der Selbstmord eines ehemaligen Kriegsgefangenen ist direkt auf die Traumata seiner Gefangenschaft zurückzuführen, und körperliche Schäden wie der des Geschwaderkommandeurs Robert H. Shumakers sind nicht ungewöhnlich: »Um mich am Schreien zu hindern (während der Folter), hatten sie einen Lappen an einer langen Metallstange, den sie mir in die Kehle stießen ... Sie richteten einigen Schaden an, denn ich habe jetzt immer leichte Schluckbeschwerden. Sie haben irgendeinen Nervenschaden angerichtet.«
Ein amerikanischer Diplomat, Philip Manhard, verbrachte beinahe viereinhalb Jahre in Einzelhaft. James A. Mulligan, Kapitän der US-Kriegsmarine, der im März 1966 in Gefangenschaft geriet, verbrachte 26 Monate in Einzelhaft und 16 Monate in Beineisen. Vor 1969 waren Fesseln ein allgemein übliches Merkmal der Gefangenschaft. Die Genfer Konvention Nummer III von 1949 über die Behandlung von Kriegsgefangenen schreibt vor, daß kein Kriegsgefangener länger als

30 Tage in Einzelhaft gehalten werden soll, da eine solche Behandlung zu schweren psychischen Schäden führen kann. Des weiteren verbietet die Konvention ausdrücklich die Anwendung von Folter oder Zwang zur Erlangung von Informationen: »Keine körperliche oder geistige Folter, noch irgendeine Form von Zwang dürfen Kriegsgefangenen zugefügt werden, um ihnen Informationen irgendeiner Art abzugewinnen. Kriegsgefangene, die die Antwort verweigern, dürfen nicht bedroht, beleidigt oder jedweder Art von schädlicher oder nachteiliger Behandlung ausgesetzt werden« (Artikel 17, 4).

Die von den freigelassenen Kriegsgefangenen am häufigsten beschriebene Foltermethode war das Zusammenschnüren und und Strecken des Körpers in unnatürliche und schmerzhafte Positionen. Handgelenke und Ellbogen eines Gefangenen wurden hinter seinem Rücken mit einem langen Nylonseil festgebunden, das dann nach oben gezogen wurde, bis seine Arme erhoben und der Kopf zwischen seine gefesselten Beine gezwungen war. Diese Prozedur wurde gewöhnlich von einem Wärter vorgenommen, der seinen Fuß zwischen die Schulterblätter des Gefangenen setzte, um mit größerer Kraft am Seil ziehen zu können.

Die medizinische Versorgung im Süden abgeschossener und von der FNL gefangener Piloten scheint besonders unzureichend gewesen zu sein. Major Floyd Kushner, ein amerikanischer Armeearzt, berichtete, daß er für seine eigenen Verwundungen, darunter einen Schultersteckschuß, keine Anästhesie erhielt, und daß die FNL ihn hinderte, seine verwundeten Mitgefangenen zu behandeln, von denen zehn starben. Die Tatsache, daß Major Kushner ein entschiedener Kritiker der Rolle Amerikas im Vietnamkrieg geblieben ist, macht es schwierig, die Glaubwürdigkeit seiner Anschuldigungen gegen die FNL in Zweifel zu ziehen.

Einige Piloten sagten aus, daß sie von nordvietnamesischen oder FNL-Soldaten vor zornigen Dorfbewohnern gerettet wurden (deren Dörfer unter dem Bombenhagel lagen). Wenigstens in dieser Hinsicht wurden Gefangene von ihren Fängern beschützt. Dies ändert jedoch nichts daran, daß die Folter in den Gefangenenlagern bis 1969 systematisch angewendet wurde. Nach einer Umfrage, die von den Gefangenen selbst veranstaltet wurde, während sie sich noch in Gefangenschaft befanden (und die daher kein Produkt späterer Propaganda sein kann), waren mehr als 90 Prozent der etwa 350 bis 1969 in Gefangenschaft geratenen Kriegsgefangenen gefoltert worden. Amnesty International hält das Beweismaterial für ausreichend, um daraus zu schließen, daß systematische Folter bis 1969 eine administrative Praxis war.

b) Südvietnam[1]

In Südvietnam — oder genauer in den Gebieten Südvietnams, die von der Regierung in Saigon kontrolliert wurden — scheinen Folterungen in den zahlreichen über das Staatsgebiet verstreuten Vernehmungszentren an der Tagesordnung gewesen zu sein. Einige dieser Zentren gehörten zu Polizeistationen, wie im Fall des Nationalen Polizeihauptquatiers in Saigon, wo das Vernehmungszentrum anscheinend mehr als zweitausend Personen faßte, aber der größte Teil war den Provinzgefängnissen angeschlossen. Personen, die unter dem Verdacht standen, irgendwelche Beziehungen zur Nationalen Befreiungsfront zu unterhalten, und die entweder von der Armee oder den Milizionären der Regionalstreitkräfte im Feld aufgegriffen oder von gewöhnlichen Polizei- oder Spezialeinheiten in den städtischen Gebieten festgenommen wurden, wurden zu intensiven Verhören in diese Zentren gebracht.
Viele von denen, die in die Vernehmungszentren gebracht wurden, gerieten unter dem Phoenix-Programm, das Ende der 60er Jahre zur »Ausrottung der ›Infrastruktur‹ des Vietcong« entwickelt worden war, in Haft. Nach einer offiziellen Schätzung von US-Dienststellen wurden im Zuge der Operationen unter dem Phoenix-Programm in der Zeit von 1968 bis Mai 1971 mehr als 20 000 mutmaßliche Mitglieder der Nationalen Befreiungsfront getötet. Mehrere ehemalige Mitarbeiter des Nachrichtendienstes der US-Armee haben den umfassenden Einsatz von Folterungen und Ermordungen Verdächtiger unter diesem Programm bezeugt. Das Phoenix-Programm wurde auch nach dem Waffenstillstandsabkommen und der Friedensvereinbarung vom Januar 1973 fortgesetzt.
Auch in den Gefängnissen Saigons waren Folterungen gang und gäbe. Solche Behandlung schien teils auf Bemühungen zurückzugehen, Gefangenenrevolten oder Proteste für bessere Haftbedingungen zu unterdrücken, und teils auf den Versuch, mutmaßliche Kommunisten und andere politische Gegner durch »strafende Disziplin« und die Anwendung von Terrortaktiken zu »rehabilitieren«. Dies traf besonders für die Gefangenen auf der Con Son-Insel vor der Südostküste Südvietnams zu. Dort herrschten schreckliche Zustände: Prügel und

1 Dieser Abschnitt wurde vor dem militärischen Sieg der FNL und Nordvietnams über die Saigoner Regierung Ende April 1975 geschrieben.

andere Formen der Folter waren allgegenwärtig. Als Teil einer »Dauerbehandlung« zur Brechung der Moral wurden dort mehrere Hundert der zehntausend oder mehr Gefangenen ständig in engen und niedrigen »Tigerkäfigen« gehalten, aus denen sie – wenn überhaupt – mit Beinatrophien und in einem fortgeschrittenen Stadium körperlichen und geistigen Verfalls herauskamen.

In einem Bericht über politische Gefangene in Südvietnam, der im Juli 1973 veröffentlicht wurde, zitierte Amnesty International ausführlich eine der jüngsten unparteiischen Erklärungen über die Anwendung von Folter bei Häftlingen, nämlich ein englisches Fernsehinterview mit zwei Quäkerärzten, die in Quang Ngai im Nordosten Südvietnams arbeiteten. Sie betreuten eine Krankenhausstation voller Zivilgefangener, die von dem – dem Provinzgefängnis Quang Ngai angegliederten – Vernehmungszentrum dorthin gebracht wurden. Das Fernsehteam fragte die Ärzte:

»Frage: In welcher Stellung haben Sie im Krankenhaus gearbeitet?

Antwort: Wir arbeiteten im Rahmen eines Rehabilitationsprogramms im Krankenhaus, und viele der Häftlinge, die wir in der Gefangenenstation behandelten . . . haben verschiedene Leiden, von denen wir einige auf Folterungen zurückführen. Wir haben Menschen gesehen, die gelähmt waren . . . und andere, die man auf den Kopf geschlagen hatte und die dadurch Gehirnblutungen und einseitige Lähmungen davongetragen haben.

F: Wie lange nach der Folterung wurden die Menschen zu Ihnen gebracht?

A: Die Leute kommen oft sofort nach ihrer Folterung in die Gefangenenstation des Krankenhauses . . . Es kommt vor, daß Gefängnisbeamte fürchten, die Gefangenen könnten im Vernehmungszentrum sterben, und sie haben einfach nicht so gern Leichen im Vernehmungszentrum, die sie dann wegschaffen müßten. Darum lassen sie die Gefangenen ins Krankenhaus gehen. Aber oftmals ist es so, daß Leute gerade so lange ins Krankenhaus kommen, bis sie den kritischen Punkt überwunden haben, und dann werden sie wieder zur Vernehmung zurückgebracht.

F: Können Sie die Verfassung beschreiben, in der sich die Menschen befinden, wenn sie das Vernehmungszentrum verlassen . . .

A: Das ist sehr unterschiedlich, aber ich habe erst vor drei Monaten zwei Leute gesehen, die Nervenschäden erlitten haben, weil man sie so fürchterlich geschlagen hatte. Ihre

Körper waren mit schwarzen und blauen Flecken bedeckt, sie spuckten Blut, und wahrscheinlich kam auch Blut aus Ohren und Nasen; die beiden starben in der Gefangenenstation und haben die Rückkehr ins Vernehmungszentrum nicht mehr geschafft. Die Folterart, deren Folgen wir am häufigsten zu sehen bekommen, sind Elektroschocks. Gewöhnlich werden die elektrischen Kontakte an Zehen, Fingern oder empfindlichen Körperstellen angebracht. Die Leute erzählen, daß sie ohnmächtig werden, wenn sie den Schock bekommen, und wenn sie dann das Bewußtsein wiedererlangen, wird das Ganze drei- oder viermal wiederholt. Dann erlaubt man ihnen eine gewisse Zeit auszuruhen, vielleicht um über alles nachzudenken und sich vor einer Wiederholung der Folter zu fürchten, und dann machen sie das Ganze noch ein- oder zweimal, bis der Vernehmer überzeugt ist, daß der Gefangene entweder unschuldig ist oder eher andere Arten der Folter nötig hat.

F: Würden Sie aufgrund Ihrer Erfahrungen sagen, daß die Mehrzahl der Menschen, die in diese Gefangenenstation kommen, vorher gefoltert worden sind?

A: Ich würde sagen, daß etwa die Hälfte derjenigen, die in unsere Station kommen, uns direkt zu verstehen gegeben haben, daß sie gefoltert worden sind. Ich glaube, daß viele Gefangene Hemmungen haben zu sagen, ob sie gefoltert wurden oder nicht, denn schließlich sind wir Amerikaner, wir könnten vom CIA sein, sie vertrauen uns nicht immer ...

F: Wie weit sind nach Ihrer Meinung die US-Behörden in Ihrem Bezirk über die Vorgänge in diesem Gefängnis im Bilde?

A: Wir haben im Laufe unseres zweijährigen Aufenthalts mit den hiesigen US-Behörden gesprochen, und wir haben sie über die Tatsache unterrichtet, daß verschiedene Häftlinge gefoltert worden sind. Sie haben das nie rundweg abgestritten ... Ich glaube, sie wußten sehr gut, daß dort gefoltert wird. Auch wissen wir, daß der CIA die Vernehmungszentren berät und unterstützt ...

F: Haben auch nach der Feuereinstellung noch Folterungen stattgefunden?

A: Wir haben uns nur bei anderen Gefangenen erkundigt, ob weiterhin gefoltert würde, und sie haben uns erzählt, daß es keineswegs nachgelassen habe.«

Der Bericht führt auch einige der bedeutenderen früheren Folteranschuldigungen aus Südvietnam auf, von denen hier eine Auswahl folgt:

17. Juni 1969: Eine amerikanische Studiengruppe für religiöse und politische Freiheit in Südvietnam berichtete nach ihrer Rückkehr aus Südvietnam, daß »den Mitgliedern der Gruppe die schiere Last von Zeugenaussagen über Folterungen überwältigend und überzeugend schien«. Der Bericht schilderte dann im einzelnen verschiedene Foltermethoden. Er wurde im US-Kongreßprotokoll vom 17. Juni 1969 veröffentlicht.
17. Juni 1970: 15 Studenten hielten in Saigon eine Pressekonferenz ab, bei der sie die Spuren ihrer Folterungen zeigten und ausführliche Schilderungen gaben. Sie waren im Frühjahr verhaftet, verhört und vor ein Militärgericht gestellt worden, doch hob der Oberste Gerichtshof die Schuldsprüche später auf und veranlaßte die Freilassung der Studenten.
2. Dezember 1970: Ehemalige Angehörige des Nachrichtendienstes der US-Armee in Südvietnam (unter ihnen Stephen Noetzel, Edward Murphy und K. Barton Osborn) beschrieben anläßlich einer Befragung von Kriegsveteranen, wie FNL-Verdächtige gefoltert und ermordet wurden, und wie vietnamesische Agenten, die möglicherweise kompromittiert worden waren, planmäßig liquidiert wurden.
13. August 1972: Die »New York Times« veröffentlichte einen Sonderbericht von Sydney H. Schanberg in Saigon über Folterungen. Schanberg zitierte dort das Motto der Saigoner Polizei: »Khong, danh cho co« (Wenn sie nicht schuldig sind, schlagt sie, bis sie es sind).
Oktober 1972: Die vietnamesische Gemeinde in Paris veröffentlichte das Dokument »Die Situation im Gefängnis von Chi Hoa«, das auf Informationen beruht, die von Insassen herausgeschmuggelt wurden. Neben Einzelheiten über Korruption, Mißhandlungen, Drogenhandel, Inhaftierung von Kindern, unzulängliche Verpflegung und fehlende medizinische Betreuung wurden darin die Namen mehrerer sogenannter Vertrauenshäftlinge angegeben, die für ihre Brutalität bekannt waren. Schon im August hatte die Gemeinde den »Alarmruf« veröffentlicht, eine Sammlung von Dokumenten über Gefängnisse, einschließlich bestimmter Fälle von Folterungen und Mißhandlungen, die ursprünglich vom Komitee für die Verbesserung des Gefängniswesens in Saigon zusammengestellt worden war.
25. Dezember 1972: Das amerikanische Nachrichtenmagazin »Time« berichtete, daß die Folterung von Zivilgefangenen weit verbreitet sei. Es wurden Praktiken wie das Einführen von Gummiknüppeln in die Vagina von Frauen,

Elektroschocks und das Eintropfen von Löschkalk in Tigerkäfige angeführt.

29. Dezember 1972: Zwei Franzosen, André Menras und Jean-Pierre Debris, wurden aus dem Chi Hoa-Gefängnis entlassen. Sie beschrieben ausführlich Folterpraktiken und berichteten, daß Folterungen während der Vernehmung der übliche Brauch waren. Im Verlauf von Gesprächen mit Amnesty International führten sie eine Reihe von Beispielen an, in denen bei bestimmten Häftlingen verschiedene Folterarten angewendet worden waren, sowohl in den Vernehmungszentren als auch im Chi Hoa-Gefängnis selbst (besonders im sogenannten »Kino-Raum«).

Der Bericht schloß:

»Von den verschiedenen Formen der Folter scheinen Schläge die verbreitetste zu sein. Meistens werden sie mit Holzstöcken oder Knüppeln verabreicht. Geschlagen wird auf den Rücken oder die Beinknochen, auf die Hände oder – eine besonders schmerzhafte Art – auf die angehobenen Fußsohlen, wenn der Gefangene auf dem Bauch liegt. Auch Schläge auf die Genitalien kommen vor.

Eine besonders schädigende Form der Folter ist das Untertauchen des Gefangenen in einen Wasserbehälter, auf den man dann von außen mit Stöcken einschlägt. Der durch das Wasser verstärkte Widerhall kann, obwohl er keine sichtbaren Spuren hinterläßt, schwere innere Verletzungen verursachen.

Eine andere Art der Wasserfolter besteht darin, daß dem Opfer, das mit dem Rücken auf eine Bank gebunden ist, ein nasses Tuch über Mund und Nase gelegt wird. Das Tuch wird erst entfernt, wenn das Opfer kurz vor dem Ersticken ist, und wird dann wieder auf sein Gesicht zurückgelegt. Dann wird dem Opfer gewaltsam Salz- oder Seifenwasser abwechselnd in Mund und Nase eingeflößt, bis es Lunge und Magen füllt, auf die dann geschlagen wird. Es heißt, daß die Gefängniswärter diese Methode als »U-Boot-Fahren« bezeichnen.

Eine weitere Methode ist die, daß das Opfer an den Zehen oder Füßen an einem Seil oder Draht aufgehängt und geschlagen wird, so daß der Körper hin und her pendelt. Das wird manchmal »Flugreise« genannt. Elektroschocks und Folterungen der Geschlechtsteile werden häufig und in den verschiedensten Formen praktiziert, vor allem bei Frauen. Die Opfer werden gefoltert, um ihre Schuld oder Unschuld zu entdecken und dann Informationen zu gewinnen, nicht einfach um Informationen zu erhalten, nachdem ihre Schuld erwiesen ist.

Es ist überdies klar, daß die verrohenden Wirkungen des Vietnamkrieges sich so verfestigt haben, daß die Anwendung von Folter während der Vernehmung zuweilen nicht einmal mehr von dem Wunsch bestimmt wird, »Nachrichten« zu erhalten. Eine Regierung, die sich gegen das verteidigt, was sie oder ihr größerer Bundesgenosse als eine aufrührerische Bewegung deuten möchte, mag es schwierig finden, bei ihrem Kampf gegen einen nicht zu fassenden Gegner dem Hilfsmittel Folter zu widerstehen. Doch besteht kein Zweifel daran, daß die Folter in den von der Saigoner Regierung kontrollierten Gebieten nicht nur als Mittel zur Einschüchterung verbreitet angewendet wurde, sondern bereits als Selbstzweck. Die Folter war zum festen Bestandteil der Vernehmung nicht nur FNL-Verdächtiger, sondern auch vieler anderer nichtkommunistischer politischer Oppositioneller geworden. Und wie uns Aussprüche wie »Khong, danh cho co« bestätigen, wurde sie mit einem außerordentlichen Maß an Zynismus ausgeführt.

Obgleich Beamte der Vereinigten Staaten stillschweigend eingeräumt oder aber nicht abgestritten haben, daß während der Verhöre gefoltert wurde, haben Sprecher der Saigoner Regierung wiederholt versucht, diejenigen, die von der allgemeinen Verbreitung der Folter berichteten, als unglaubwürdig zu disqualifizieren. In einem amerikanischen Fernsehinterview im Frühjahr 1973 tat der südvietnamesische Präsident Nguyen Van Thieu die beiden Franzosen André Menras und Jean-Pierre Debris beispielsweise als »große Lügner« ab. Als man ihn über Gefangene befragte, die zu Krüppeln wurden, weil man sie im Con-Son-Gefängnis jahrelang in »Tigerkäfigen« gehalten hatte, erklärte er: »In jedem Gefängnis Vietnams gibt es einen Arzt und eine Apotheke ... Wir haben nichts getan, was eine solche Krankheit hervorrufen könnte.«

Westeuropa

Die Vorstellung der Menschenrechte – das im Landesgesetz verkörperte Recht des einzelnen auf Schutz gegen Übergriffe der Staatsgewalt – entwickelte sich im spezifischen politischen Klima Europas. Dennoch konnte in diesem Jahrhundert im gleichen politischen Klima politische Verfolgung größten Ausmaßes entstehen. Ideologien ersetzten die Religion als treibende Kraft. Mit dem ideologischen Konflikt entwickelte der Staat die Instrumente zur Unterdrückung und Einschüchterung des Bürgers.

Nach 1945 erlebte Westeuropa ein zunehmendes Interesse und wachsende Teilnahme am Schutz der Menschenrechte, vornehmlich als Folge des Krieges und des Machtmißbrauchs durch Hitler und – in schwächerem Maße – durch Stalin. Die Menschenrechtskommission und das Gericht des Europarates, deren Arbeit in Kapitel 2 erörtert worden ist, können als Ergebnisse dieser Bewegung angesehen werden. Verletzungen der Menschenrechte durch unmenschliche, zuweilen auf Folter hinauslaufende Behandlung, werden gegenwärtig besonders in den Ländern Westeuropas beobachtet, wo autoritäre Regierungen an der Macht sind, sowie in Gebieten, wo politische oder soziale Motive zu gewalttätigen Auseinandersetzungen geführt haben.

In zwei Staaten, Griechenland und Großbritannien, wurden Folteranschuldigungen von verschiedenen Untersuchungskommissionen geprüft; diese Fälle sind im zweiten Abschnitt dieses Bandes ausführlich dargestellt. Im nun folgenden Kapitel werden die Verhältnisse in Portugal, Spanien und der Türkei behandelt, sowie ein Fall von simulierter Folter, der sich im Verlauf von NATO-Übungen in Belgien im November 1971 ereignete und im Frühjahr 1973 anscheinend eine Parallele in Großbritannien fand.

Belgien

Während der NATO-Übungen im November 1971, an denen Truppen der Vereinigten Staaten, Großbritanniens, der Niederlande und Belgiens teilnahmen, fingen sechs Mitglieder einer belgischen Kommandoeinheit ein Dutzend belgischer »Feinde« und folterten sie vierundzwanzig Stunden lang, um Informationen über andere Einheiten in der militärischen Übung zu erlangen. Die Folter, zu der Schläge, Kälte und Elektroschocks gehörten, wurde erst beendet, nachdem ein Major von einem Arzt darüber hörte. Die sechs wurden im November 1972 in Lüttich vor ein Militärgericht gestellt. Während des Verfahrens sagte ein Zeuge der Verteidigung aus, daß NATO-Heere nicht nur Ausbildung im Widerstand gegen Folter erteilten, sondern auch in Foltertechniken. Die Angeklagten wurden wegen Körperverletzung und Gewalttätigkeit außerhalb aller Regeln militärischen Benehmens verurteilt und erhielten zur Bewährung ausgesetzte Gefängnisstrafen zwischen sechzehn Tagen und fünf Monaten. Amnesty International erkundigte sich beim NATO-Hauptquartier über Ausbildungsmethoden und ihre Vereinbarkeit mit den Menschenrechtskonventionen. Darauf erging die folgende Antwort:

1. März 1973

Sehr geehrter Herr Generalsekretär!

Ihrem Schreiben vom 14. Dezember 1972 wegen des Zwischenfalls während der NATO-Übung im November 1971 habe ich besondere Beachtung geschenkt.

Im Hinblick auf die Grundsätze, die von der NATO für die Ausbildung nationaler Streitkräfte vertreten werden, kann eindeutig festgestellt werden, daß sie keinesfalls im Widerspruch zur Genfer Konvention stehen. Sie sehen ausdrücklich vor, daß Gefangene keiner unwürdigen Behandlung ausgesetzt werden dürfen, und sie verbieten alles, was ihre Unversehrtheit verletzen könnte.

Innerhalb der NATO ist und bleibt die Grundausbildung sowie die fortgeschrittene Ausbildung eine nationale Verantwortung. Außerdem bestätigt das Londoner Abkommen vom 19. Juni 1951 den Anspruch der Mitgliedstaaten auf straf- und disziplinarrechtliche Verfügungsgewalt über die Angehörigen ihrer Streitkräfte, und zwar nach dem jeweiligen Landesrecht.

Infolgedessen ist es die souveräne und alleinige Aufgabe der nationalen Behörden, welche die Jurisdiktion über die Mitglieder ihrer Streitkräfte ausüben, jene Disziplinarmaßnahmen und Gerichtsverfahren zu beschließen und anzuwenden, wie sie unter ihren nationalen Gesetzen und Bestimmungen für die Vergehen vorgesehen sind, von denen diese Behörden Kenntnis erhalten haben. Dies ist auch in dem Fall geschehen, auf den sich Ihr Schreiben bezieht. Die Schuldigen wurden vor ein nationales Kriegsgericht gestellt und für schuldig befunden. Sicherlich ist Ihnen bekannt, daß der für den Vorfall Hauptverantwortliche zu einer Strafe verurteilt wurde, die nahe an der Höchstgrenze dessen liegt, was das belgische Gesetz für Vergehen solcher Art vorsieht.

Die Tatsache, daß die für den Vorfall verantwortlichen Männer vor ein Kriegsgericht gestellt wurden, scheint mir auf die Entschlossenheit der Mitgliedstaaten der NATO hinzuweisen, den Grundsätzen jener internationalen Konventionen Respekt zu verschaffen, auf die Sie sich in Ihrem Schreiben beziehen.

Mit vorzüglicher Hochachtung
gez. A. J. GOODPASTER
General, United States Army
Alliierter Oberkommandierender

Portugal (und Übersee-Territorien)

Der Militärputsch vom 25. April 1974 stürzte ein Regime, das seit vierzig Jahren die Folter praktiziert hatte. Portugal bietet eine einzigartige Gelegenheit zum Studium der Folterinstitutionen über mehrere Dekaden hinweg, angefangen mit der Zeit, da ein einziger deutscher Gestapoagent mithalf, die Vorgängerin des DGS (*»Direcção Geral de Seguranca«* = Sicherheitspolizei) ins Leben zu rufen, bis hin zu der Verhaftung eines Großteils der vielen Tausend DGS-Angehörigen in der jüngsten Vergangenheit. Dieser Abschnitt der Geschichte muß noch geschrieben werden, aber die provisorische Regierung Portugals kennt ihre Verpflichtung, die Opfer zu rehabilitieren, die Folterer abzuurteilen und der Welt über diese dunkle Periode der portugiesischen Geschichte zu berichten.

Die schwersten Beschuldigungen gegen das gestürzte Regime haben sich nun als gerechtfertigt erwiesen. Unter der Herrschaft von Dr. Antonio de Oliveira Salazar und seinem Nachfolger, Prof. Marcello Caetano, war die Anwendung von Folter ein Routinevorgang. Das vorherrschende Motiv war das Verlangen, Geständnisse von politischen Gegnern und Informationen über sie zu erhalten. Der Staat war nicht bereit, irgendeine politische Tätigkeit zu dulden, durch die er sich bedroht fühlen konnte. Darum ging jede Gruppe oder Einzelperson, die sich dennoch politisch betätigte, das Risiko ein, mißhandelt zu werden: Gewerkschafter, Studenten, Demonstranten und Mitglieder des politischen Untergrunds waren unter den am meisten Gefährdeten. Gefoltert wurde vorwiegend im DGS-Hauptquartier in Lissabon, und in jüngster Zeit im neuen DGS-Zentrum in einem Flügel des Caxias-Gefängnisses.

Das DGS war für die Behandlung politischer Delikte verantwortlich: seit 1945 waren die PIDE und anschließend das DGS für alle Maßnahmen vor dem politischen Gerichtsverfahren zuständig. Unter Caetano wurde die PIDE im Jahre 1969 zum DGS; das dekretierte Gesetz 368/72 vom 30. September 1972 erweiterte seine Machtbefugnisse. Artikel 8 dieses jetzt abgeschafften Gesetzes erklärt: »Die Funktionen, die das Gesetz im Hinblick auf die Vernehmung von Angeklagten, die Gültigkeit und Aufrechterhaltung von Haftbefehlen und die Entscheidungen über die Zulässigkeit von Kautionen etc. während der Ermittlungsphase dem Richter zuweist, werden vom Generaldirektor, den Hauptkommissaren, Abteilungsleitern und stellvertretenden Hauptkommissaren wahrgenommen.« Das Gesetz ermächtigte die Sicherheitspolizei,

ohne irgendeine Genehmigung oder Einmischung von Gerichten Verhaftungen anzuordnen, und das Personal des DGS hatte aus Gründen »technischer Kompetenz« Anspruch auf Sondervergütungen.
Die wichtigsten Foltermethoden waren erzwungenes Stehen und Schlafentzug für längere Zeit: für einige Gefangene waren es 14 Tage und Nächte. Während dieses Zeitraums wurden die Wächter häufig ausgewechselt — alle zwei bis drei Stunden — und hinderten die Gefangenen mit unbarmherzigen Ohrfeigen, Schlägen, Tritten und Wassergüssen am Einschlafen; auch wurden Repressalien gegen ihre Familien angedroht.
Unmittelbar nach dem Staatsstreich im April 1974 fanden Ermittler in den Gefängnissen Beweismaterial — darunter Tonbandgeräte — das die Anschuldigungen ehemaliger Gefangener bestätigt, wonach während der Foltersitzungen Tonbandaufzeichnungen der Stimmen von Angehörigen gespielt wurden, um zusätzlichen Druck auf die Gefangenen auszuüben. Zu Schmerzensschreien von Tonbändern wurde den Gefangenen gesagt, daß es die Schreie gefolterter Verwandter seien. Wächter pflegten sich vor die Zellen der Gefangenen zu stellen und mit lauten Stimmen schrilles Kauderwelsch von Manuskripten abzulesen, um den schlaflosen Gefangenen Furcht vor dem Wahnsinn einzuflößen. Der Gebrauch lauter elektronischer Geräusche, Aufnahmen von Stöhnen und Schmerzensschreien waren Teil einer gut orchestrierten Kakophonie physischer und psychischer Mißhandlung. Die Räume im neuen Gebäudeflügel des Gefängnisses von Caxias waren mit den erforderlichen Einrichtungen versehen, um die Gefangenen extremen Temperaturveränderungen auszusetzen, womit ebenfalls versucht wurde, den Verstand zu desorientieren.
Die Folterbeschuldigungen sind von der neuen provisorischen Regierung und mehreren Berufsverbänden sehr ernst genommen worden. Die Regierung unterstützt offiziell die nationale Hilfskommission für Politische Gefangene (CNSPP), die Zeugenaussagen von Hunderten von Folteropfern sammelt. Eine spezialisierte Forschungsgruppe aus Medizinern, Psychologen und Soziologen, die von Dr. Alfonso de Albuquerque geleitet wird, beabsichtigt die Untersuchung von Folteropfern, um Nachwirkungen zu diagnostizieren und zu behandeln. Der »Ordem dos Advogados« (Anwaltsverband) hat eine Gruppe seiner Mitglieder beauftragt, die gesetzlichen Bestimmungen zu untersuchen, nach denen Folterer angeklagt werden können. Dabei müssen sie auf dem Gebiet des Strafrechts einen

in mancher Hinsicht neuen Kurs abstecken und sehen sich ähnlichen Problemen gegenüber, wie sie schon die Ankläger bei den Nürnberger Prozessen nach dem Zweiten Weltkrieg beschäftigten. Der portugiesische Ärzteverband hat sieben Ärzte, darunter drei Psychiater ausgestoßen, weil sie sich für Folterpraktiken oder deren Vervollkommnung zur Verfügung gestellt hatten. Der deutlichste Hinweis auf die Entschlossenheit der provisorischen Regierung, die Folterer vor Gericht zu stellen, ist die Ernennung von Admiral Rosa Coutinho, eines führenden Mitglieds der Bewegung der Streitkräfte (MFA), zum Leiter einer Abteilung, die Belastungsmaterial für die gerichtliche Verfolgung früherer DGS-Angehöriger sammelt und zusammenstellt.

Portugals Überseegebiete

In den bisher zu Portugal gehörenden Überseegebieten – Angola, Mozambique, Guinea-Bissau und den kapverdischen Inseln – schienen die Sicherheitsmaßnahmen unter dem alten Regime noch schärfer und bedrückender zu sein als jene, die im Mutterland Portugal angewendet wurden. Nach dem Dekret 239/72 vom 18. Juli 1972 konnte das DGS jede Person einkerkern, die in irgendeiner Weise »gegen die territoriale Integrität der Nation« gehandelt hatte. Darüber hinaus war die Sicherheitspolizei berechtigt, solche Festgenommenen bis zu sechs Jahre ohne richterliche Kontrolle in Haft zu halten. Diese Maßnahme betraf besonders die Befürworter der Selbstbestimmung für die Übersee-Territorien und bedeutete, daß sie für praktisch unabsehbare Zeit interniert werden konnten.

Portugiesisch-Guinea (Guinea-Bissau)

Seit ihrer Gründung im Jahre 1961 hat Amnesty International ständig Hinweise auf Folterungen aus Guinea-Bissau erhalten. Die beschriebenen Techniken waren vorwiegend körperlicher Art und zeichneten sich durch eine derartige Brutalität aus, daß die Berichte über Todesfälle als Folge von Folterungen zahlreich sind. Obgleich die Folter angeblich am häufigsten während der Vernehmungen angewendet wurde, kam sie auch in Gefängnissen und Gefangenenlagern lange nach der ersten Inhaftierungsphase vor. Beschuldigt wurde meistens PIDE/DGS-Personal, doch wurden auch Soldaten angeklagt. Das Beweismaterial besteht hauptsächlich aus Berichten und eidesstattlichen Erklärungen, die den Vereinten Nationen von der Afrikanischen Partei für die Unabhängigkeit von Guinea und Kap Verde (PAIGC) vorgelegt wurden, die seit dem Abzug der Portugiesen das Land regiert.

Kapverdische Inseln

Auf den Inseln befinden sich zwei Gefangenenlager, eins auf der Ilha das Galinhas, und das Tarrafal-Lager (das zuletzt Campo de Chao Bom genannt wurde) auf der Insel Santiago.

Die Verhältnisse in diesen Lagern waren erschreckend, und Anschuldigungen über Zwangsarbeit, Sadismus, Folter und Mord sind an die Außenwelt gelangt. In den Lagern waren viele Angolesen interniert.

Angola

Berichte über Folterungen, Mißhandlungen und unmenschliche und erniedrigende Haftbedingungen waren häufig. In den Jahren 1969—70 gab es im Zusammenhang mit der versuchten Unterdrückung der Befreiungsbewegungen eine Verhaftungswelle, die zu einer entsprechenden Zunahme der Folterberichte führte. Amnesty International hat einige Namen aus einer Gruppe von 36 Personen, vorwiegend Studenten, die alle berichteten, daß sie vor ihrer Deportation ins Gefangenenlager Campo de Chao Bom, wo sie eine achtjährige Internierungszeit erwartete, schwer gefoltert worden seien. Die geschilderten Foltermethoden waren vornehmlich körperlicher Art und schlossen den Entzug von Schlaf, Nahrung und Wasser mit ein. Die meisten Meldungen beziehen sich auf den Zeitraum zwischen 1969 und 1973 und sind größtenteils in dem Bericht der ad hoc-Arbeitsgruppe der UN-Menschenrechtskommission vom Februar 1973 enthalten.

Mozambique

Es existieren Berichte über Folterungen großen Ausmaßes und über Massaker der portugiesischen Armee und des DGS, denen auch alte Frauen und Säuglinge zum Opfer fielen. Offenbar wurde die Folter am häufigsten während der Vernehmungen angewendet. Aus detaillierten Beschreibungen der Foltermethoden geht hervor, daß sie zwar überwiegend körperlicher Natur, doch vielgestaltiger und verfeinerter waren, als im übrigen portugiesischen Afrika. Zu ihnen gehörten Elektroschocks und die zwangsweise Verabreichung von Drogen, die nach den Angaben Betroffener das Nervensystem stören. Mehrere Todesfälle, die unmittelbar auf Folterungen zurückgehen, wurden gemeldet. Christliche Missionare haben berichtet, daß Tausende von Afrikanern gefoltert und viele mehr eingekerkert wurden. Die am häufigsten erwähnten Gefängnisse für politische Gefangene und Guerillas sind das Gefängnis in Vila Cabral, das Zuchthaus von Laurenço Marques, das Gefängnis in Machava, das Lager Pinto Teixeira Cabane in Mabalane (2000 politische Gefangene) und ein Gefangenenlager in Ibo (1000 politische Gefangene). Die Haftbedingungen sollen unmenschlich gewesen sein und ehemalige Häftlinge berichten von zahlreichen Todesfällen nach schweren Mißhandlungen durch die Polizei.

Spanien

Amnesty Internationals Dokumentation über Folter in Spanien umfaßt – mit wenigen Lücken – das gesamte vergangene Jahrzehnt. Das Material selbst besteht aus Zeugnissen der Opfer (viele davon in Gestalt formeller Beschwerden an die Gerichte); Angaben von Rechtsanwälten; Protesten und Petitionen spanischer Kleriker, Intellektueller und Fachleute; Berichten von Prozeßbeobachtern; und offiziellen Protokollen von Gerichtsentscheidungen über Folteranklagen. Alle Beweise deuten darauf hin, daß in Polizeistationen Folter angewendet wird, und zwar vorwiegend, um an Informationen zu gelangen und Geständnisse von Gefangenen zu erhalten, und daß diese Praxis verbreitet, regelmäßig und im wesentlichen unbehindert ausgeübt wird. Sie umfaßt das Schlagen aller Körperteile einschließlich der Hoden, die Wasserfolter, Spießrutenlaufen, Todesdrohungen, Tag- und Nacht-Verhöre, Einzelhaft ohne Nahrung, Bett oder Decken, Anwesenheit beim Schlagen anderer etc.

Die meisten Folteropfer können als Angehörige einer von drei Gruppen identifiziert werden, deren jede als Bedrohung des Regimes betrachtet wird: Arbeiter, Studenten und baskische Nationalisten. Die Folteranschuldigungen mehren sich jedesmal, wenn der oppositionelle Druck seitens einer dieser Gruppen zunimmt, besonders im Fall der Basken. Der erste der beiden Ausnahmezustände, die in den vergangenen Jahren verkündet wurden, kam im Jahr 1968 nach der Ermordung eines Polizeichefs im Baskenland. Der zweite wurde im Dezember 1970 verkündet, als 16 nationalistische Basken vor dem Kriegsgericht in Burgos des Mordes angeklagt wurden. Mit beiden Notständen ging die sechs- beziehungsweise neunmonatige Suspendierung des § 18 der spanischen Verfassung einher, der bestimmt, daß alle Häftlinge innerhalb von 72 Stunden entweder freizulassen oder dem Richter vorzuführen sind. Unter solchen Umständen werden die Folter und die Drohung, auf unbeschränkte Zeit in den Händen der Polizei zu bleiben, als Mittel zur Einschüchterung der Opposition benutzt; eine große Zahl der Personen, die nach dem Kriegsgericht in Burgos monatelang in Polizeigewahrsam gehalten wurden, kamen schließlich ohne Anklage wieder frei.

1973 provozierte der Tod eines Polizisten während einer politischen Demonstration zum Maifeiertag in Madrid einen extremen Gegenschlag der Rechten und brachte die Polizei so in Aufruhr, daß sie gegen die Regierung gerichtete Märsche organisierte, bei denen stärkere Maßnahmen für »Recht und Ordnung« gefordert wurden. Die darauffolgenden Verhaftungen von Studenten und jungen Arbeitern wurden begleitet von neuen Berichten über besonders brutale Polizeifoltern, angeblich als Vergeltung für den Polizistenmord. Die Situation in Polizeihauptquartieren wurde von Rechtsanwälten als »absolut chaotisch« bezeichnet, »mit einer völlig außer Kontrolle geratenen Polizei«.

Die paramilitärische Polizei (*Guardia Civil*), die bewaffnete Polizei (*Policia Armada*) und die Sicherheitspolizei (*Brigada Politico-Social*) spielen allesamt eine hervorragende Rolle in Folteranschuldigungen. In letzter Instanz dem Innenminister verantwortlich, ist die Polizei ermächtigt, einen Verhafteten bis zu 72 Stunden festzuhalten, bevor sie ihn zur Anklageerhebung entweder den richterlichen oder den militärischen Behörden übergibt. Es ist jedoch nicht unüblich – vor allem, aber nicht nur während Ausnahmezuständen –, daß Häftlinge von den Gerichten gegen Kaution freigelassen und dann von der Polizei für neuerliche Vernehmungen und Folterungen wieder gefangengenommen (oder »verwahrt«) werden. So protestierten Rechtsanwälte im Zusammenhang mit den Verhaftungen des Maifeiertags 1973, daß ihre Mandanten, die offiziell der Jurisdiktion des Militärgerichts unterstanden, das sie anklagen würde, dennoch mit Wissen, wenn nicht mit Genehmigung des Militärrichters vom Gefängnis zur Polizeistation zurückgebracht worden waren.

Obwohl man den Justizbehörden nicht die offizielle Billigung der Folter nachweisen kann, gestatten die Untersuchungsrichter den Angeklagten in der Regel nicht, über die Umstände zu sprechen, unter denen ihr Geständnis zustandekam, wiewohl das Geständnis oft das einzige Beweisstück ist, das der Staatsanwalt vorweisen kann. Ein Rechtsanwalt, der einen während des Ausnahmezustands von 1971 verhafteten Studenten verteidigte, wurde selbst wegen Mißachtung des Gerichts und »Beleidigungen der Spanischen Nation« angeklagt, da er während der Verhandlung darauf bestanden hatte, auf die von seinem Klienten erlittene Folter hinzuweisen. Folteropfern widerstrebt es oft, vor einem Richter Beschwerden vorzubringen, da sie Einschüchterungen befürchten, und die Mehrzahl der formellen Anzeigen wird von den Gerichten aus »Mangel an Beweisen« abgewiesen. Bei drei separaten Anhörungsverfahren, über die die spanische Presse berichtete, wurden Polizeiinspektoren, die beschuldigt wurden, zur Zeit des Werftstreiks in El Ferrol (März 1972) und des Citroën-Streiks in Vigo (September 1972) Arbeitern Körperverletzungen zugefügt zu haben, von den Richtern freigesprochen. In allen Fällen wurden die von den Gefangenen erlittenen Verletzungen durch ärztliche Atteste bestätigt, aber das Gericht blieb bei der Auffassung, daß eine Schuld der Polizei nicht erwiesen sei.

Amnesty International hat Kenntnis von drei Fällen, in denen Folteranklagen gegen einzelne Polizisten tatsächlich von den Gerichten bestätigt wurden: Zwei Polizeiinspektoren wurden in San Sebastian zu 15 Tagen Haft verurteilt, weil sie einen Rechtsanwalt bei seiner Festnahme geschlagen hatten (März 1970); in Santander erhielten zwei weitere Beamte eine dreitägige Haftstrafe, weil sie Arbeiter geschlagen hatten, die im Februar desselben Jahres verhaftet worden waren (Juni 1970); und ein Polizeibeamter wurde zu 6 Tagen Haft verurteilt, weil er zwei Studenten gefoltert hatte (März 1972).

Während der vergangenen zehn Jahre wurden gegenüber der spanischen Regierung wiederholt Proteste gegen die Anwendung von Folter und Forderungen nach amtlichen Untersuchungen vorgebracht. Im Oktober 1963 sandten 102 Intellektuelle dem Minister für Information und Tourismus ein Schreiben, in dem auf die Folterung von Bergleuten hingewiesen wurde, die nach einem großen Streik in Asturien verhaftet worden waren. Im Januar 1969 präsentierten mehr als 1000 Intellektuelle, Künstler und Angehörige anderer Berufe dem Innenminister eine 31 Seiten umfassende Zeugenaussage über die polizeiliche Folterung politischer Gefangener während des vorausgegangenen Jahres. Im September 1969 schrieb der Internationale Bund Freier Gewerkschaften an den Justizminister und forderte eine Untersuchung der Berichte über Folterungen und Mißhandlungen, die Arbeitern und Studenten in jenem Frühjahr (während und nach dem Ausnahmezustand) zugefügt worden waren. Der Generalsekretär von Amnesty International reiste im Dezember 1970 nach

Madrid und ersuchte um Umwandlung und Strafmilderung der vom Militärgericht in Burgos verhängten Todesurteile sowie um eine eingehende öffentliche Untersuchung der Anschuldigung, daß die 16 angeklagten Basken schwere Folterungen erlitten hätten. Im Februar 1971 legten über 100 Rechtsanwälte aus Madrid dem Obersten Gerichtshof eine Petition vor, in der sie gegen die Mißhandlung von Studenten protestierten, die während des Ausnahmezustands 1971 verhaftet worden waren. Einige Monate später klagten der Bischof von Granada und der Weihbischof von Pamplona öffentlich die Folterung von Gefangenen in ihren Diözesen an, wobei der zuletzt Genannte sagte: »Ich habe mit eigenen Augen gesehen . . .« Anfang Juni 1973 forderten 200 Rechtsanwälte, Ärzte und Universitätsprofessoren erneut eine öffentliche Untersuchung, diesmal über die angebliche Folterung der nach dem Maifeiertag in Madrid Verhafteten.

Die erste Reaktion der spanischen Regierung auf die meisten Anschuldigungen ist, diese den Bemühungen von Propagandisten zuzuschreiben, die mit der Absicht, die Regierung in Mißkredit zu bringen, im Ausland grundlose Gerüchte verbreiten. Offizielle Sprecher behaupten auch, daß Gefangene sich häufig Quetschungen und Wunden selbst beibrächten, um dann vorzugeben, sie seien gefoltert worden. Ferner erklären sie, daß sich einzelne Polizisten natürlich gegen gefangene aber weiterhin gefährliche Terroristen verteidigen müßten. Es wird versichert, daß es in Spanien keine Folter als systematische Praxis gebe und daß einzelne Fälle von polizeilicher Mißhandlung untersucht würden. Darüberhinaus habe jeder Spanier das Recht der Beschwerdeführung gegen öffentliche Beamte in dem Fall, daß diese ihre Amtsgewalt mißbrauchen. Solche Beschwerden sollten direkt einem Gericht vorgetragen werden: allgemeine öffentliche Anklagen durch Bischöfe oder andere Gestalten des öffentlichen Lebens würden – so die Regierung – nichts erreichen und nur der Unruhestiftung dienen.

Türkei

Im März 1971 wurde über 11 der 67 türkischen Provinzen das Kriegsrecht verhängt; im September 1973, kurz vor den allgemeinen Wahlen vom Oktober 1973, die die Rückkehr einer Zivilregierung signalisierten, wurde es in den zwei letzten Provinzen (Istanbul und Ankara) aufgehoben. Während der militärischen Herrschaft gab es zahlreiche Anschuldigungen, daß politische Gefangene gefoltert würden. Außerordentlich detaillierte Berichte von Männern und Frauen, die angaben, Folteropfer und Zeugen der Folterung anderer gewesen zu sein, erschienen in europäischen Zeitungen, nachdem sie aus türkischen Gefängnissen hinausgeschmuggelt worden waren. Einige entlassene Gefangene erhoben ähnliche Anschuldigungen.

Im Januar 1972 reiste Muir Hunter, ein ausgezeichneter englischer Rechtsanwalt, als Vertreter von Amnesty International in die Türkei, um mit dem Justizminister über Folteranschuldigungen und andere Dinge zu sprechen, die für Amnesty von Interesse waren. Im Mai 1972 legte Hunter den Bericht »Eine Prüfung der Behauptungen über Folter von Gefangenen in der Türkei« vor, der dem Europarat und den türkischen Behörden zugestellt wurde. Nach sorgfältiger Analyse des ihm vorliegenden Materials, zu dem Erklärungen angeblich Gefolterter und Aussagen über Dritte gehörten, schloß Hunter: »Es scheinen glaubwürdige Anhaltspunkte vorzuliegen, die für eine Untersuchung der Vorwürfe über Folterungen, Brutalitäten und Bedrohungen in der Behandlung von Gefangenen in der Türkei sprechen«.

In ihrer Antwort erklärte die türkische Regierung unter anderem »... kategorisch, daß während der Vernehmungen keine irgendwie gearteten Mißhandlungen vorkommen, und daß es keine für solche Zwecke gedachten Geräte und Vorrichtungen gibt. Ferner gibt es keine Folterkammern oder Operationsräume, wie sie in den Anschuldigungen erwähnt werden. Daraus folgt, daß nicht vorhandene Räume oder Vorrichtungen auch nicht untersucht werden können«.

Im November 1972 reiste Muir Hunter erneut in die Türkei, diesmal als Leiter einer Amnesty-Mission zur Prüfung von Folteranschuldigungen. Er wurde von Sir Osmond Williams und von Mrs. Hunter begleitet, die beide Friedensrichter sind. Die türkischen Behörden hatten sich im voraus einverstanden erklärt, daß die Mission Gefängnisse besucht und mit Gefangenen, Strafverteidigern und entlassenen Häftlingen spricht. Wie sich herausstellte, erhielt die Mission nicht die zugesagte Unterstützung der türkischen Behörden und konnte nur eine Gefangene befragen. Obwohl diese, eine Medizinstudentin, selbst nicht gefoltert worden war, hatte sie die Wunden anderer Gefangener versorgt, unter denen sich auch ihr Ehemann befand, der ihren Angaben nach gefoltert worden war. In ihrem Bericht stellte die Mission fest:

»Wir sind der Auffassung, daß Ilkay Demir wahrheitsgemäß ausgesagt hat, und zwar sowohl über ihre eigenen Erfahrungen wie auch über das, was sie von anderen Gefangenen gehört hat. Auch unter Berücksichtigung der Tatsache, daß sie sich ihrer Sache offensichtlich sehr verbunden fühlt und deshalb eine gewisse Übertreibung in ihrer Darstellung der Erlebnisse nicht ausgeschlossen ist, muß die Substanz ihrer Aussage als zutreffend gewertet werden.«

Zahlreiche ausländische Journalisten und Parlamentarier fuhren fort, die Folter in der Türkei anzuprangern, bis die Regierung vor dem Europarat in die Defensive gedrängt war. Am 12. Dezember 1972 meldete die Londoner »Sunday Times«, daß ihre Rechercheure in der Türkei eine Menge Beweismaterial gefunden hätten, das die Vorwürfe gegen die Regierung bestätigte.

Pieter Dankert, holländisches Parlamentsmitglied und Delegierter der Beratenden Versammlung des Europarats, unternahm im Februar/März 1973 zur Ergründung des Sachverhalts eine private Reise in die Türkei, nach der er berichtete, daß »... ich nicht den geringsten Zweifel daran hege, daß Folterungen in ziemlich großem Umfang stattgefunden haben«. Anfang 1973 besuchte ein britisches Fernsehteam inoffiziell die Türkei, um Interviews mit Opfern und Zeugen von Folterungen zu filmen; unter anderen sagten ein Psychiater, Rechtsanwälte und ein ehemaliger Staatsanwalt aus. Ein ähnlicher Film wurde für das schwedische Fernsehen gedreht. Der britische Film wurde trotz der Versuche der türkischen Behörden, die Vorführung zu verhindern, vor Abgeordneten des Europarates gezeigt.

Die Summe der Anschuldigungen und Ermittlungen ergab ein überzeugendes, zusammenhängendes Bild. Die Orte, wo angeblich gefoltert wurde, die Namen und Beschreibungen der Folterer sowie die angewendeten Methoden erschienen immer wieder. Im Dezember 1972 erschien der türkische Außenminister vor dem politischen Ausschuß des Europarats und erklärte, daß alle Anschuldigungen gründlich untersucht worden seien und sich als unbegründet erwiesen hätten.

Die allgemeinen Wahlen vom Oktober 1973 brachten eine Änderung der offiziellen Politik. Ein Bericht über Folter datiert nur fünf Tage vor der Wahl. Keine politische Partei errang eine Mehrheit der Sitze in der 450 Mitglieder umfassenden Nationalversammlung, und es dauerte Monate, bis eine Koalitionsregierung gebildet werden konnte. Trotz der gefährlichen politischen Krise, die die längste in der Geschichte der türkischen Demokratie war, blieb die Herrschaft in den Händen von Zivilisten.

Im November 1973 begann die in Ankara erscheinende, linksgerichtete Zeitung »Yeni Halkci« mit der Veröffentlichung einer Serie von zwanzig eidesstattlichen Erklärungen weiblicher Gefangener. Darunter war der Bericht der 23jährigen Ayse Semra Eker, der diesem Buch vorangestellt wurde. Die Opfer gaben an, man habe sie gezwungen, falsche Geständnisse über ihre vermuteten Aktivitäten in linken Organisationen zu unterzeichnen. Sie sagten, ihre Folterer seien Angehörige der militärischen Geheimpolizei und einer militärischen »Antiguerilla-Organisation« (deren Existenz von der Regierung niemals zugegeben wurde) gewesen. Nach den eidesstattlichen Erklärungen waren während der Folterungen Majore und Obristen wie auch Angehörige der zivilen Polizei anwesend.

Die häufigste Foltertechnik war »Falanga« (Schläge auf die Fußsohlen mit harten Stäben). Eine Neigung der Folterer zu sexuellem Sadismus läßt sich aus den zahlreichen Anschuldigungen ableiten, daß Polizeiknüppel und elektrisierte Stachelstöcke in Anus oder Vagina der Opfer eingeführt wurden. Einige Gefangene behaupteten, daß Angehörige und Freunde gefoltert worden seien, um von dem Gefangenen Informationen oder ein Geständnis zu erhalten.

Unter dem zunehmenden Druck der politischen Opposition verkündete der amtierende Premierminister, Naim Talu, im November 1973, daß die Regierung den Anschuldigungen nachgehen werde. Beamte der Ministerien für Justiz, Inneres und Verteidigung sowie einige Angehörige der Geheimpolizei wurden ernannt, einen Untersuchungsausschuß zu bilden. Naim Talu wies den Vorschlag, eine unparteiische Untersuchungskommission zu ernennen, mit der Begründung ab, daß es eine Schwäche des Staates bedeuten würde, wenn er nicht selbst imstande wäre, eine einwandfreie Untersuchung durchzuführen. Es war nicht überraschend, daß die Regierungsbehörden von allen Anklagen freigesprochen wurden, als die Ergebnisse der Untersuchung im Januar 1974 veröffentlicht wurden. Amnesty International antwortete auf diese offizielle Apologie mit der Erklärung, daß die Selbstrechtfertigung der Regierung »die Notwendigkeit beweist, völlig unabhängige Nachforschungen anzustellen«. Amnesty International rief die türkische Regierung auf, ihre Ergebnisse der Menschenrechtskommission des Europarats zu einer unabhängigen Beurteilung vorzulegen.

Die lange innenpolitische Krise endete im Januar mit der Bildung einer Koalitionsregierung aus der links von der Mitte stehenden republikanischen Volkspartei und den rechten islamischen Nationalisten der »Partei der Nationalen Erneuerung« (PNE). Der neue Ministerpräsident war Bülent Ecevit von der RPP, der als erster türkischer Politiker öffentlich vom Gebrauch der Folter gesprochen und ihn verurteilt hatte. Schon bald drückte er im Parlament ein Amnestiegesetz durch, das im vorausgegangenen Oktober Teil des Wahlprogramms seiner Partei gewesen war. Eingebracht, um alle politischen und kriminellen Gefangenen zu befreien, wurde das Gesetz vom Parlament abgeändert, als 20 Mitglieder der PNE dem Artikel die Unterstützung versagten, der den politischen Gefangenen die Freiheit garantierte. Im Mai 1974 verließen ungefähr 46 000 Strafgefangene die türkischen Gefängnisse, aber mehr als 1000 politische Gefangene blieben in Haft. Darauf klagte die Republikanische Volkspartei vor dem Verfassungsgericht, daß die Ausschließung politischer Gefangener von der Amnestie illegal sei. Das Verfassungsgericht gab ihr Recht, und im Juli 1974 erhielten diejenigen politischen Gefangenen, die keiner Gewalttaten beschuldigt wurden, die Freiheit zurück.

Ein ernstes Problem im Hinblick auf die Folter bleibt allerdings bestehen. Obwohl die zivile Zentralregierung unter Ministerpräsident Ecevit den Willen gezeigt hat, allen Folterungen ein Ende zu machen, ist die Regierung nicht immer imstande gewesen, einzelne Polizei- und Militärkommandeure zu kontrollieren. Bevor die Mehrheit der politischen Gefangenen entlassen wurde, gab es während des ersten Halbjahrs 1974 zahlreiche Klagen über unregelmäßige, aber häufige Brutalitäten in den Gefängnissen. Der bekannteste Vorfall ereignete sich am 31. Mai 1974 im Militärgefängnis Mamak in Ankara, als militärische Bewacher über ungefähr ein Dutzend mit Handschellen gefesselter Gefangener herfielen, die zur Gerichtsverhandlung gebracht wurden, und sie zum Teil schwer verletzten. Ein Abgesandter von Amnesty International, der die Türkei im Juli besuchte (nach der Freilassung dieser selben Gefangenen), erfuhr, daß drei Männer, die für den Vorfall im Mamak-Gefängnis verantwortlich gemacht wurden, nur milde gemaßregelt worden waren: einem Arzt wurde vorübergehend die Approbation entzogen, und nach Auskunft der Gefängnisbehörde wurden zwei Offiziere versetzt (wozu mehrere Gefangene aussagten, daß man die Offiziere lediglich vom Innendienst im Militärgefängnis zum Außendienst versetzt habe).

Zur Zeit, da diese Zeilen geschrieben werden, sind Amnesty International die Anklagen bekannt, die nach der Invasion Zyperns gegen die türkischen Streitkräfte erhoben wurden; eine Bewertung ist jedoch noch nicht möglich. Hilfskonvois der Vereinten Nationen, die internierte griechisch-zypriotische Zivil- und Militärpersonen unterstützen wollten, wurde mehrmals der Zugang zu den Internierungslagern verwehrt.

Zypern

Im Laufe des Sommers 1973 erhielt Amnesty International begründete Folteranschuldigungen gegen die Regierung von Präsident Erzbischof Makarios. Die Opfer der behaupteten Folter waren Personen, die der Zugehörigkeit zur verbotenen EOKA B beschuldigt wurden, einer Bewegung mit dem ausdrücklichen Ziel, die Unabhängigkeit Zyperns zugunsten der »Enosis«, der politischen Vereinigung mit Griechenland, zu beenden. Mehrere Organe der Makarios-Regierung wurden der Folter beschuldigt, in erster Linie die Hilfspolizei, eine Einheit, die als Antwort gegen die Bedrohung durch die EOKA B-Bewegung aufgestellt worden war und direkt Erzbischof Makarios unterstand.
Diese Vorwürfe wurden von einem britischen Rechtsanwalt, der die Internationale Juristenkommission vertrat und Zypern im August 1973 besuchte, überprüft und glaubhaft gefunden. Während seines Aufenthalts erhielt er schriftliche Berichte über 40 Personen, die gefoltert worden waren. Gefangene wurden nach diesen Berichten schwer geprügelt, zu stundenlangem Stillstehen gezwungen, mit Zigaretten gebrannt und mit dem Tode bedroht. Auch soll es Drohungen gegeben haben, das Eigentum des Gefangenen zu zerstören oder Angehörige seiner Familie zu verletzen. Der internationale Gerichtshof und Amnesty International legten bei Erzbischof Makarios Proteste ein, und für einige Monate schien die Anwendung der Folter zurückzugehen.
Die Anwendung von Folter auf Zypern sollte vor dem Hintergrund eines traditionellen Respekts vor Rechtsinstitutionen und einem unabhängigen Richterstand gesehen werden. Der Menschenrechtsausschuß der Anwaltsvereinigung von Nikosia forderte die Regierung im Juli 1974 auf, die fortgesetzte Anwendung von Folter einzustellen. Mehrere Richter versuchten, Gefangene zu schützen, die ihnen in einem gebrochenen Zustand vorgeführt wurden, indem sie von der Polizei die tägliche Vorführung der Häftlinge verlangten; ein Richter verurteilte während des Verfahrens die Behandlung von Gefangenen durch die Sicherheitskräfte. Wenigstens zwei Anwälte, die Gegner der Regierung verteidigten, behaupteten, selbst gefoltert worden zu sein.
Mitte Juli 1974 wurde die Regierung des Erzbischofs Makarios

durch einen militärischen Staatsstreich griechisch orientierter Teile der Nationalgarde gestürzt. Makarios' Nachfolger im Präsidentenamt wurde für kurze Zeit Nikos Sampson, ein Waffengefährte des verstorbenen Generals Grivas und einer der Führer der EOKA B-Bewegung. Die Protagonisten des Staatsstreichs erkannten den Vorteil, die Folterfrage zu Haus und im Ausland als politische Waffe zu gebrauchen, und verhalfen den Anschuldigungen gegen die frühere Regierung zu wirksamer Publizität.
Nach der türkischen Invasion Zyperns und der Ablösung des rabiaten Türkenfressers Sampson durch Glafkos Klerides drängte Amnesty International die neue Regierung, vergangene Mißbräuche zu untersuchen und die Gesetzlichkeit durch Rückgabe der Vernehmungsbefugnis an die Gerichte wiederherzustellen.

Osteuropa und Sowjetunion

Seit Stalins Tod hat sich die Einstellung zur Folter in Osteuropa und der Sowjetunion sehr gewandelt. Bis dahin war die Anwendung von Folter in Rußland und auch in den Ländern Osteuropas gebilligt und gefördert worden. Tatsächlich kam eine der wenigen bekannten offiziellen Weisungen einer nationalen Behörde über die Anwendung der Folter von Stalin selbst. Sein durch das Zentralkomitee ergangenes kodiertes Telegramm an die Sekretäre der Parteikomitees und die Chefs der NKWD vom 20. Januar 1939 sanktionierte formell die Anwendung von Folter: »Das Zentralkomitee der Partei erklärt, daß die Anwendung von Methoden des körperlichen Zwangs in der Praxis des NKWD seit 1937 in Übereinstimmung mit der Erlaubnis des Zentralkomitees der Partei zulässig ist ... Es ist bekannt, daß alle bourgeoisen Geheimdienste Methoden der körperlichen Beeinflussung gegen Vertreter des sozialistischen Proletariats anwenden, und daß dies in höchst skandalöser Form geschieht. So erhebt sich die Frage, warum der sozialistische Geheimdienst gegen die wahnsinnigen Agenten der Bourgeoisie, die Todfeinde der Arbeiterklasse, humaner verfahren sollte. Das Zentralkomitee der Partei ist der Meinung, daß körperlicher Zwang, obligatorisch auf bekannte und unbeugsame Feinde des Volkes ausgeübt, als Methode gerechtfertigt wie auch angemessen ist.« (Aus der geheimen Rede Chruschtschows vor dem 20. Parteikongreß in Moskau im Jahre 1956).

Chruschtschows Ansprache vor dem 20. Parteikongreß und der Aufstand in Ungarn 1956 bedeuteten einen Wendepunkt. Die unter Stalin begangenen Verbrechen wurden aufgedeckt und angeprangert, und man entwickelte das Konzept der »sozialistischen Gesetzlichkeit« – das Festhalten am Buchstaben des Gesetzes –, um das Leben für Herrscher und Beherrschte sicherer und beständiger zu gestalten. Obwohl Gefängnisbedingungen und Rechte der politischen Gefangenen in Osteuropa und der Sowjetunion in vielen Fällen noch unbefriedigend sein mögen, hat die Folter als eine von der Regierung genehmigte stalinistische Praxis aufgehört. Mit wenigen Ausnahmen (siehe unten) ist im vergangenen Jahrzehnt kein Bericht über die Anwendung von Folter in Osteuropa in den Westen gelangt; mit Ausnahme Jugoslawiens haben die Verfassungen aller kommunistischen Länder Osteuropas Bestimmungen, die die Unverletzlichkeit der Person garantieren und somit die Anwendung von Folter verbieten. Nichtsdestoweniger erfreut man sich der verfassungsmäßig garantierten Rechte nicht immer auch in der Praxis. Dies liegt zum Teil an der autoritären Staatsgewalt, die die Ausübung der bürgerlichen Rechte einzuschränken sucht. In diesem Zusammenhang sollte nicht unerwähnt bleiben, daß die kommunistischen Regierungen dem wirtschaftlichen Fortschritt seit jeher die Priorität gegenüber dem Schutz der Rechte des einzelnen eingeräumt haben.

Albanien, Ungarn, Polen und Tschechoslowakei

In den vergangenen zehn Jahren hat Amnesty International aus Ungarn, Polen und der Tschechoslowakei keine Hinweise auf Folterungen erhalten. Im Falle Albaniens wurden Klagen über Folterungen laut, die jedoch weder untersucht noch bestätigt wurden. Sie betrafen Sympathisanten mit Jugoslawien, die verhaftet wurden, als Albanien 1948 mit Präsident Tito brach, Anhänger von Chruschtschows neuer Linie gegen den Stalinismus nach 1956, sowie moskautreue Parteimitglieder während der Zeit nach dem Ausbruch des chinesisch-sowjetischen Streits 1961, als Albanien sich von Rußland abwandte und an China orientierte. Der Mangel an Informationen über die Behandlung politischer Gefangener in Albanien wurde etwas verringert durch den Bericht von 1962 an die Beratende Versammlung des Europarates (Dok. 1943), in dem angegeben wurde, daß sich in albanischen Lagern und Gefängnissen etwa 25 000 bis 30 000 Männer und Frauen befänden. Vier Jahre später behauptete das Komitee Freies Albanien in

New York, daß noch 16 000 Gefangene in Haft wären, davon 5600 in Arbeitslagern.

Deutsche Demokratische Republik

Nach Schätzungen aus dem Jahre 1960 gab es in der Deutschen Demokratischen Republik etwa 12 000 politische Gefangene. Eine Amnestie im Oktober 1964 brachte die Entlassung von ungefähr 10 000 Gefangenen, die wegen krimineller und auch politischer Delikte eingesessen hatten. Im Jahre 1966 wurde die Zahl von 6000 bis 8000 politischen Gefangenen als realistische Schätzung betrachtet. Im Verlauf einer zweiten großen Amnestie, die vom November 1972 bis Januar 1973 dauerte, wurden etwa 31 000 Gefangene beider Kategorien entlassen, davon 2000 in den Westen.
Aus diesen Gründen hat es immer einen befriedigenden Strom von Informationen und Menschen gegeben, und viele ehemalige politische Gefangene, die jetzt im Westen leben, haben in den vergangenen Jahren Berichte über ihre Behandlung an Amnesty und andere Organisationen gesandt. In zwei Fällen hat Amnesty International Klagen über extreme Brutalität der Aufseher während der Straf- bzw. Untersuchungshaft erhalten. In einem dieser Berichte vom Januar 1973, der sich auf Ereignisse Anfang 1971 bezieht, heißt es:

> »... während meiner ungerechtfertigten Haft habe ich 43 Tage lang nichts gegessen oder getrunken. Ich war 124 Tage lang in einem dunklen Raum inhaftiert. Dort wurde ich unter anderem 10 Tage lang an Eisenstangen gekreuzigt (mit Handschellen an Händen und Füßen). Einmal wurde ich so geschlagen und mißhandelt, daß ich viel Blut verlor und inmitten der Blutlache zusammenbrach. Ich glaubte, sterben zu müssen, und schrieb mit meinem Blut die Worte ›Freiheit, Gerechtigkeit und Menschlichkeit‹ an die Zellenwände. Dann verlor ich das Bewußtsein«.

Obwohl Amnesty International diese Beschuldigungen nicht untersucht hat, scheinen sie glaubwürdig auf Brutalitäten in bestimmten Gefängnissen oder durch eine bestimmte Person hinzudeuten. Die Behandlung der Gefangenen wechselt von Institution zu Institution und hängt offenbar von den Aufsehern selbst ab, die sich überwiegend aus der Polizei rekrutieren.

Rumänien

Bis zur Amnestie von 1964 waren die Vernehmungsmethoden in Rumänien anscheinend darauf ausgerichtet, Aktivitäten gegen die Staatssicherheit sowie die Verwicklung anderer Personen in solche Aktivitäten ans Licht zu bringen. Es wurde behauptet, daß in der Zeit vor 1964 physische und psychische Folter angewendet worden sei, und daß eine Anzahl von Personen infolge der Folterungen gestorben sei. Seitdem hat Amnesty International jedoch keine weiteren Hinweise auf Folterungen aus Rumänien erhalten.

UdSSR

Die gegenwärtig in Überarbeitung befindliche Verfassung der UdSSR garantiert grundlegende bürgerliche und politische Rechte. Um die Grundsätze der sozialistischen Gesetzlichkeit mit den Verfassungsbestimmungen in Einklang zu bringen, ist das Strafgesetz während der 60er Jahre ergänzt worden, so daß es nun die von der Verfassung garantierten Rechte in der Praxis einschränkt. Danach sind die Behörden in der Lage, durch die Sicherheitspolizei KGB politische und religiöse Dissidenten zu verhaften, anzuklagen und abzuurteilen. Die Entscheidung, einen Häftling vor Gericht zu bringen, ist gleichbedeutend mit einem Schuldspruch. Amnesty ist kein Fall bekannt, in dem nach einer politisch begründeten Anklage ein Freispruch ergangen wäre.
Die wesentliche Informationsquelle über politische Gefängnisstrafen in der UdSSR sind »Samisdat«-Veröffentlichungen, deren wichtigste die »Chronik der laufenden Ereignisse« ist, eine Menschenrechts-Zeitschrift, die vier Jahre lang (1968 bis 1972) regelmäßig alle zwei Monate erschien. Ihre Dokumentationen enthalten zahlreiche genaue Hinweise und wurden von Personen, die seither in den Westen emigriert sind, bestätigt. Die Richtigkeit des Materials wurde auch von den sowjetischen Behörden selbst niemals in Frage gestellt. Amnesty International hält seine Authentizität für erwiesen.
Nach diesen Samisdat-Informationen sind die Bedingungen der Untersuchungshaft außerordentlich schlecht. Der Gefangene wird – außer in Sonderfällen – ohne irgendwelche Kontakte zur Außenwelt völlig isoliert gehalten und ausgedehnten Verhören unterzogen. Die Dauer der Untersuchungshaft ist auf neun Monate beschränkt, kann jedoch unbegrenzt verlängert werden, anscheinend aufgrund (unveröffentlichter) Verfügungen des Präsidiums des Obersten Sowjet. Das Urteil ist

meist eine ausgemachte Sache, und Strafverteidiger, die zwar nicht nach dem Gesetz, jedoch in der Praxis besondere Genehmigungen haben müssen, um in politischen Fällen auftreten zu können, sind mit einigen bemerkenswerten Ausnahmen kaum zu einer energischen Verteidigung bereit. Ihren Mandanten wird oft geraten, sich schuldig zu bekennen und ihre Verteidigung auf die Bitte um ein mildes Urteil abzustellen. Obgleich es Behauptungen über physische und seelische Brutalitäten gibt, scheint die Folter als administrative Praxis in den Gefängnissen nicht vorzukommen.

Die Bedingungen in den Arbeitslagern variieren nach den gesetzlich festgelegten Lagertypen. Politische Gefangene werden in den meisten Fällen zur Haft in einem der beiden härtesten Typen, nämlich »streng« oder »spezial« verurteilt. Obwohl die Bedingungen in allen Lagertypen allgemein sehr schlecht sind, ist der schlimmste Faktor bei den Typen »streng« und »spezial« der immerwährende Hunger: die Gefangenen werden bei einer Hungerdiät gehalten, während sie harte körperliche Arbeit verrichten und ihre Produktionsnormen erfüllen müssen. Die Bestrafung eines Gefangenen kann in der Form geschehen, daß seine Lebensmittelration gekürzt wird. Diese Umstände zusammen mit der völlig unzureichenden ärztlichen Versorgung haben zum Tod vieler Insassen geführt, und es gibt Fälle von Selbstmord oder Selbstverstümmelung verzweifelter Gefangener. Da der Hunger somit vorsätzlich als Mittel zur Zerstörung der körperlichen und geistigen Widerstandsfähigkeit des Lagerhäftlings benutzt wird, kann die Diät als eine Form der Folter betrachtet werden. (Dieses Problem wird in einem Bericht von Peter Reddaway für das Internationale Komitee für die Verteidigung der Menschenrechte in der UdSSR, Brüssel, umfassend behandelt werden. Anfang 1973 veröffentlichten der gleiche Autor und die gleiche Institution einen vorläufigen Bericht mit dem Titel »Die Zwangsarbeitslager in der UdSSR heute: ein unerkanntes Beispiel moderner Unmenschlichkeit«.) Nach Informationen aus den oben erwähnten Quellen stellt die Folter ferner einen Bestandteil der Behandlung politischer Gefangener dar, die für unbestimmte Zeiträume in psychiatrischen Gefängniskliniken in Verwahrung gehalten werden. Die psychiatrische und physische Behandlung, die ihnen in diesen Anstalten zuteil wird, scheint Folter als administrative Praxis darzustellen. In den frühen 50er Jahren war die psychiatrische Verwahrung von Dissidenten sehr verbreitet. Danach untersuchte eine Regierungskommission das Problem und forderte eine radikale Reorganisation. Seit 1965 gibt es jedoch zunehmend Beweise

dafür, daß dieses Verfahren wieder durchdringt.
Das wesentliche administrative Instrument bei diesem Verfahren ist das Serbsky-Institut für Gerichtspsychiatrie in Moskau. Obwohl dieses offiziell vom Gesundheitsministerium verwaltet wird, herrscht die verbreitete Auffassung, daß der Direktor (Dr. G. V. Morosov), Professor D. R. Lunts und andere Ärzte Befehle vom KGB (der sowjetischen Sicherheitspolizei) empfangen. Die Gefängniskliniken für Geisteskrankheiten fallen unter die Zuständigkeit des Innenministeriums. Es gibt eine geringe Anzahl von Dissidenten, die in gewöhnlichen, dem Gesundheitsministerium unterstehenden Nervenheilanstalten interniert sind. Gegenwärtig sind Amnesty 46 Fälle von politischen Gefangenen in Nervenkliniken bekannt, und zwar in den speziellen psychiatrischen Krankenhäusern in Moskau, Leningrad, Tscherniachowsk, Orel, Kasan, Dnjepropetrowsk und Sychovka; neuerdings gibt es Bestrebungen, politische Gefangene in entlegenere Orte zu verlegen, so daß sie noch weniger Kontakt zu Verwandten und zur Außenwelt haben werden.
Es gibt zwei gesetzliche Verfahren für die zwangsweise Einweisung in psychiatrische Krankenhäuser. Die Bestimmungen von 1961 gestatten die sofortige Einweisung einer Person nach dem Zivilrecht und auf der Basis der »sozialen Veränderung der kranken Person«, ohne daß die Zustimmung des Patienten oder seiner Angehörigen erforderlich ist. Dieses Verfahren wurde in den letzten Jahren gegen eine kleine Anzahl von Dissidenten verwendet. Das üblichere Verfahren ist das nach dem Strafrecht: die Person wird vom KGB verhaftet und einem Verhör über ein bestimmtes Vergehen – am wahrscheinlichsten antisowjetische Betätigung – unterzogen. Wenn der KGB eine öffentliche Verhandlung vermeiden will, möglicherweise aus dem Grund, daß der Gefangene sehr redegewandt ist und eine mutige Selbstverteidigung erwarten läßt, oder weil seine Verhandlung zu Demonstrationen Anlaß geben könnte, wird der Häftling zur Diagnose gesandt, gewöhnlich in das Serbsky-Institut. Seine Vergangenheit wird nach Hinweisen auf eine mögliche Geisteskrankheit durchforscht und seine Freunde und Verwandten werden über sein Verhalten befragt. Dann bestätigt das Gericht während einer nichtöffentlichen Verhandlung, bei der nicht einmal der Angeklagte zugegen sein darf, die Empfehlungen des Instituts. Nach der Einlieferung wird der Patient alle sechs Monate von einer Kommission untersucht, aber die Empfehlungen von Fachleuten außerhalb des Serbsky-Instituts werden von den Gerichten häufig übergangen.

Die Moskauer Aktionsgruppe für die Verteidigung der Menschenrechte in der UdSSR hat die Vorteile geschildert, die der Staat aus der Einweisung von Dissidenten in psychiatrische Krankenhäuser von Gefängniskliniken zieht. Diese Methode garantiert erstens die völlige Geheimhaltung des Gerichtsverfahrens und nimmt dem Angeklagten die Möglichkeit, sich persönlich vor dem Gericht zu verteidigen; zweitens gestattet sie die gründlichste Isolierung unbequemer Personen auf unbegrenzte Zeit; drittens erlaubt sie die Anwendung ärztlicher Methoden, die die Verstandeskraft der Dissidenten beeinflussen; und viertens macht sie diese Menschen und ihre Ideen unglaubwürdig. Als die sowjetischen Behörden von Amnesty-Gruppen und westlichen Psychiatern auf diese Frage angesprochen wurden, bestanden sie darauf, daß alle diese Inhaftierten der ärztlichen Behandlung bedürften. Eine Reihe der diagnostischen Befunde ist jedoch von westlichen klinischen Psychiatern und Experten für Gerichtspsychiatrie geprüft worden. Diese kamen zu dem Ergebnis, daß es keine erkennbaren klinischen Grundlagen für Diagnosen auf Schizophrenie und andere Geisteskrankheiten gebe. Wo Ärzte in der Sowjetunion selbst Gutachten für psychische Normalität erbrachten, wurden diese Empfehlungen stets übergangen und die Diagnosen des Serbsky-Instituts akzeptiert. Es gibt Hinweise, daß abweichende Stimmen innerhalb der sowjetischen psychiatrischen Ärzteschaft eingeschüchtert und unterdrückt werden: so wurde 1972 ein Psychiater aus Kiew, der die Diagnose an einem politischen Dissidenten kritisiert hatte, zu sieben Jahren Arbeitslager unter verschärften Bedingungen und dreijähriger Verbannung verurteilt. Die Diagnose auf Geisteskrankheit fällt mit dem Ausdruck der ideologischen und politischen Andersgläubigkeit zusammen; dem Patienten wird klar gemacht, daß er sich von seiner politischen Überzeugung lossagen muß, um »geheilt« zu werden.
Berichte in der »Chronik der laufenden Ereignisse«, Briefe von Insassen und Aussagen entlassener Patienten geben Auskunft über die Bedingungen in den Nervenkliniken. Die politischen Gefangenen leben in überfüllten Stationen mit geisteskranken Insassen, wo sie ständig gewalttätigen und aggressiven Patienten ausgesetzt sind, oder in Einzelhaft. Schläge und Demütigungen sind häufig; das Personal besteht häufig aus Angehörigen der Polizei und Patienten. Der ärgste Aspekt der Behandlung in den Nervenkliniken ist nach Aussagen der politischen Gefangenen jedoch die Anwendung von Drogen. Hierzu gehören Aminazine (Chlorpromazin/Largactil), das Depressionen und Gliederstarre hervorruft; Sulfazine (1%ige

sterile Lösung von gereinigtem Schwefel in Pfirsichkernöl), das Steigerungen der Körpertemperatur bis zu 40°C und örtliche Reaktionen wie Abszesse und Gelenkrheumatismus, Kopfschmerzen und Schwäche verursacht; Haloperidol (Haloperidol/Serenace); Triftazine (Trifluorperazin/Stelazin) und andere Drogen. Neben der Verabreichung dieser Drogen wird den Gefangenen angedroht, daß man sie durch andere Arten von Bestrafung aufgrund irgendeines Vorwandes ihrer intellektuellen und kreativen Fähigkeiten berauben werde. Beim »Einrollen« zum Beispiel wird der Patient von Kopf bis Fuß so fest in feuchtes Segeltuch eingerollt, daß er nur noch mühsam atmen kann. Das Segeltuch wird beim Trocknen noch enger. Auch werden Patienten für mehrere Tage ohne jegliche Hygienevorrichtungen in ihren Betten festgeschnallt. Ehemalige Insassen solcher Anstalten berichten ferner, daß die medizinische Versorgung derjenigen, die ihrer bedürfen, recht unzureichend sei.

Amerika

In Lateinamerika sind Polizeibrutalität und harte Haftbedingungen seit langem ein herkömmlicher und im großen und ganzen akzeptierter Bestandteil der sozialen Struktur, obgleich Verallgemeinerungen über ein so weites Gebiet leicht die Unterschiede zwischen den einzelnen Ländern verdecken. Bauern konnten bei einer Festnahme durch die örtliche Polizei damit rechnen, geschlagen zu werden; und in den staatlichen und städtischen Gefängnissen waren die Bedingungen kaum besser. Dennoch gibt es einen deutlichen Unterschied zwischen der traditionellen Brutalität, die auf historischen Bedingungen beruht, und der systematischen Folter, die sich innerhalb des letzten Jahrzehnts über viele lateinamerikanische Länder ausgebreitet hat. Costa Rica ist das einzige lateinamerikanische Land, aus dem Amnesty International im vergangenen Jahr keine Folteranschuldigungen irgendeiner Art erhalten hat. In Argentinien, Bolivien, Brasilien, Kolumbien, Mexiko, Paraguay, Uruguay und Venezuela hat es Forderungen nach nationalen oder internationalen Untersuchungen von Folteranschuldigungen gegeben. In einigen anderen Ländern (wie der Dominikanischen Republik, Guatemala und Haiti) haben institutionelle Gewalt und die Häufigkeit politischer Morde das Problem der Folter überschattet und in den Hintergrund gedrängt.

Die lateinamerikanischen Verfassungen bieten reichlich Schutz gegen die Anwendung von Folter. Fast jede Verfassung enthält Artikel, die grausame oder entwürdigende Behandlung verurteilen, und die Mehrzahl der Verfassungen geht sogar speziell auf die Unrechtmäßigkeit der Folter ein. Hypothetische Sicherungen gibt es auch innerhalb der Bestimmungen internationaler Organisationen wie der Organisation amerikanischer Staaten (OAS), obwohl zum Zeitpunkt dieser Berichterstattung nur zwei Länder (Costa Rica und Kolumbien) die Interamerikanische Menschenrechtskonvention ratifiziert haben. Doch haben in den letzten Jahren nur wenige lateinamerikanische Regierungen mehr als Lippenbekenntnisse zu ihren Verfassungen abgelegt. Fast jedes Land hat während dieses Zeitraums entweder eine »nicht-konstitutionelle« Militärregierung oder einen Belagerungs- oder Ausnahmezustand erlebt. Andere Länder, wie etwa Kuba, haben Regierungen, die keine politische Opposition dulden. Staaten, die vorgeben, konstitutionelle Demokratien zu sein, besitzen speziell ausgebildete Sicherheitskräfte zur Bekämpfung der organisierten »Subversion«.
Eine Untersuchung der Kette von Ereignissen, die zu verstärkten Interventionen der Militärs in das Zivilleben und zur Zunahme der Folterungen führen, ist für ein Verständnis der lateinamerikanischen Situation notwendig. Krasse Unterschiede in der Verteilung von Landbesitz und Einkommen haben militante Oppositionsbewegungen entstehen lassen. Im Gegenzug wurden die Militärbudgets, häufig von großzügigen US-Hilfsprogrammen finanziert, während des vergangenen Jahrzehnts unverhältnismäßig aufgebläht. Über die Militärhilfe hinaus wurden Mittel der Entwicklungshilfe verwendet, um die technische Ausrüstung von Polizei, Armee und besonderen Sicherheitsstreitkräften zu modernisieren.
An dieser Stelle muß hervorgehoben werden, daß oft nur geringe Möglichkeiten bestehen, Folteranschuldigungen mit der wünschenswerten Genauigkeit zu überprüfen. Dies gilt sowohl für die administrative Praxis (d. h. in Staaten, wo praktisch jeder erwarten kann, unmittelbar nach der Verhaftung gefoltert zu werden), als auch für Länder, in denen die Anwendung von Folter als Ausnahme betrachtet werden kann. Darum wird in diesem Bericht vermerkt, wo Hinweise zu dürftig oder zu allgemein sind, um eine klare Feststellung zu gestatten. Ebenso werden die Fälle erwähnt, in denen Ermittlungen über die Anwendung von Folter von staatlichen oder nichtstaatlichen Stellen durchgeführt worden sind.
In jüngster Zeit ist viel über die »Internationalisierung« der

Foltermethoden geschrieben worden, wobei häufig auf Lateinamerika hingewiesen wurde. Es gibt Anschuldigungen, in denen behauptet wird, daß in lateinamerikanischen Ländern brasilianisches und US-Personal bei Folterungen anwesend sei (z. B. in Bolivien, Paraguay und Uruguay), oder daß es in Brasilien spezielle »Folterschulen« gebe, die vom Sicherheitsdienstpersonal anderer lateinamerikanischer Länder besucht würden, oder daß Folterausrüstungen direkt aus anderen Ländern importiert werden. Wegen der sehr allgemeinen Natur solcher Anschuldigungen und des Fehlens von Beweismaterial ist Amnesty International nicht in der Lage, hierzu definitiv Stellung zu nehmen. Es wurde jedoch häufig berichtet, daß die USA in der Panamakanalzone Lehrgänge zur Guerilla- und Subversionsbekämpfung für lateinamerikanische Polizeikader und Spezialeinheiten finanziert und organisiert hätten. Es ist weiterhin bekannt, daß die US-Regierung ungeachtet der reichlich dokumentierten Anklagen verschiedener Organisationen, darunter der Katholischen Konferenz der USA, sowie von Kongreßabgeordneten die Anwendung von Folter in Brasilien oder Uruguay niemals öffentlich mißbilligt hat. Insgesamt kann gesagt werden, daß die USA durch die Finanzierung und Ausrüstung der Polizeikräfte und Armeen von Regierungen, die Folter angewendet haben und anwenden, für die von diesen Regierungen eingesetzten Methoden mitverantwortlich sind.

Vereinigte Staaten

Der achte Zusatzartikel zur Verfassung der Vereinigten Staaten von Amerika bestimmt, daß »grausame und unübliche Strafen (nicht) verhängt werden (sollen)«. Die Anwendung von Folter in irgendeiner Phase des Strafverfahrens ist verboten, und es gibt keinen Beweis für eine behördlich gebilligte Verletzung dieses Gesetzes. Doch gibt es eine Fülle von Beschwerden über polizeiliche Brutalität oder rauhe Behandlung Gefangener durch Aufseher. Es unterliegt keinem Zweifel, daß viele dieser Anschuldigungen der Wahrheit entsprechen. Amnesty International hat Beweise, daß mehrere der von ihr adoptierten Gefangenen rauher und brutaler Behandlung durch die Aufseher der Gefängnisse, in denen sie inhaftiert sind, unterworfen waren.
So wurde Martin Sostre, wegen illegalen Verkaufs von Heroin verurteilt und noch im Gefängnis, trotz Widerrufs des Hauptbelastungszeugen und der Suspendierung des Hauptpolizeizeugen (der inzwischen wegen Drogenvergehens angeklagt

wurde) einer entwürdigenden analen Untersuchung unterzogen. Dies geschah, bevor und auch *nachdem* solche Untersuchungen durch einen Gerichtsbeschluß, den Sostre gegen den Staat New York erwirkt hatte, für verfassungswidrig erklärt worden waren. Im letzteren Fall hatten seine Weigerung, sich einer solchen Untersuchung zu unterziehen, und sein Widerstand dagegen die Folge, daß er wegen Widerstands gegen die Staatsgewalt und Beamtenbeleidigung angeklagt wurde. Eigentlich hätte er die Beamten verklagen können, aber im Kontext eines Gefängnisses ist es sehr schwierig, als Häftling gegen den geschlossenen Widerstand des Personals die vom Gericht verlangten Beweise zu erbringen.

Im Fall farbiger Gefangener gibt es manchmal auch die rassische Komponente einer solchen Behandlung. So kam es beispielsweise im Gefängnishof des US-Zuchthauses von Terre Haute, Indiana, zwischen einem farbigen und einem weißen Insassen zu einer Schlägerei. Nur der farbige Häftling wurde zur Bestrafung abgeführt. Eine Menge von 200 Farbigen versammelte sich zum Protest. Unter ihnen befand sich ein Amnesty-Gefangener, Arthur Banks Burghardt, ein schwarzer Aktivist, von Beruf Bühnendichter, der für seine Weigerung, dem Einberufungsbefehl zur Armee Folge zu leisten, die grausame Strafe von fünf Jahren Zuchthaus erhalten hatte. Nach dem Protest wurde er aufgefordert, ins Büro des Gefängnisaufsehers zu kommen, was er verweigerte. Die Wachen behandelten ihn darauf mit Gummiknüppeln und einem chemischen Spray. Er wurde des tätlichen Angriffs gegen die Aufseher angeklagt.

Die überall verbreitete Tendenz der Behörden, Staatsbeamte gegenüber Vorwürfen von Strafgefangenen in Schutz zu nehmen und ihnen einen Glaubwürdigkeitsvorsprung einzuräumen, stellt zweifellos einen Anreiz zu solchem (Fehl-)Verhalten dar. Auch die Übung, sogenannte Unruhestifter in abgesonderten Einheiten (Einzelhaft, das »Loch« etc.) zu isolieren, kann dauernde psychische Wirkungen für die Betroffenen haben. Sostre wie auch Burghardt wurden mit dem »Loch« bestraft.

Es sollte nicht vergessen werden, daß die Haltung der politischen Behörden den Ton für die in den Gefängnissen geübte Art von »Disziplinierung« angibt. In diesem Zusammenhang sollte der Bericht der McKay-Kommission über das Massaker ins Gedächtnis zurückgerufen werden, das 1971 im Gefängnis von Attica im Staate New York stattfand. Es gab dort einen Aufstand gegen das, was der Bericht die »kleinlichen Demütigungen und den Rassismus, die das Gefängnisleben charakterisieren« nannte. (Die meisten Insassen sind Schwarze und Puertorikaner.) Trotz Bitten der aufständischen Häftlinge weigerte sich der Gouverneur des Staates New York zu erscheinen. Der darauffolgende Sturmangriff der Polizei hinterließ 43 Tote, 10 Aufseher und 33 Insassen, die meisten davon Angehörige rassischer Minderheiten — erschossen von der Polizei. Dies war, so der Bericht, »das schlimmste Blutvergießen an Amerikanern durch Amerikaner seit dem Bürgerkrieg«. Die Gefangenen hatten niemanden getötet. Dennoch griffen die Gefängnisbehörden in der Folgezeit zu »rachsüchtigen Vergeltungsmaßnahmen« gegen die Gefangenen, wie der Bericht meldete. Er empfahl schließlich, das gesamte System der Strafjustiz einer »Reinigung vom Rassismus« zu unterziehen und neu zu fassen, um »die gespannten und unredlichen Szenen zu eliminieren, die sich täglich in unseren Gerichtssälen abspielen«.

Besonders beunruhigend sind die zahlreichen Berichte über die Verwicklung amerikanischer Truppen in direkte Folterungen während des Indochinakrieges. Das Grundmuster eines offiziell gebilligten Standards von kriminellem Verhalten wird hier sichtbar. Näheres darüber im Abschnitt über Vietnam.

Nichtsdestoweniger sollte betont werden, daß es Rechtsmittel für Klagen gegen unmenschliche oder entwürdigende Behandlung gibt, auch wenn deren Wirksamkeit dem Beschwerdeführenden zuweilen illusorisch erscheinen mag. Die Behauptung, daß es bei den Strafvollzugsbehörden oder der Polizei eine administrative Praxis der Folter gebe, wäre unzutreffend.

Argentinien

Seit Präsident Campora im Mai 1973 bis zur Rückkehr Juan Peróns aus dem Exil für kurze Zeit die Regierungsverantwortung übernahm, hat Amnesty International keine Folteranschuldigungen aus Argentinien erhalten. Dieser Abschnitt konzentriert sich darum auf Meldungen, die Amnesty während der vorausgegangenen Periode der Militärregierungen erreichten.

Die Informationen über die verbreiteten und ausgeklügelten Foltermethoden in Argentinien wurden von internationalen Organisationen einschließlich des Weltkirchenrates und der Internationalen Juristenkommission zusammengetragen. Ein Delegierter des Weltkirchenrates, der Ende 1972 Argentinien besuchte, stellte fest, daß die Folter ganz selbstverständlich als die erste Stufe aller Vernehmungen angesehen werde. Beweismaterial wurde auch von verschiedenen argentinischen Organisationen wie den Berufsverbänden der Rechtsanwälte, Ärzte und Psychiater sowie von Angehörigen des Klerus zusammengetragen und bekanntgemacht. In der Presse gab es zahlreiche Anschuldigungen, und selbst die konservativsten Zeitungen äußerten Zweifel an den wiederholten Versprechungen der Regierung, sie werde die Behauptungen über Folter untersuchen.

Obwohl die systematische Folter in Argentinien seit vielen Jahren angeprangert worden ist, scheint es, daß sie unter den Militärregierungen des vergangenen Jahrzehnts sprunghaft zugenommen hat. Wie in anderen Ländern kann auch hier der großangelegte Feldzug gegen die verschiedenen Guerillabewegungen als Ursache angenommen werden. Doch obgleich Guerillas und der Guerillatätigkeit Verdächtige die Hauptziele gewesen sein mögen, scheint die Folter unterschiedslos gegen politische und kriminelle Gefangene aus allen Bereichen angewendet worden zu sein, um Geständnisse zu erhalten. Die Klagen über Folterungen sind zahlreich und vielgestaltig. So wurden nach den Dokumentationen, die allein Amnesty International erhalten hat, innerhalb der letzten zehn Jahre 73 verschiedene Foltermethoden angewendet. Die gebräuchlichsten Methoden sind »picana« (ein elektrischer Stab, mit dessen Erfindung die argentinische Polizei sich anscheinend brüstet), das »Telefon« (Schläge von hinten auf beide Ohren, was zu zeitweiliger oder ständiger Taubheit führen kann), und eine Version der berüchtigten »pau de arara« oder Papageienschaukel (eine Kombination von Hängen, annäherndem Ertrinken in schmutzigem Wasser und wiederholten Elektroschocks).

Fast alle Zweige der Bundes- und Landespolizei, der Streitkräfte und der Sondereinheiten sind mit der Folter in Verbindung gebracht worden, ganz zu schweigen von der Geheimpolizei und vielen paramilitärischen Gruppen, die mit der angeblichen Zustimmung der Regierung handelten. So wurde auch die Teilnahme vieler Ärzte an Folterverhören erwähnt. Es wäre nicht möglich, eine dieser Gruppen als Hauptschuldige zu bezeichnen, obwohl die Niedermetzelung von 16 gefangengenommenen Guerilleros im Flottenstützpunkt Trelew im Jahre 1972 dazu beigetragen hat, der Kriegsmarine den Ruf extremer Brutalität zu verschaffen. Einige der schwersten Beschuldigungen wurden gegen eine »loggia« (Geheimgesellschaft) namens *Halcónes* (Falken) vorgebracht, eine Gruppe von Kadetten der Militärakademie, der Schule für Aeronautik und der Marinemilitärschule. Die *Halcónes*, von hohen Offizieren geleitet und organisiert, sollen über einige der am

meisten verfeinerten Folterausrüstungen auf der Welt verfügen.
Offiziell hat die argentinische Regierung die Anwendung von Folter beharrlich dementiert. Inoffiziell scheinen die staatlichen Reaktionen etwas zweideutiger gewesen zu sein, wenn Regierungsmitglieder gut informierten Rechtsanwälten und Journalisten gegenüberstanden. Der Innenminister soll einmal gesagt haben, daß Folter zwar vorkomme, aber nicht die Ausmaße erreiche, die für ein eigenes System notwendig wären. Keine staatliche, polizeiliche oder militärische Organisation oder Behörde antwortete jemals auf die Forderungen nach Untersuchungen, die während der Militärregierung von General Lanusse so häufig laut wurden.

Bolivien

Seit die Regierung des Generals Hugo Banzer Suarez durch den Militärputsch vom August 1971 an die Macht gelangte, ist ein Feldzug systematischen Terrors gegen linksgerichtete und besonders kommunistische Gegner des Regimes gestartet worden. In den Jahren danach waren zu der einen oder anderen Zeit schätzungsweise 2000 politische Gefangene inhaftiert, und weitere 5000 wurden zur Emigration gezwungen.
Klagen über Folterungen sind zahlreich. Anfang 1973 veröffentlichten 99 Mitglieder der Bolivianischen Kirche ein Dokument mit dem Titel »Evangelium und Gewalt«, in dem die »körperlich und moralisch entwürdigenden Folterungen, darunter die Vergewaltigung weiblicher Gefangener, als systematische Mittel zur Erpressung von Erklärungen oder zur bloßen Befriedigung sadistischer Triebe« gebrandmarkt wurden. Im Mai 1973 brachte die Kommission für Gerechtigkeit und Frieden der Bolivianischen Katholischen Kirche ein Dokument heraus, das ungefähr 20 Personen nennt, die in Gefängnissen an Mißhandlungen starben und in dem einige der Toten namentlich aufgeführt werden. Internationale Vereinigungen einschließlich der Internationalen Vereinigung Demokratischer Rechtsanwälte haben Folterungen und willkürliche Ermordungen in Bolivien öffentlich verurteilt.
Ein anonymes Papier, das 1972 aus Bolivien geschmuggelt wurde (und das wegen genauer Übereinstimmung mit anderen vorliegenden Informationen von Amnesty International als unparteiisch und zutreffend anerkannt wird), berichtete über verschiedene Foltermethoden ähnlich jenen, die in Brasilien üblich sind.
Nach diesen und anderen Informationen werden die meisten

Folterungen kurz nach der Festnahme vorgenommen, und zwar im DIC (*Departamento de Investigaciones Criminales*) in La Paz und in den Gebäuden des Innenministeriums selbst; außerdem in den sogenannten Sicherheitshäusern (*Casas de Seguridad*), die häufig private, direkt vom Innenministerium für Folterzwecke gemietete Häuser sind. Es wird berichtet, daß hohe Beamte des Innenministeriums persönlich bei Folterungen geholfen haben.

Auch in Achocalla und anderen Gefängnissen, namentlich in der Stadt Santa Cruz, sind Gefangene zu Tode geprügelt worden. Während die Folter im allgemeinen der Erpressung von Informationen und Geständnissen diente, sind Gefangene auch mit der Absicht, politische Gegner des Regimes (insbesondere Mitglieder der Nationalen Befreiungsarmee) auszumerzen, totgeschlagen worden. Andere Gefangene wurden mit Maschinengewehren niedergemäht.

1972 und 1973 wurden in der internationalen Presse Nord- und Südamerikas und Europas einige Zeugenaussagen über Folterungen veröffentlicht. Amnesty International erhielt häufig Briefe, in denen die Anwendung der Folter verurteilt wurde, und Amnesty-Vertreter befragten ehemalige Gefangene, die ihnen Narben zeigten, welche offenbar auf Folterungen zurückgingen.

Die bolivianische Regierung hat die Anwendung von Folter als administrative Praxis stets geleugnet. Doch als Oberst Andres Selich im Mai 1973 nach brutaler Behandlung unter den Händen seiner Vernehmer starb, gab der Innenminister zu, daß Selich von seinen Bewachern totgeschlagen wurde (»Presencia«, Mai 1973). Gleichzeitig mit dieser Erklärung reichte der Innenminister seine Demission ein. Beide Erklärungen wurden von der bolivianischen Zeitung »Presencia« gemeldet. Die bolivianische Regierung soll nun eine offizielle Untersuchung der Umstände, unter denen Selich zu Tode kam, vornehmen. Prominente bolivianische Bürger, darunter Mitglieder der bolivianischen Kommission für Gerechtigkeit und Frieden, haben ähnliche Untersuchungen über die Todesfälle zahlreicher anderer Personen, die angeblich an Folterungen starben, gefordert.

Brasilien

Nach dem Staatsstreich von 1964, der das gegenwärtige Militärregime an die Macht brachte, erhielt Amnesty International ungezählte Berichte über die Folterung politischer Gefangener in Brasilien. Die Berichte häuften sich nach dem Inkrafttreten der Gesetzesverordnung Nr. 5 im Jahre 1968, die die verbliebenen bürgerlichen Rechte in Brasilien stark einschränkte und die Strafen für jene verschärfte, die der »Verbrechen« gegen die sehr umfassend definierte »nationale Sicherheit« beschuldigt wurden.

Unter dem eingegangenen Material befanden sich Briefe und eidesstattliche Erklärungen aus verschiedenen brasilianischen Quellen, Aussagen ehemaliger politischer Gefangener im Exil und wiederholte Berichte der brasilianischen und internationalen Presse über Folterungen. Diese Berichte, inoffizielle Besuche durch Sympathisanten von Amnesty in Brasilien sowie Erklärungen zahlreicher internationaler und kirchlicher Organisationen wie der brasilianischen Bischofskonferenz, der Internationalen Juristenkommission und der Organisation amerikanischer Staaten[1], führten zu dem Versuch Amnesty Internationals, eine Mission nach Brasilien zu schicken, um die Folteranschuldigungen zu überprüfen. Während eines Zeitraums von zwei Jahren wurde Amnesty in dieser Angelegenheit wiederholt bei der Brasilianischen Botschaft in London vorstellig; trotz dieser Bemühungen wurde eine offizielle Genehmigung für Untersuchungen an Ort und Stelle nicht erteilt.

Daraufhin wurde von Amnesty im Jahre 1972 das Dokument »Bericht über die Folteranschuldigungen in Brasilien« vorbereitet und veröffentlicht. Es beruhte auf dem in Europa und Nordamerika verfügbaren Material und enthielt Zeugenaussagen und Briefe gefolterter Gefangener, Darstellungen von Augenzeugen, Rechtsanwälten, Journalisten, Klerikern und Presseberichte. Das Dokument brachte den klaren Beweis, daß zumindest ein Gefangener (Odijas Carvalho de Souza) zu Tode geprügelt worden war; es schilderte mannigfaltige Foltermethoden einschließlich körperlicher, geistiger und sexueller Mißhandlungen (wobei Gefangene häufig gezwungen wurden, den Folterungen von Freunden und Angehörigen zuzusehen).

Dieser Bericht war durch einen Anhang ergänzt, der die Namen von 1081 Personen aufführte, die angeblich gefoltert worden waren. Ein zweiter Anhang enthielt die Namen von

[1] Die OAS erklärte im Mai 1971, daß es »aufgrund der Schwierigkeiten, die eine Prüfung dieses Falles behinderten, nicht möglich gewesen ist, einen absolut schlüssigen Beweis der Wahrheit oder Unwahrheit der Taten zu erbringen, die in den Anklagen (über Folterungen) geschildert werden. Jedoch lassen die in diesem Fall zusammengetragenen Beweise die überzeugende Annahme zu, daß es in Brasilien zu schweren Folterungen, Mißbräuchen und Mißhandlungen gegenüber Personen beiderlei Geschlechts gekommen ist, während diese ihrer Freiheit beraubt waren«.

472 Personen, die angeblich für die Folterungen verantwortlich waren. Dieser Anhang wurde separat herausgegeben und vertraulich der brasilianischen Regierung, anderen Regierungsbeamten und ausgewählten internationalen Organisationen zugesandt. Obwohl unser Bericht und seine Anhänge der brasilianischen Regierung vor der Veröffentlichung offiziell vorgelegt worden waren, war die einzige Reaktion ein neues Pressegesetz, das den Abdruck von Amnesty-Erklärungen über Brasilien untersagte. Die Regierung traf keinerlei Anstalten zu einer Untersuchung der Vorwürfe.
Seit der Veröffentlichung des Berichts im September 1972 haben wir weiteres Material erhalten, und in Chile wurde eine Reihe neuer Zeugenaussagen zusammengetragen. 1973 haben brasilianische Kirchenvertreter die Folter und die ungeklärten Todesfälle von politischen Gefangenen äußerst freimütig verurteilt.
Wir können sagen, daß die Folter in Brasilien weit verbreitet ist und durchaus eine administrative Praxis darstellt. Sie scheint bei der Mehrzahl aller Vernehmungen angewendet zu werden, selbst gegen Personen, die nur vorübergehend festgenommen oder bei Razzien aufgegriffen und dann festgehalten wurden, weil sie keine Ausweispapiere bei sich hatten. Die Motive scheinen die Gewinnung von Informationen und Geständnissen und die Einschüchterung möglicher Dissidenten zu sein. Obwohl oft behauptet worden ist, daß Folterungen unter den am wenigsten stabilen Regierungen stattfänden, scheint die Eskalation der Folter in Brasilien dies zu widerlegen. Die Systematisierung der Folter scheint den Wunsch der brasilianischen Behörden widerzuspiegeln, zu ersticken, was sie als ständige Bedrohung durch äußere und innere »Subversion« betrachten.
Folterungen werden von Ablegern der Waffengattungen der Streitkräfte (Armee, Marine und Luftwaffe) vorgenommen, die alle ihre eigenen Vernehmungszentren besitzen, außerdem von verschiedenen Einheiten der politischen Polizei, die in jedem Bundesstaat der Abteilung für Öffentliche Sicherheit unterstehen. Die bundesstaatlichen Stellen unterstehen wiederum dem nationalen Ministerium für Öffentliche Sicherheit. Besondere Sicherheitseinheiten, zu denen Bundesmilitär und Polizeibeamte gehören, sind zur Fahndung nach und Zerschlagung von Guerillagruppen gebildet worden. Die berüchtigteste unter ihnen ist die *Operaçao Bandeirantes* in Sao Paulo, die angeblich von der rechtsextremen Terroristenorganisation »Kommando zur Kommunistenjagd« (CCC) infiltriert ist.
Gefangene können durch mehrere Stadien des Verhörs gehen

und von mehr als einer Stelle gefoltert werden, bevor eine Anklage erhoben wird. Sobald ein Gefangener »gestanden« hat, kann eine Anklage gegen ihn formuliert werden. Widerruft er sein »Geständnis« in irgendeiner Phase des Gerichtsverfahrens, so kann er zur weiteren Mißhandlung an ein Vernehmungszentrum zurückgegeben werden. Auch aus Gefängnissen wird über Folterungen berichtet, die entweder dem Vergnügen der Aufseher dienen oder diejenigen einschüchtern sollen, die versucht haben, Proteste zu organisieren oder Kassiber mit Folteranklagen hinauszuschmuggeln.
Folterungen und Ermordungen wurden auch von inoffiziellen paramilitärischen Gruppen durchgeführt, die sich aus dienstfreien Polizisten zusammensetzen (wie zum Beispiel die berüchtigte »Todesschwadron«), die sich selbst das Ziel gesetzt haben, die Gesellschaft von kleinen Kriminellen, sexuell Abartigen und mutmaßlichen Revolutionären zu »befreien«.
Die offizielle Haltung der brasilianischen Regierung gegenüber der Folter schwankte immer zwischen dem absoluten Verleugnen ihrer Existenz und der Behauptung, daß Folterungen, wenn es sie jemals gegeben habe, nicht mehr vorkämen. Zuweilen hört man das Eingeständnis, daß sie in vereinzelten Fällen wohl vorkommen mag und dann von örtlichen Polizisten durchgeführt werde, die ihre Befugnisse überschritten. Offizielle Berichte behaupten mit lächerlicher Häufigkeit, daß Gefangene, die während der Haft gestorben sind, »überfahren« oder »während eines Fluchtversuchs erschossen wurden« oder »an natürlichen Ursachen verstorben seien«. Ausländische Proteste und Diskussionen (besonders die Anhörungen des Unterausschusses des US-Kongresses für Entwicklungshilfe an Brasilien im Mai 1971, bei denen US-Dienststellen der Verwicklung in Folterungen beschuldigt wurden) kamen im brasilianischen Parlament zur Sprache. Nichtsdestoweniger behauptete die brasilianische Regierung beharrlich, die im Ausland veröffentlichten Berichte über Folterungen wären Teil einer koordinierten Kampagne gegen Brasilien. Gelegentlich wurden Offiziere und andere als Folterer beschuldigte Personen in dem Versuch, Brasiliens angeschlagenen Ruf wiederherzustellen, aus dem Dienst entlassen. Meistens hängen Entlassungen jedoch eher mit internen politischen Auseinandersetzungen zusammen als mit echten Anstrengungen, die Anwendung von Folter unter Kontrolle zu bringen. In den zwei Prozessen gegen angebliche Folterer, die bisher stattgefunden haben, entgingen die verantwortlichen Spitzenbeamten entweder der Verurteilung oder erhielten leichtere Strafen als ihre Untergebenen. Folterungen und die

Existenz der Todesschwadron werden von der Regierung offiziell geleugnet, obwohl Polizisten für angeblich von der Todesschwadron begangene Verbrechen verurteilt worden sind (zum Beispiel Geraldo Georginodas Neves, ein ehemaliger Polizist, der im Mai 1973 in Sao Paulo zu 31 Jahren Gefängnis verurteilt wurde, nachdem er der »Hinrichtung« zweier kleiner Krimineller für schuldig befunden worden war). Zur gleichen Zeit gab Reuter die geschätzte Anzahl der Opfer der »nicht existierenden« Todesschwadron und verwandter Organisationen mit 1300 an.

Chile

Nach Meldungen, die 1969 bei Amnesty International eingingen, wurden unter der Regierung des Präsidenten Eduardo Frei (1964–1970) bei Vernehmungen Folter angewendet, unter anderem mittels Elektroschocks.
Während der Regierungszeit von Präsident Salvador Allende (1970–1973) erreichten uns zwei weitere Meldungen über Folter, die beide in der chilenischen Presse erörtert wurden. Die erste Anklage kam von verhafteten Mitgliedern der Nationalen Befreiungsarmee (ELN) und wurde im August 1972 in der linksgerichteten Zeitschrift »Punto Final« veröffentlicht. Es wurde angegeben, daß die Gefangenen mit Elektroschocks, Schlägen und Wasser gefoltert worden seien. Eine weitere Meldung kam im Februar 1973 von zwei regierungsfeindlichen Fernseharbeitern, die Beschuldigungen über schwere körperliche Foltern in der Stadt Concepcion vorbrachten. Ein Vertreter von Amnesty, der eine unabhängige Untersuchung vornahm, erklärte, daß es Beweise für polizeiliche Brutalität während des Verhörs gegeben habe.

Am 11. September 1973 wurde die verfassungsmäßige Regierung des Präsidenten Salvador Allende durch einen raschen, aber extrem gewalttätigen Militärputsch gestürzt. Der Staatsstreich, der erste, den es seit 40 Jahren in Chile gegeben hatte, kam nach Monaten bitterer sozialer Spannungen und Auseinandersetzungen und beendete eine lange Tradition demokratischer Regierungspraxis und Nichteinmischung der chilenischen Streitkräfte in zivile und politische Angelegenheiten. In einer Atmosphäre extremer Fremdenfeindlichkeit wurden viele tausend ausländische Flüchtlinge und Besucher inhaftiert oder aus dem Land vertrieben. Tausende von chilenischen Zivilpersonen verloren ihr Leben, entweder während der kurzen Kämpfe oder durch Hinrichtungen ohne Verfahren oder

standrechtliche Erschießungen nach summarischer Aburteilung innerhalb Stunden nach ihrer Festnahme. Schätzungsweise 40 000 Chilenen kamen in Haft, denunziert von Nachbarn und Kollegen, oder einfach wegen der Positionen, die sie unter der früheren Regierung innegehabt hatten. Alle Zeitungen, Zeitschriften, Radiostationen und andere Medien, die in der Vergangenheit eine positive Einstellung zur Regierung Allende gezeigt hatten, wurden geschlossen; ihre Direktoren wurden getötet, eingekerkert oder zur Flucht ins Ausland gezwungen. Alle politischen Parteien, aus denen sich die Regierungskoalition der Unidad Popular zusammengesetzt hatte, wurden verboten; Führer und Funktionäre dieser Parteien waren der sofortigen bitteren Verfolgung ausgesetzt. Die Einheitsgewerkschaft *(Central Unica de Trabajadores)* wurde für illegal erklärt, und das Streikrecht und das Recht auf Assoziationsfreiheit wurden abgeschafft. Das Militär übernahm sofort die Verwaltung der Universitäten und Krankenhäuser. Bekannte Allende-Anhänger unter Lehrern und Studenten wurden von den Universitäten ausgestoßen, sehr viele von ihnen kamen in Haft. Ganze Fakultäten innerhalb der Universitäten wurden geschlossen. Am 22. September wurde das Kriegsrecht verhängt, mit dessen Hilfe die bürgerlichen Freiheiten drastisch eingeschränkt und jede beliebige Person verhaftet, verhört, verurteilt und beliebig lange festgehalten werden kann, wie die strenge Strafgesetzgebung des Militärrechts es in Kriegszeiten vorsieht.
Folter war während der Vernehmungen politischer Gefangener die übliche Praxis; die Militärtribunale betrachteten Geständnisse, die unter der Folter zustande gekommen waren, als zulässig. Diese weit verbreiteten Folterungen sind reichhaltig dokumentiert worden: von mehreren internationalen Organisationen, die nach dem Militärputsch in Chile ermittelten; von ausländischen Diplomaten, Journalisten, Anwälten, die Gerichtsverfahren beobachteten; sowie von Mitgliedern des chilenischen Klerus, chilenischen Anwälten, Verwandten von politischen Gefangenen und natürlich von diesen selbst. Eine Delegation des Internationalen Bundes für Menschenrechte, der Internationalen Bewegung Katholischer Juristen und der Internationalen Vereinigung Demokratischer Rechtsanwälte berichtete am 13. Oktober 1973:

»... die Delegation befragte mehrere Personen, die gefoltert worden waren, darunter einen Mann mit Brandstellen von Zigaretten an seinem Körper, eine Frau mit großen blauen Quetschungen an ihren Beinen und eine andere Frau, die vergewaltigt worden war. Von 30 Personen, die der Delegation von Gefangenenmißhandlungen berichteten, waren einige selbst Folteropfer gewesen, andere hatten Foltern und Hinrichtungen als Augenzeugen miterlebt, und eine dritte Gruppe gab Berichte aus zweiter Hand wieder.«

Die Delegation von Amnesty International (1.–8. November 1973) bestätigte gleichfalls individuelle Fälle von Folterungen. Die Delegationsmitglieder sahen persönlich die Spuren von Folterungen an Gefangenen, die zu der Zeit im Stadion von Santiago festgehalten wurden beziehungsweise kurz zuvor noch dort interniert gewesen waren. Ferner sprachen sie mit einer Frau, die kurze Zeit vorher aus dem Polizeigewahrsam entlassen worden war, wo man sie geschlagen und mit Elektroschocks behandelt hatte. Ihr Körper zeigte die Spuren frischer und schwerer Mißhandlungen.

Gefangenenbewacher im Nationalstadion informierten die Delegation von Amnesty, daß die brasilianische Polizei bei Vernehmungen geholfen und außerdem im Verteidigungsministerium einen Lehrgang über Vernehmungstechniken veranstaltet habe. Ein Delegationsmitglied sah Folterspuren an brasilianischen Gefangenen, die angaben, daß sie von Angehörigen der brasilianischen Polizei gefoltert worden seien. Beamte des Außenministeriums leugneten entschieden, daß ausländisches Vernehmungspersonal in Chile gewesen sei. Es ist notwendig, dieses Dementi in einem größeren Zusammenhang von Leugnungen zu sehen und danach zu bewerten. So sagten chilenische Beamte im Verteidigungs- und Innenministerium beispielsweise, daß ihnen nur ein Fall von Folter bekanntgeworden sei, obwohl die Delegation informiert war, daß Funktionäre des Internationalen Komitees des Roten Kreuzes denselben Ministerien vor und während des Aufenthalts der Delegation in Chile viele ähnliche Fälle zu Gehör gebracht hatten.

Die »Chicago Commission of Enquiry«, die Chile im Februar 1974 besuchte, sprach im Stadion von Santiago mit mehreren Gefangenen, die noch immer Spuren von Folterungen zeigten. Die Kommission bezeugte auch die brutalen Folterungen in dem besonderen Vernehmungslager von Tejas Verdes im Norden von Santiago. Die Internationale Juristenkommission und andere Besuchsgruppen ausländischer Anwälte aus Kanada, Dänemark, Belgien und Argentinien bekräftigten in den Monaten April, Mai und Juni 1974 einhellig, daß Folter während der Vernehmung noch immer eine alltägliche Erscheinung sei.

In Chile selbst gab Kardinal Raul Silva Henriquez im April 1974 eine öffentliche Erklärung heraus, in der er »den physischen und moralischen Druck, der während der Verhöre ausgeübt wird«, verurteilte. Seine Erklärung beruhte auf einem Memorandum, das ihm von führenden Mitgliedern der chilenischen Kirche zugeleitet worden war und das die bisher ausführlichsten und genauesten Beweise individueller Fälle von Folterungen in Chile enthält. Das Dokument führt allein in der Provinz Santiago acht Zentren auf, wo erwiesenermaßen Folterungen stattgefunden haben. Insgesamt nennt es 17 verschiedene Orte, von denen bekannt ist, daß dort gefoltert wurde. Ferner zählt das Dokument 27 verschiedene Foltermethoden auf, die angewendet wurden, und beschreibt über 100 Fälle von Folterungen, darunter 16 Fälle, wo das Opfer an der Folter starb.

Der Bericht der Menschenrechtskommission der Organisation amerikanischer Staaten (OAS), der im August 1974 der chilenischen Regierung zugestellt wurde, macht klar, daß beinahe ein Jahr nach dem Staatsstreich die Foltern im großen Umfang andauern.

In den ersten Wochen nach dem Militärputsch wurden nicht weniger als 45 000 Menschen aus politischen Gründen festgenommen. Während der Vernehmungen wurde die Mehrzahl der Gefangenen getreten, geschlagen, bedroht und auf vielerlei Art und Weise unter Druck gesetzt. Im Nationalstadion von Santiago wurden wenigstens 50 Prozent der Internierten mißhandelt. In Provinzgefängnissen und Militärkasernen hatten Gefangene noch weniger Schutz. Viele wurden ermordet, andere wurden gezwungen, stundenlang nackt stillzustehen, während sie ununterbrochen mit Gewehrkolben geschlagen wurden. In vielen Internierungszentren, wie dem Stadion von Santiago oder den vor der Küste bei Valparaiso ankernden Schiffen »Lebu« und »Maipu«, waren die körperlichen Mißhandlungen und die Haftbedingungen furchtbar. In den ersten Phasen scheinen die Vernehmungsmethoden überall ähnlich gewesen zu sein. Gefangene wurden von den Soldaten ununterbrochen geschlagen und mit Fragen wie »Wo sind die Waffen? Wo habt ihr die Waffen versteckt?« bestürmt. Der Zweck solcher Brutalität scheint eher Einschüchterung als irgendein echter Versuch gewesen zu sein, Geständnisse als Grundlage für eine Anklage zu erhalten. Nach einigen Tagen dieser Behandlung wurden Tausende von Festgenommenen wieder entlassen.

Obgleich nicht alle Gefangenen gefoltert wurden, unterlagen alle dem Folterrisiko und waren sich bewußt, daß sie während der Vernehmungen keinerlei juristischen Schutz hatten. Innerhalb einiger Wochen nach dem Staatsstreich wurden die

Gefangenen von den größeren Internierungszentren (Pisagua, Quiriquina, den Stadien von Santiago und Concepcion) nach und nach in Militärlager, Kasernen und Militärschulen verlegt – von denen Amnesty International 16 namentlich bekannt sind –, die für Folterungen speziell eingerichtet waren. In einigen Fällen wurde Folter angewendet, um Informationen zu erhalten, die zu weiteren Verhaftungen und so zum Zusammenbruch des chilenischen Widerstands führen könnten; in anderen Fällen wurde Folter angewendet, um schriftliche Geständnisse zu erhalten, die als Beweismittel gegen den betreffenden Gefangenen gebraucht werden konnten.

Viele Menschen wurden durch endlose Auspeitschungen oder Prügel mit Fäusten, Gewehrkolben und Tritten zu Tode gefoltert. Es wurde auf alle Körperteile geschlagen, auch auf den Kopf und die Genitalien. Zahlreiche Leichen von Gefangenen wurden im Rio Mapocho gefunden, manchmal bis zur Unkenntlichkeit entstellt. Zwei in Santiago wohlbekannte Fälle sind die von Litre Quiroga, dem ehemaligen Direktor der staatlichen Gefängnisverwaltung unter der Regierung Allende, und Victor Jara, dem beliebtesten Volkssänger Chiles. Beide wurden im Stadion von Santiago festgehalten und starben an der Folter, die ihnen dort zuteil wurde. Nach einem mehrfach bestätigten Bericht wurde Victor Jaras Leichnam mit gebrochenen Händen und schlimm verstümmeltem Körper außerhalb des Stadions gefunden. Litre Quiroga war vor anderen Gefangenen ungefähr 40 Stunden lang getreten und geschlagen worden, bevor er in einen besonderen Vernehmungsraum gebracht wurde, wo er unter unbekannten Umständen zu Tode kam. Andernorts ging es ähnlich zu, und das Ausmaß der Brutalität hing von den Launen des jeweiligen Lagerkommandanten ab. Es gab viele Fälle von Verbrennungen (mit Säure oder Zigaretten), von Elektroschocks, von psychologischer Folter einschließlich gestellter Exekutionen und Drohungen, daß die Familien der Gefangenen gefoltert würden. Zuweilen erreichte die Brutalität das Niveau viehischer Grausamkeit. Gefangene wurden gezwungen, sexuellen Verderbtheiten beizuwohnen oder an ihnen teilzunehmen. Eine unbekannte Zahl von Frauen wurde vergewaltigt; manchen von ihnen, die durch Vergewaltigung schwanger geworden waren, wurde die Abtreibung verweigert. Frauen wurden Insekten in die Vaginen eingeführt; Schwangere wurden mit Gewehrkolben geschlagen, bis sie Fehlgeburten hatten. Gefangene wurden gezwungen, Exkremente zu essen, wurden endlos in eiskaltes Wasser getaucht oder mußten viele Stunden nackt in der Sonne stehen. Auf dem Schiff »Esmeralda«, das vor der Küste bei Valparaiso ankerte, band man Gefangene nackt an die Masten. Anderen wurden die Knochen gebrochen, und gelegentlich wurden Gefangene gezwungen, Folterung und Tod von anderen mitzuerleben. Ein Arzt im Gefangenenlager von Pisagua soll gezwungen worden sein, den Ermordungen von Mitgefangenen beizuwohnen. Andere Formen der Folter, wie Untertauchen in Benzintanks oder in eiskaltem Wasser, haben in der ersten Zeit nach dem Militärputsch ebenfalls zum Tod politischer Gefangener geführt.

Ende Oktober waren die Militärs in vielen Haftorten so weit, daß sie mehr systematisch und zu bestimmten Zwecken folterten. Im Nationalstadion wurden Räume für die Anwendung von Elektrizität eingerichtet. Dort und in den Militärlagern des ganzen Landes zog man den Gefangenen während der Verhöre Kapuzen über die Köpfe; Elektrizität wurde zu einem gebräuchlichen Werkzeug; weibliche Gefangene wurden während der Vernehmungen häufigem sexuellem Mißbrauch unterworfen.

Bis zum Sommer 1974 wurden die Foltermethoden allmählich vereinheitlicht. Allen Gefangenen wurden während der Verhöre die Köpfe mit Kapuzen verhüllt, um die Identität der Folterer zu verbergen und die Ängste des Gefangenen zu vermehren. Die psychologische Folter begann, eine bedeutendere Rolle zu spielen. Gefangene wurden bedroht, daß man sie aus dem Fenster werfen würde, wenn sie die verlangten Geständnisse nicht ablegten. Sie wurden mit Schreien in benachbarten Zellen gequält (entweder echten Foltergeräuschen oder Nachahmungen, um Folterwirkung vorzutäuschen); sie wurden zu Scheinexekutionen geführt; sie hörten Drohungen gegen ihre Familien und wurden informiert, daß Angehörige in benachbarten Zellen gefoltert würden. Dennoch blieb die körperliche Folter im Vordergrund. Die verbreitetsten Methoden waren stundenlanges Schlagen mit Gummiknüppeln, Fäusten oder gefüllten Schläuchen, Elektroschocks an allen Teilen des Körpers und Brennen mit Zigaretten oder Säure. Solche Foltern wurden durch den Entzug von Nahrung, Wasser und Schlaf ergänzt. Daneben blieben primitivere und brutalere Methoden in Gebrauch. Am 19. Dezember wurde ein Gefangener mit weggebrannten Hoden tot aufgefunden; er war auch intensiv geschlagen und mit Elektrizität gefoltert worden. Einen Tag später fand man einen weiteren Gefangenen, der unter der Folter gestorben war und schwere Verbrennungen der Genitalien aufwies. Ein Gefangener wurde geschleift, nachdem man seinen Kopf verhüllt und seine Hände an seine Füße gebunden hatte; auch er war zuvor mit Elektrizität gefoltert worden.

Ende 1973 gründete die Junta ihren eigenen Geheimdienst, das *Directorio Nacional de Inteligencia* (DINA), um die Aktivitäten der vier getrennten Geheimdienste der Waffengattungen und der Polizei zu koordinieren. DINA unterstand nach dem Gründungsdekret direkt der Militärjunta. Selbst die Provinzkommandeure waren nicht berechtigt, Zutritt zu Gefängnissen und Internierungslagern zu verlangen, die in ihren eigenen Verwaltungsbereichen vom DINA geleitet wurden. Es war sicherlich kein Zufall, daß der Lagerkommandant von Tejas Verdes zum Chef des DINA ernannt wurde. Aus Tejas Verdes wurden die meisten Einzelfälle von Folter bekannt, und Tejas Verdes ist das Lager mit den meisten Todesfällen durch Folter. In Tejas Verdes wurde eine schwangere Frau mit Elektrizität an den Geschlechtsteilen gefoltert, und in Tejas Verdes starb ein Gefangener, nachdem man seine Beine gebrochen und seine Genitalien verbrannt hatte; in Tejas Verdes wurden Gefangene bis zu 21 Tage hintereinander solchen und anderen Foltern unterworfen.
Internationaler Druck, weltweite Publizität und Gesuche von chilenischen Anwälten und Klerikern an den Innenminister führten schließlich zur Schließung von Tejas Verdes und einer Anzahl von Vernehmungszentren in Santiago. Doch die Folterungen dauern an, und die Strafprozeßordnung gewährt den Opfern keinerlei Schutz. Diese Tatsache geht aus dem Bericht von Dr. Horst Woesner hervor, der Richter am Bundesgerichtshof ist und im Mai 1974 für Amnesty International die »Luftwaffenprozesse« beobachtete. Wenn ein Strafverteidiger anführte, sein Mandant sei gefoltert worden (berichtete Dr. Woesner), entschied das Gericht, daß solche Behauptungen politische Argumente darstellten und darum unzulässig seien. Zur Entstehungszeit dieses Berichts erhielt Amnesty International noch immer Meldungen, daß Gefangene zur Erlangung von Geständnissen psychologisch und mit Elektroschocks gefoltert werden.
Viele ehemalige Häftlinge und Beobachter haben angegeben, daß der ärztliche Berufsstand nach dem Militärputsch direkt und indirekt an den Folterungen politischer Gefangener in Chile beteiligt gewesen sei. Die Beschuldigungen sind von verschiedener Art. Die schwerwiegendste Behauptung ist, daß Ärzte an Foltersitzungen teilgenommen und die Folterer über den körperlichen Zustand des jeweiligen Opfers beraten hätten. Eine weitere Anklage lautet, daß führende Mediziner von Folterungen politischer Gefangener in den Krankenhäusern selbst Kenntnis gehabt und – wie im Militärkrankenhaus von Santiago – zuweilen Gelegenheit erhalten hätten, die gefol-

terten Gefangenen zu besuchen. An diesen Anschuldigungen scheint zumindest etwas Wahres zu sein. Es gibt beträchtliches Beweismaterial, daß Ärzte während der Folter von Gefangenen im Nationalstadion anwesend waren. Ein Arzt, der selbst viele Wochen als Gefangener im Stadion lebte (und selbst nicht gefoltert wurde, aber Erklärungen von gefolterten Mitgefangenen sammelte), sagte aus, daß Ärzte häufig an den Foltersitzungen teilgenommen hätten.
Über den zweiten Punkt, die Komplicenschaft von Ärzten durch Stillschweigen, kann kaum ein Zweifel bestehen. Viele Gefangene wurden nach der Folter in Militärkrankenhäusern behandelt. Ein Arzt, der ehemalige Direktor des Nationalen Gesundheitsdienstes für die Zonen Cautin und Malleco, starb an »postoperativer Anämie«, nachdem er wegen seiner von Folterungen herrührenden schweren inneren Verletzungen operiert worden war. Obwohl sie sich der ständigen Anwendung von Folter bewußt sind, hat keiner der in verantwortlichen Positionen tätigen Ärzte öffentlich bestätigt, was er gesehen und gehört haben muß.
Quantitativ gesehen, mag die schlimmste Folterperiode in Chile vergangen sein, aber in qualitativen Begriffen muß die Situation unverändert ernst beurteilt werden. Es ist bekannt, daß General Pinochet die Kommandanten von Militärlagern Anfang 1974 durch Rundschreiben warnte, daß Repressalien ergriffen werden müßten, wenn die umfassende Anwendung von Folter nicht unter Kontrolle gebracht würde. Während so versucht worden sein mag, die Flut der Folterungen einzudämmen, wurden keine Schritte unternommen, die eigenmächtige Willkür jener Sicherheits- und Geheimdienste zu beschneiden, die für ihre Aufgabe der Ausrottung politischer Opposition in Chile mit der Hilfe brasilianischer Experten im Gebrauch verfeinerter Foltertechniken ausgebildet worden sind.

Costa Rica

Costa Rica genießt auf dem Gebiet der Menschenrechte einen guten Ruf und ist das einzige lateinamerikanische Land, aus dem Amnesty International keine Meldungen über Folterungen erhalten hat.

Dominikanische Republik

Die Informationen, die Amnesty International aus vielerlei Quellen erreichten, lassen auf die konsequente Verletzung der elementarsten Menschenrechte in der Dominikanischen Republik schließen. Obwohl die Regierungsform des seit 1966 von Präsident Balaguer regierten Landes nominell eine konstitutionelle Demokratie ist, gibt es klare Hinweise auf eine strenge Unterdrückung jeglicher politischer Opposition. Nach dem Auftreten von Guerillas Anfang 1973 wurden schätzungsweise 1500 Personen festgenommen, von denen viele über lange Zeit hinweg ohne Verbindung zur Außenwelt in Haft gehalten wurden.

Die meisten in der Vergangenheit erhobenen Beschuldigungen betrafen die zahlreichen politischen Morde durch die sogenannten Todeskommandos (wie die berüchtigte »*La Banda*«), die von der nationalen Polizei geduldet und sogar offen unterstützt wurden. 1970 wurde berichtet, daß alle 34 Stunden jemand aus politischen Gründen starb oder verschwand. Auch gibt es Meldungen, daß Gefangene im Gefängnis von La Victoria (in dem gewöhnlich die politischen Gefangenen festgehalten werden) und im Gefängnis von San Francisco de Macoris nach brutalen Schlägen starben. Schwere körperliche Folterungen, für die der Geheimdienst *(Servicio Secreto)* der nationalen Polizei verantwortlich gemacht wurde, sollen im *Palacio Policial* in Santo Domingo stattgefunden haben. Gefangene behaupteten, daß sie dort nackt in schmutzigen unterirdischen Zellen festgehalten worden seien.

1971 veröffentlichte die dominikanische Zeitung »El Nacional« eine Artikelserie über Folter in den Gefängnissen und erklärte, daß die darin erhobenen Vorwürfe zweifelsfrei bewiesen seien. Ende 1972 wurde ein Mitglied eines Menschenrechtskomitees, das die Folterung politischer Gefangener verurteilt hatte, kurzerhand des Landes verwiesen. Amnesty erhielt auch Fotografien von Gefangenen mit schweren Verletzungen als angeblicher Folge von Folterungen. Es entsteht der Eindruck, daß der *Servicio Secreto* Foltermethoden wie konsequentes Schlagen und nächtliche Verhöre zur Erpressung von Geständnissen anwendete, während in den Gefängnissen schiere Brutalität die übliche Praxis ist und oft nur der Einschüchterung der Gefangenen dient.

Hohe Beamte der nationalen Polizei wurden häufig der Mittäterschaft bei und Verantwortlichkeit für Folterungen beschuldigt. Obwohl die Regierung eine solche Verantwortlichkeit niemals anerkannte, wurde 1971 ein Polizeichef entlassen, nachdem er der Grausamkeit gegenüber politischen Gefangenen und der Verantwortlichkeit für die Operationen der Todeskommandos beschuldigt worden war.

Ecuador

Seit dem erfolgreichen Staatsstreich des Generals Guillermo Rodriguez Lara im Februar 1972 wird Ecuador von einer Militärregierung geführt. Im Juli 1972 wurden durch das Dekret Nr. 618 Sondergerichte zur Aburteilung verschiedener Arten von Delikten einschließlich jenem der »politischen Subversion« errichtet. Diese Sondergerichte, die sich aus zwei Militär- und einem Zivilrichter zusammensetzen, wurden von prominenten Rechtsanwälten und hohen Klerikern öffentlich als nicht unabhängig und unvereinbar mit der Allgemeinen Deklaration der Menschenrechte mißbilligt.
In Ecuador gilt es als ausgemachte Sache, daß den politischen Gefangenen vor ihrer Verurteilung durch die Sondergerichte unter der Folter Geständnisse abgerungen wurden. Amnesty liegt die Aussage eines Gefangenen über extreme körperliche Folterungen vor, die ihn an den Rand des Selbstmords trieben. Im November 1972 sandte der Rektor der Zentral-Universität von Ecuador Telegramme mit der Forderung, daß eine internationale Kommission die Angaben über Folterungen politischer Gefangener prüfen solle, an das Internationale Rote Kreuz und die Menschenrechtskommission der Vereinten Nationen. Und im Mai 1973 gab die Nationale Vereinigung ecuadorianischer Rechtsfakultäten eine Presseerklärung heraus, daß die vom Ersten Sondergericht Quito über politische Gefangene verhängten Urteile als ungültig kassiert werden sollten, weil Folter zur Erlangung von Geständnissen angewendet worden sei.

El Salvador

Amnesty International besitzt nur wenige dokumentierte Informationen über das Vorkommen von Folter in den zentralamerikanischen Republiken El Salvador, Honduras und Panama. Die eingegangenen Anschuldigungen lassen jedoch vermuten, daß systematische und verfeinerte Foltermethoden weniger üblich sind als Brutalität und Mißhandlungen. Manche Meldungen ähneln denen, die aus Guatemala und Nicaragua (siehe dort) vorliegen, wie etwa das Verschwinden von Personen und Ermordungen aus politischen Gründen.
In Guatemala wird immer wieder behauptet, daß Leichen beseitigt würden, indem sie ins Meer oder in die Krater von Vulkanen geworfen werden. In Nicaragua deutet eine Erklärung von 1967 darauf hin, daß dieses Verfahren bei der Beseitigung der Leiche eines Gefangenen angewendet wurde,

der nach schwerer Folterung in der Haft gestorben war. Im vergangenen Jahr bekam Amnesty International bei zwei Anlässen Hinweise auf Folterungen in El Salvador, und zwar im Juli 1972 und im Februar 1973, als zahlreiche Studenten, Arbeiter und Lehrer aus politischen Gründen verhaftet wurden. Private Quellen und Zeitungen berichteten übereinstimmend, daß die Gefangenen unmittelbar nach ihrer Verhaftung von der *Guardia Nacional* gefoltert wurden, um Geständnisse zu erhalten.
Amnesty bat den Präsidenten, eine neutrale Untersuchung zu veranlassen, hat aber keine Informationen über das Ergebnis. Weitere Folteranschuldigungen von Mitgliedern der Christlich-Demokratischen Partei führten im Juni 1973 dazu, daß das Abgeordnetenhaus von El Salvador für eine parlamentarische Untersuchung der von der Polizei bei Vernehmungen angewendeten Methoden stimmte.

Guatemala

Seit vielen Jahren ist das Verschwinden einer großen Zahl von guatemaltekischen Bürgern ein charakteristisches Merkmal des politischen Lebens in Guatemala. Amnesty International hat eine unvollständige Liste von mehr als 300 Personen, die in einem Zeitraum von 18 Monaten verschwunden sind. Die Informationen stammen aus der nationalen und internationalen Presse, von Universitäten, Gewerkschaftsorganisationen sowie aus privaten Quellen.
Leichen werden regelmäßig an Straßenrändern, in tiefen Bergschluchten oder in der Nähe von Vulkanen gefunden. Es wird behauptet, daß die Leichen mit Hubschraubern transportiert und ins Meer oder in Vulkankrater geworfen werden, wobei gelegentlich das Ziel verfehlt wird. Die Presse Guatemalas berichtet jedesmal, daß die aufgefundenen Leichen von schweren Foltern und Verstümmelungen vor dem Tode gezeichnet sind. Es ist nicht bekannt, ob die Opfer verhört werden, bevor man sie tötet, oder ob die Folter einen Teil der Ermordung darstellt.
Deutliche Anzeichen sprechen dafür, daß diese Entführungen und Ermordungen von Terroristengruppen nach der Art der Todeskommandos durchgeführt werden, zu denen dienstfreie Polizisten und Militärs gehören. Viele von den Verschwundenen wurden als guerillaverdächtig ergriffen. Das Verfahren hat jedoch solche Ausmaße angenommen, daß jede beliebige Person mit bekannten oder vermuteten Sympathien für sozialdemokratische oder sozialistische Ideen das nächste Opfer sein

kann, oder auch einfach ein kleiner Gauner oder Dieb.
Diese Praxis kann als Folgeerscheinung der massiven Anti-Guerilla-Operationen der 60er Jahre betrachtet werden, die von dem Obristen geleitet wurden, der später Präsident von Guatemala wurde. Die unverminderte Zahl von verschwundenen Personen läßt auf die stillschweigende Billigung durch die Regierung und die inoffizielle Beteiligung der Behörden schließen. In erster Linie dürfte die *Policia Judicial* (Geheimpolizei) verantwortlich sein.
Die Regierung leugnet ihre Verantwortlichkeit und behauptet, die Ermordungen seien das Werk rivalisierender Banden. Wenn Menschen verschwinden, ist die offizielle Erklärung, daß sie das Land heimlich aus eigener Initiative verlassen hätten. Von den Behörden angeordnete Untersuchungen haben, soweit bekannt ist, niemals zu irgendwelchen definitiven Feststellungen geführt.

Haiti

Unter der diktatorischen Herrschaft von Dr. »Papa Doc« Duvalier (1957–1971) wurden politische Gegner willkürlich und ohne irgendeinen rechtlichen Schutz eingekerkert. Trotz verschiedener Bemühungen, nach dem Tode Duvaliers das Image Haitis im Ausland aufzubessern, blieb die einzige bedeutende Veränderung der offenere Konflikt zwischen den Anwärtern auf die Macht innerhalb der alten Strukturen.
Seit langem ist bekannt, daß die Folter in Haiti eine übliche Praxis ist, aber da es weder ein unabhängiges Rechtswesen noch eine freie Presse oder Gefängnisbesuche durch Angehörige und Rechtsanwälte gibt, stehen nur wenige Detailinformationen zur Verfügung. Als Ergebnis dieses repressiven Klimas sind die wenigen entlassenen Gefangenen nicht zu Aussagen geneigt, nicht einmal im Exil, da sie Vergeltungsmaßnahmen gegen ihre Familien befürchten.
Obwohl der Tod eines Häftlings nicht einmal seiner Familie mitgeteilt wird, ist bekannt, daß die Sterberate in haitischen Gefängnissen durch Mißhandlungen und Haftbedingungen, die als tägliche Folter bezeichnet werden können, sehr hoch ist. Es wird berichtet, daß Gefangene jahrelang nackt in der völligen Dunkelheit unterirdischer Kerker gehalten wurden. Verstümmelung, Kastration, Hunger und Einführung eines heißen Eisens in den After sind Foltermethoden, die von kürzlich entlassenen und ins Exil gelangten Gefangenen genannt wurden.
Zweck der Folter ist offenbar das Bestreben, jedes Zeichen

politischer Gegnerschaft frühzeitig zu erkennen und jegliche politische Opposition abzuschrecken. Persönliche Feindschaft und Rachsucht mögen weitere Ursachen für Mißhandlungen sein.
Haiti ist lange Zeit mehr von Einzelpersonen als von Institutionen regiert worden, und mehrere dieser Einzelpersonen tragen persönliche Verantwortung für die Folter. Duvaliers private Sicherheitstruppe, die *Tonton Macoutes*, die unter seinem Sohn und Nachfolger weiter existiert, spielte und spielt eine bedeutende Rolle in der Unterdrückungsmaschinerie und hat Berichten zufolge auch gefoltert. Hohe Offiziere des Militärs und Kabinettsminister sind gleichfalls mit der Folter in Zusammenhang gebracht worden.

Honduras

Amnesty hat keine spezifischen Hinweise auf Folterungen in Honduras erhalten, wurde jedoch informiert, daß brutale Behandlung nach der Verhaftung üblich sei.

Kolumbien

Nach einem beispiellos gewalttätigen Bürgerkrieg in den 40er und 50er Jahren dieses Jahrhunderts, in dem schätzungsweise 200 000 Menschen zu Tode kamen, stand Kolumbien während der meisten der seither vergangenen 20 Jahre unter Belagerungszustand. Den Sicherheitsstreitkräften (F 2 und DAS = *Departamento Administrativo de Seguridad)* wurden zur Bekämpfung der »Subversion« Sondervollmachten eingeräumt. Der zunehmenden Aktivität der drei Guerillaorganisationen in Kolumbien (namentlich des ELN = *Ejercito de Liberacion Nacional)* wurde mit harten Anti-Guerilla-Operationen begegnet.
Zwei Hauptgruppen von Folteranschuldigungen lassen sich unterscheiden. Zum einen haben mehrere kolumbianische Organisationen und führende Zeitungen die Brutalität von Landpolizei und Außenstellen des DAS gegen Bauern öffentlich verurteilt und geschildert, wie Bauern zusammengeschlagen, mit Säure übergossen und mit der Hinrichtung bedroht wurden, um ihnen Geständnisse abzupressen. Die *Asociación Nacional de Usuarios Campesinos* (ANUC) sandte internationalen Menschenrechtsorganisationen Dokumente, in denen Folter und Ermordung einheimischer Personen durch Provinzdienststellen des DAS und die Streitkräfte angeprangert wurden. Die Antwort der kolumbianischen Regierung auf diese

Anschuldigungen war, daß die Aktivitäten des DAS ungeachtet der vorgekommenen Todesfälle ein Ergebnis oder die logische Folge der Zersetzung der öffentlichen Ordnung in den betroffenen Gebieten seien.
Die zweite Gruppe von Anschuldigungen betrifft die systematische Folter bei Vernehmungen politischer Gefangener durch das DAS. Davon sind besonders Gefangene betroffen, denen Verbindungen zur Befreiungsarmee nachgesagt werden. Im August und September 1972 veröffentlichten kolumbianische Zeitungen (vor allem »El periodico«) mehrere Artikel über körperliche und psychologische Foltern, wie sie von der kolumbianischen Militärpolizei und vom Geheimdienst angewendet werden. »El periodico« veröffentlichte im gleichen Zusammenhang die Erklärungen politischer Gefangener, die damals ihre Gerichtsverhandlung erwarteten, und brachte Detailskizzen von Foltermethoden. Diese Zeitung veröffentlichte auch eine Erklärung verschiedener kolumbianischer Vereinigungen und Organisationen, in denen die Anwendung von 15 Arten von Folter gegen die Gefangenen verurteilt wurde.
Nach dieser umfangreichen Publizität arbeiteten die Strafverteidiger eine Denkschrift zu den Folteranschuldigungen aus und legten sie dem Generalstaatsanwalt und dem kolumbianischen Parlament mit einer Petition vor. Im September 1972 wurde eine Parlamentsdebatte über die Folter gehalten. Nachdem er von den Anschuldigungen erfahren hatte, dementierte der Verteidigungsminister die Anwendung systematischer Folter und erklärte, daß gegen alle, denen der Mißbrauch ihrer Amtsbefugnisse bewiesen werden könnte, Maßnahmen ergriffen würden.
Amnesty International war in der Lage, zahlreiche Meldungen über Folterungen in der kolumbianischen Presse sowie weitere Anklagen kolumbianischer Gefangener zu prüfen. Die Übereinstimmung der Informationen führt uns zu dem Schluß, daß bei Versuchen, Informationen und Geständnisse von guerillaverdächtigen Personen zu erhalten, verfeinerte Techniken des psychologischen Drucks angewendet werden.

Kuba

Seit Fidel Castros Machtübernahme haben internationale Organisationen wie die Inter-Amerikanische Menschenrechtskommission der OAS und die Internationale Juristenkommission Berichte über Kuba mit Abschnitten über die Haftbedingungen und die Behandlung von Gefangenen veröffentlicht. Der IJK-Bericht »Kuba und die Rechtsnormen« erwähnte

Klagen über psychologischen Druck auf Gefangene und ihre Familien. Die Menschenrechtskommission der OAS veröffentlichte zwei Berichte über die »Situation der politischen Gefangenen und ihrer Familien in Kuba«. Die Informationen stammen von kubanischen Gefangenen und ihren Familien. In diesen Berichten gibt es eine Fülle von Behauptungen über körperliche und seelische Folter, Hinrichtungen und simulierte Hinrichtungen von Gefangenen sowie über unmenschliche Haftbedingungen. Die meisten dieser Behauptungen stammen aus den frühen 60er Jahren, während der jüngste Bericht (vom April 1970) Anschuldigungen bis 1969 enthält. Gefangene gaben darin an, daß sie, als sie sich weigerten, an den ideologischen Rehabilitationskursen teilzunehmen, die die kubanische Regierung ihnen auferlegte, vielfältigen Foltern ausgesetzt worden seien. Der Bericht schloß, daß die Situation der politischen Gefangenen in Kuba ernstzunehmende Merkmale aufweise, die mit der Menschenrechtsdeklaration der Vereinten Nationen unvereinbar seien.

Da die kubanische Regierung sich beharrlich weigert, eine internationale Untersuchungskommission ins Land zu lassen, war eine Nachprüfung all dieser Behauptungen nicht möglich. Nach Informationen aus gewöhnlich zuverlässigen Quellen ist Amnesty International zu der Auffassung gelangt, daß es wohl während der ersten Jahre der Castro-Revolution (und besonders während der Massenverhaftungen von CIA-Verdächtigen nach dem Invasionsversuch in der Schweinebucht) starke Anzeichen für Folterungen und Ermordungen von Gefangenen gab, daß die Bedingungen sich jedoch zumindest seit 1968 verbessert haben. Nichtsdestoweniger gibt es noch heute Anzeichen, daß psychologischer Druck ausgeübt wird, um Willen und Widerstandskraft politischer Gefangener zu brechen. Mutmaßliche politische Gegner werden der politischen Polizei (G-2) übergeben und können über ein Jahr lang festgehalten werden, bis sie Geständnisse unterschreiben (die angeblich durch psychologische Folter zustande kommen), daß sie Verbrechen gegen den Staat begangen haben (gewöhnlich das Verbrechen, ein CIA-Agent im Sold der US-Amerikaner zu sein).

Zwei Foltermeldungen jüngeren Datums haben in der Weltöffentlichkeit Widerhall gefunden. Eine ist die über Pedro Luis Boitel, der nach langem Hungerstreik im Gefängnis Castillo del Principe gestorben ist, angeblich nach Folterung durch Gefängnisaufseher. Der zweite Fall ist der des kubanischen Dichters Heberto Padilla, der 1972 verhaftet und nach seinem »Geständnis«, der konterrevolutionären Ideologie angehangen zu haben, freigelassen wurde. Viele westliche Beobachter vermuteten, daß ihm dieses Geständnis durch psychologischen Druck und »Gehirnwäsche« abgerungen worden sei. Während des Jahres 1973 hat Amnesty International keine Angaben über Folter in Kuba erhalten.

Mexiko

Obgleich Mexiko eine Tradition extremer politischer und sozialer Gewalttätigkeit und starker politischer Brutalität hat (von der die Straßenmassaker von 1968 und 1970 als jüngste Beispiele Zeugnis geben), erhielt Amnesty International erst vergleichsweise spät Meldungen über systematische Folter durch Institutionen des Regierungsapparates.

Die im Verlauf des Jahres 1973 eingegangenen Folteranschuldigungen stammen aus Briefen von Gefangenen und ehemaligen Häftlingen. Einige dieser Briefe wurden von kirchlichen Institutionen innerhalb und außerhalb Mexikos veröffentlicht. Ein prominenter Kleriker erklärte kürzlich, daß die Folter im Begriff sei, eine »soziale Fäulnis« im ganzen Lande zu werden.

Das Anwachsen systematischer Folter wurde in direktem Zusammenhang mit dem Wiederaufleben der Guerillatätigkeit (es gibt gegenwärtig etwa 12 Guerillaeinheiten) gesehen, besonders in der Provinz Guerrero. Man stellte fest, daß die mexikanische Armee in der Kriegführung gegen beweglich operierende Guerillatrupps nicht gut ausgebildet ist, und griff deshalb auf die gröberen Techniken der Festnahme und Folterung von Familienangehörigen der Guerilleros sowie anderer verdächtiger Personen zurück. Eine der schwerwiegendsten Anschuldigungen wurde im Februar 1973 veröffentlicht, als 29 Bauern (die ursprünglich der Zugehörigkeit zu Guerillabanden beschuldigt worden waren) entlassen wurden, nachdem ihre Familien ihre Unschuld bewiesen hatten. Obwohl alle 29 vorher Geständnisse unterschrieben hatten, in denen sie ihre Schuld zugaben, sagten sie später aus, daß die Geständnisse durch Folter erpreßt worden seien.

Politische Gefangene berichteten in Erklärungen an die mexikanische Presse, daß Folterungen im Hauptvernehmungszentrum, dem *Campo Militar No. 1*, durch Agenten der *Dirección Federal de Seguridad* (Bundesdirektion der Sicherheitspolizei), die direkt dem Verteidigungsminister untersteht, vorgenommen werden. In einem Artikel in der oppositionellen Zeitschrift »Porque« im Oktober 1971 beschuldigte ein Gefangener den Minister für Nationale Verteidigung der Mitschuld

an der Verwandlung von Gefängnissen in Folterlager. Es gibt keinen Beweis für eine umfassende Anwendung von Folter im politischen Hauptgefängnis Lecumberri. Doch als ein Gefangener 1972 unter mysteriösen Umständen den Tod fand, wurde der Direktor von Lecumberri der Mitschuld an Folter und Totschlag angeklagt.
Nach einigen Quellen wurden Frauen in erster Linie seelisch gedemütigt und mißhandelt, während die Männer, besonders im militärischen Vernehmungszentrum, die in Lateinamerika so übliche körperliche Folter erlitten.
Zusätzlich zu Folterungen während offizieller Vernehmungen gibt es nach mexikanischen Presseberichten paramilitärische Gruppen, die Sympathisanten der Linken (kürzlich zwei Priester) festnehmen, sie schweren Folterungen einschließlich Elektroschocks unterwerfen und sie dann entlassen. Dies ist eine eindeutige Anwendung von Folter zum Zweck der Einschüchterung.

Nicaragua

1968 schrieb ein Delegierter von Amnesty International einen Bericht über die Behandlung von Gefangenen in Nicaragua, welcher der im gleichen Jahr in Stockholm tagenden internationalen Konferenz über Folter, Unmenschlichkeit und entwürdigende Behandlung vorgelegt wurde. Er schrieb: »Nicaragua befindet sich seit Beginn der 30er Jahre unter der effektiven Gerichtsbarkeit der Familie Somoza, Vater und Söhne. Diese Gerichtsbarkeit wurde mit Hilfe von Gewalt und Terror, einschließlich der Anwendung von Folter gegen politische Gefangene, aufrechterhalten.« Die spezifischen Fälle von Gewalt, die in dem Bericht geschildert wurden, gaben einen Eindruck von den Mitteln, die die Familie Somoza zur Aufrechterhaltung ihrer Herrschaft anwendete.
Viele der Folterungen sollen im Präsidentenpalast selbst sowie in den Quartieren der Nationalgarde stattfinden. Ein geachteter Zeitungsmann erzählte, wie er viele Stunden lang in der Hocke ausharren mußte, bis er schließlich zusammenbrach, und wie er von einem grellen elektrischen Licht zehn Zentimeter vor seinen Augen angestrahlt wurde. Andere Gefangene wurden mit gefesselten Händen und Füßen wiederholt beinahe ertränkt. Andere wurden im Park des Präsidentenpalastes in unmittelbarer Nachbarschaft mit wilden Tieren in Käfige gesperrt.
Der Bericht umfaßt den Zeitraum von 1956 bis 1968. Obgleich Amnesty International in der Folgezeit keine spezi-

fischen Informationen erhalten hat, ergibt sich aus den Presseberichten nichts, was auf eine Änderung der Regierungspolitik gegenüber politischen Gegnern würde schließen lassen. Das Land wird gegenwärtig von einem Triumvirat regiert, aber die tatsächliche Macht liegt bei General Anastasio Somoza, der nun Oberbefehlshaber der Nationalgarde ist.

Das gegenwärtige Haftsystem erinnert an südafrikanische Praktiken und ist eine Form der psychologischen oder seelischen Folter: Wenn der Gefangene die nach dem Gesetz zulässigen sechs Monate Untersuchungshaft ohne Gerichtsverhandlung abgesessen hat, wird er aus dem Gefängnis entlassen – nur um sofort von neuem verhaftet zu werden.

Panama

Die schwerwiegendsten Vorwürfe über Folterungen in Panama stammen aus der Zeit vor 1970, als angeblich mehrere Gefangene auf der Zuchthausinsel Coiba und im Cárcel Modelo (Mustergefängnis) in Panama gestorben sind. Die offizielle Version von Unfällen als Todesursache steht im Widerspruch zu Erklärungen von Mitgefangenen und Presseberichten. Es heißt, daß die Leichen nicht ihren Familienangehörigen übergeben worden seien. Ferner wird behauptet, daß die Polizei mit dem spurlosen Verschwinden eines jungen kolumbianischen Priesters im Jahre 1971 zu tun hatte, der unter Landarbeitern und Bauern in Panama gearbeitet hatte. Noch jüngeren Datums ist eine Meldung, daß das Geständnis eines Gefangenen 1972 unter Folter erzwungen worden sei.

Paraguay

Paraguay lebt unter einem Belagerungszustand, der von General Alfredo Stroessner verhängt wurde, als dieser 1954 an die Macht kam, und seitdem alle 90 Tage erneuert wird, um dem zu begegnen, was offiziell als fortwährende kommunistische Bedrohung bezeichnet wird.

1966 veröffentlichte Amnesty International einen Bericht über Haftbedingungen in Paraguay. Der Verfasser verbrachte drei Wochen im Land, in denen er mit den Führern der drei größten Oppositionsparteien sprach und Rechtsanwälte, Journalisten, Priester, Sozialarbeiter und Personen befragte, die mit dem Wohlergehen der Gefangenen befaßt waren. Er schrieb in seinem Bericht: »Es gibt keinerlei Zweifel, daß Folter ein übliches Mittel zur Erlangung von Geständnissen und sehr oft auch ein Mittel zur Erpressung von Geld von Gefangenen ist.« Der Bericht vermerkte, daß die Folter, die häufig mit dem Tod des betroffenen Gefangenen endete, nicht selten in der Gegenwart von hohen paraguayischen Polizeioffizieren ausgeführt wurde. Der Verfasser wies ferner auf die »mittelalterlichen« Bedingungen hin, unter denen die politischen Gefangenen in kleinen Gruppen von fünf oder zehn Personen in Haftzellen der zahlreichen *Comisarias* (Polizeiwachen in Asuncion) gehalten wurden, Bedingungen, die allein schon zum körperlichen Verfall der Häftlinge führten.

Der Bericht von 1966 war jedoch bemüht, die Situation der politischen Gefangenen in der richtigen historischen Perspektive darzustellen, und bemerkte, daß die andauernde Mißachtung der Menschenrechte in Paraguay vor dem Hintergrund von 150 Jahren absoluter Herrschaft durch diktatorische Präsidenten gesehen werden müsse, die fast alle durch Militärputsche an die Macht gekommen seien. Obgleich die Verfassung einen bestimmten Schutz der Menschenrechte vorsieht, bringen chronische Armut und Mangel an Bildungsstätten es mit sich, daß die unterdrückten Landarbeiter und Kleinpächter von ihren theoretischen Rechten auf Schutz vor Mißhandlung und unmenschlichen Haftbedingungen kaum eine Vorstellung haben.

In den Jahren von 1969 bis 1971 nahm ein in Paraguay ansässiger Sympathisant von Amnesty eigene Ermittlungen über die Lage der politischen Gefangenen in Paraguay auf. Er stellte fest, daß noch immer die gleichen Bedingungen vorherrschten. Ein neuer Bericht, den Amnesty International im Oktober 1971 veröffentlichte, beruhte auf Einzelgesprächen mit Angehörigen aller Sektoren in Paraguay, darunter auch mit den Familien der Gefangenen.

Beide Amnesty-Berichte wie auch das in jüngerer Zeit erhaltene Material — zu dem individuelle Verurteilungen der Folter durch Personen des kirchlichen Lebens in Paraguay sowie Aussagen entlassener Amnesty-Gewissensgefangener gehören — melden nicht nur fortdauernde Folterungen, sondern auch den Tod von Personen, die nicht formell verhaftet worden waren. Ihre gebundenen und von der Folter gezeichneten Leichen werden in die Flüsse Paraguay und Parana geworfen, und wenn sie auf ihrer Reise flußab ans jenseitige Ufer gespült werden, nehmen sich die argentinischen und uruguayischen Zeitungen ihrer mit Artikeln und Fotografien an.

In Paraguay sind die Motive für die Anwendung von Folter verschiedenartig und nicht immer klar ersichtlich, da der Vorwurf des Kommunismus oft als Vorwand für die Verhaftung und Mißhandlung und schließliche Beseitigung von Rivalen dient. Die entschiedensten Gegner des Regimes werden summarisch liquidiert, so daß die Folteropfer gewöhnlich keine militanten Oppositionellen sind, sondern einfach die Angehörigen von Verdächtigen oder Personen sein können, deren Einschüchterung die Regierung für ratsam hält. Wie bereits erwähnt, kann die Folter auch der Erpressung von Geld vom Opfer dienen.

Im Hinblick auf Technik und Organisation ist das System der Folter und Unterdrückung bei weitem weniger ausgefeilt als im benachbarten Brasilien; dennoch ist es in einem Land wie Paraguay mit seiner langen Geschichte der Diktatur, des niedrigen Bildungsniveaus und der Kleinstadtatmosphäre außerordentlich wirksam.

Gewöhnlich wird gleich nach der Festnahme und während der Vernehmungsphasen gefoltert. Das Innenministerium und die Abteilung für Verbrechen und Überwachung in Asuncion nehmen Folterungen in ihren jeweiligen Zentren vor. Die Methoden scheinen sich auf körperliche Mißhandlungen zu konzentrieren. Familienmitglieder werden bedroht, und in den Comisarias soll die Vergewaltigung von weiblichen Gefangenen gang und gäbe sein. Häufig nehmen Armeegenerale und prominente politische Persönlichkeiten als Beobachter an den Folterungen teil. Diese werden von Gruppen verabfolgt, zu denen Schwachsinnige und sexuell Gestörte gehören.

Sobald die Gefangenen in die *Comisarias* verlegt worden sind, ändern sich die Bedingungen von Polizeistation zu Polizeistation, da die örtlichen Polizeichefs für die Behandlung ihrer Häftlinge selbst verantwortlich sind.

Offiziell behauptet die Regierung, es gebe keine politischen Gefangenen. In Haft gehalten würden nur Verbrecher, die sich gewalttätiger Akte schuldig gemacht hätten. Die Natur der »gewalttätigen Akte« wird nie erklärt, und nur zwei politische Gefangene wurden jemals vor ein Gericht gestellt. Der Presse ist es nicht erlaubt, über Fragen wie die Folter in eine offene Diskussion einzutreten. Und obwohl General Stroessner einmal sagte, daß er den US-Botschafter als ein reguläres Mitglied seines Kabinetts betrachte, haben die Vereinigten Staaten die Folter niemals offiziell zur Kenntnis genommen, geschweige denn Schritte eingeleitet, um die Anwendung von Folter durch eine Regierung zu verhindern, die so sehr unter ihrem Einfluß zu stehen scheint.

Peru

Polizeiliche Brutalität während der Verhöre krimineller wie auch politischer Gefangener soll in Peru seit vielen Jahren der Brauch sein. 1973 brachten einige peruanische Zeitungen Berichte über solche Brutalitäten, nach denen Gefangene mit Quetschungen, Knochenbrüchen etc. ins Krankenhaus eingeliefert werden mußten.
1970 erließ die Regierung eine allgemeine Amnestie für politische Gefangene, und viele Personen, die seit Beginn der 60er Jahre in Haft gewesen waren, erlangten die Freiheit zurück. Seitdem gab es jedoch neue politische Verhaftungen, deren Opfer in erster Linie Führer von Arbeitersyndikaten und extrem linksgerichteten politischen Parteien waren.
1972 erhielt Amnesty International persönliche Berichte über die schweren Folterungen inhaftierter Mitglieder der *Partido Vanguardia Revolucionaria* (Partei der revolutionären Avantgarde). Mit diesen Folterungen wurde den Berichten zufolge versucht, die Gefangenen zu Geständnissen von Verbrechen zu zwingen, an denen sie unschuldig zu sein behaupten. Seit Mai 1973 hat Amnesty mehrfach Klagen über die systematische Folterung von Arbeiterführern, Lehrern und Intellektuellen erhalten, die in Opposition zur Regierung stehen. Die Informationen stammen aus Gesprächen mit den Angehörigen der Gefangenen und Aussagen der Gefangenen selbst. Nach einer Welle von politischen Streiks im Mai 1973 wurden über 200 Personen festgenommen und zum Verhör der Abteilung für Staatssicherheit der Kriminalpolizei in Lima übergeben. Die Gefangenen behaupten, daß sie dort schwer gefoltert worden seien. Sie berichten, daß der Vernehmungsraum der »Kriminalbrigade« speziell für Folterungen eingerichtet sei.
Obwohl Amnesty nur wenige präzise Angaben erhalten hat, läßt die Art des verfügbaren Materials darauf schließen, daß Foltertechniken wie das Beinahe-Ertränken übliche Verfahren bei der Vernehmung aller Arten von Gefangenen sind. Es gibt keine Anhaltspunkte, daß nach dem Vernehmungsstadium gefoltert wird.
Offizielle Stellungnahmen der Regierung Perus zur Anwendung von Folter sind nicht bekannt geworden.

Uruguay

Uruguay ist traditionell ein Land, in dem die Grundsätze der Gesetzlichkeit und die Achtung der Menschenrechte respektiert werden. Doch führten Abhängigkeit vom Weltmarkt und die einseitige Wirtschaftsstruktur des Landes (die Viehzucht stellt rund 80 Prozent der Ausfuhrgüter) seit der Mitte der 50er Jahre zu wachsenden ökonomischen Schwierigkeiten, die die ernsten Strukturprobleme in voller Schärfe hervortreten ließen und Anfang der 60er Jahre im Gefolge zunehmender sozialer Spannungen zur Bildung der Bewegung der Stadtguerillas führten, die unter dem Namen Tupamaros weltweit bekannt wurde.

Versuche der Regierung, diese Guerillabewegung und die Unruhe unter der Bevölkerung gewaltsam zu unterdrücken, haben zur zunehmenden Anwendung von Folter geführt, die mittlerweile als Routineverfahren nach der Verhaftung mutmaßlicher Tupamaros oder Sympathisanten akzeptiert zu werden scheint. Der Zweck dieser Folter ist, Geständnisse zu erzwingen und den Gefangenen zur Preisgabe von Namen anderer Mitglieder der Organisation zu veranlassen. Sehr viele Bürger, die niemals mit gewalttätigen Formen politischer Opposition zu tun hatten, sind ebenfalls Opfer von Verhaftung und nachfolgender Folter geworden.

Ein Vertreter von Amnesty International kam 1969 nach einem Besuch in Uruguay zu dem Schluß, daß Mißhandlungen im Polizeigewahrsam üblicher sind als in militärischer Haft, wo die Gefangenen im allgemeinen angemessen behandelt werden. Seitdem hat die direkte Beteiligung der Streitkräfte am politischen Leben des Landes und an den Operationen zur Guerillabekämpfung zugenommen. Damit stieg auch die Zahl der Beschuldigungen wegen systematischer Folterungen bei Verhören in Militärkasernen. Es wird jedoch angenommen, daß Ausmaß und Schwere der Folter von Kaserne zu Kaserne unterschiedlich sind und vom jeweiligen Kommandeur abhängen. So wird berichtet, daß einige Offiziere die Folterpraktiken völlig ablehnen.

Schon 1970 kam eine vom Senat Uruguays ernannte Untersuchungskommission aus Mitgliedern mehrerer Parteien zu dem Ergebnis, daß »die unmenschliche Behandlung und Folter von verhafteten Personen durch die Polizei von Montevideo ein übliches Verfahren ist«.

Die zahlreichen Folteranschuldigungen, die danach bei der Presse Uruguays und ärztlichen, parlamentarischen und staatlichen Körperschaften eingingen und durch einige eidesstattliche Erklärungen von Ärzten bekräftigt wurden, führen zu der Folgerung, daß die Folter mehr denn je zu einer administrativen Praxis geworden ist. Der fortwährende Ausnahmezustand und die Suspendierung bürgerlicher Freiheiten gestatten es der Polizei, Gefangene tage- und wochenlang ohne

Verbindung mit der Außenwelt festzuhalten. Natürlich ist das die Phase, in der die meisten Mißhandlungen geschehen. Die Verantwortung liegt bei den *Fuerzas Conjuntas* (vereinigte Streitkräfte von Polizei und Armee) und in letzter Instanz beim Verteidigungsministerium.

Die Foltermethoden ähneln denen anderer lateinamerikanischer Länder. Das Verbinden der Augen oder Verhüllen des Kopfes vom Augenblick der Verhaftung an verhindert, daß die Gefangenen die Folterer später wiedererkennen und scheint ein Routineverfahren zu sein. Zu den Foltermethoden, die anscheinend verbreitet angewendet werden, zählen *»el plantón«* (der Türsteher), wobei der Gefangene mit gespreizten Beinen viele Stunden oder gar Tage stillzustehen hat, sowie *»el submarino«* (das U-Boot), wobei der Gefangene an eine Planke gebunden und in Wasser eingetaucht wird.

Im uruguayischen Parlament ist die Folter immer wieder scharf verurteilt worden. Ein Senator brachte dem Parlament das auf Band genommene Geständnis eines führenden Mitglieds des uruguayischen Todeskommandos zur Kenntnis. Es sollte jedoch erwähnt werden, daß die Tonbandaufnahme gemacht worden war, als der Mann sich in den Händen einer Tupamaro-Gruppe befand und wahrscheinlich unter Druck stand.

Die Amnesty International vorliegenden Folteranschuldigungen umfassen bereits mehrere hundert Fälle. Es gibt deutliche Hinweise, daß Gefangene nach Folterungen gestorben sind, während als offizielle Ursache Herzversagen angegeben wurde. So starb Luis Batalla im Mai 1972 unter äußerst verdächtigen Umständen in einer Militärkaserne.

Ein Jahr später starb in einer anderen Kaserne Oscar Felipe Fernandez Mendieta wenige Stunden nach seiner Verhaftung. Die Todesurkunde wurde von drei Ärzten unterschrieben, die alle im Dienst der Polizei oder der Streitkräfte standen. Als Todesursache gaben sie Herzversagen an. Eine spätere Untersuchung der Leiche durch drei andere Ärzte ergab, daß Kopf und Brustkorb mit Quetschungen und Blutergüssen bedeckt und Handgelenke und Knöchel stark zerschnitten waren.

Es gibt Informationen, daß Berater aus den Vereinigten Staaten und Brasilien die Polizei Uruguays in Techniken der Guerillabekämpfung ausbilden, zu denen auch Foltermethoden gehören.

Die Regierung Uruguays hat die Existenz der Folter nicht geleugnet. 1969 berichtete ein Abgesandter von Amnesty, daß mehrere Polizisten wegen Gefangenenmißhandlung gerichtlich belangt wurden; im Juni 1970 erklärte die Parlamentarische Untersuchungskommission jedoch, daß einige dieser Beamten weiterhin im Polizeidienst aktiv seien. Zwar hatten Folteranschuldigungen in einigen Fällen Untersuchungen zur Folge, doch wurde kein ernsthafter Versuch zur Einschränkung dieser Praktiken unternommen. Militärische Führer glauben offenbar, daß die Folter zwar bedauerlich sei, wenn sich später herausstellt, daß sie gegen Unschuldige angewendet wurde, daß die gegenwärtigen politischen Umstände sie jedoch notwendig machten.

Venezuela

1973 erhielt Amnesty International Informationen über Foltern aus der venezolanischen Presse und von Einzelpersonen, die politische Gefangene gesprochen hatten. Außerdem wurde bekannt, daß sehr viele politische Gegner der Regierung unter seltsamen Begleitumständen verschwanden, einige davon während der Inhaftierung in Gefängnissen. Gefoltert wird angeblich unter der Aufsicht hoher Beamter des SIFA *(Servicio de Inteligencia de las Fuerzas Militares* = Geheimdienst der Armee) in den sogenannten »Anti-Guerilla-Lagern«, deren berüchtigteste TO 4 in Cocollar und TO 5 in Yumare sind. Beschuldigungen wurden auch gegen polizeiliche Abwehreinheiten vorgebracht.
Nach den vorliegenden Zeugenaussagen gehören zu den Folterungen im Lager TO 5 Elektroschocks unter Verwendung von Feldtelefonen, langdauernde Aussetzung in »Tigerlöchern«, d. h. ungeschützten Erdlöchern, in denen der Gefangene weder stehen noch liegen kann, Schläge, Verbrennungen und gestellte Hinrichtungen. Es wird behauptet, daß viele Gefangene in Yumare gestorben seien. Die Folteropfer sind fast ausnahmslos guerillaverdächtige Personen, während die Folterer dem Militär angehören. Doch wird auch berichtet, daß gelegentlich »Folterspezialisten« aus Caracas hinzugerufen werden.
Die zunehmende Häufigkeit von Folteranschuldigungen hat zu offiziellen Anfragen venezolanischer Parlamentsabgeordneter an die Regierung geführt. Nachdem eine Kommission die Folterungen in Yumare untersucht hatte, wurde ein Buch über die Bedingungen in diesem Lager geschrieben. Anhaltende Beschwerden über Folterungen haben zu weiteren Forderungen nach offiziellen Untersuchungen geführt.

Naher Osten

Obwohl der Begriff der Menschenrechte im europäischen Sinne in der arabischen Welt weitgehend unbekannt ist, war der Schutz des einzelnen — der Waisen, Witwen, Kranken und Alten — unter dem islamischen Gesetz immer gewährleistet. In einigen arabischen Ländern ist das gesamte Rechtswesen nach dem islamischen Gesetz des Koran geordnet, oft in Verbindung mit dem alten lokalen Gewohnheits- oder Stammesrecht. Wo die Grundsätze des Islamischen Rechts eine besondere Situation nicht ausdrücklich erfassen, gründet die Rechtsprechung auf der Interpretation des Koran unter Heranziehung analoger Fälle. Körperstrafen, gewohnheitsmäßige Mißhandlungen und Hinrichtungen gehören zu dieser akzeptierten Praxis, und politische Delikte werden weitgehend noch im Sinne von Stammesfehden gesehen und in traditioneller Weise behandelt.

In anderen arabischen Ländern bestehen neben den islamischen Gerichten weltliche Gerichte auf der Grundlage westlicher Rechtsvorstellungen und Gesetzessammlungen. Diese Gerichte üben eine umfassende Rechtsprechung auf dem Gebiet des Zivil- und Strafrechts aus, während die islamischen Gerichte sich auf die Angelegenheiten des Personenstands (Eheschließungen, Scheidungen, Erbschaften usw.) beschränken. In einigen arabischen Ländern sind islamische und weltliche Gerichte miteinander verschmolzen worden.

Mit dem Anwachsen des arabischen Nationalismus in den letzten Jahrzehnten und den fortdauernden Machtkämpfen rivalisierender Gruppen ist die innere Sicherheit zur fundamentalen Forderung für die politische Stabilität eines Staatswesens geworden. Das weltweite wirtschaftliche Interesse am Nahen Osten seit Entdeckung der Erdölvorkommen und die daraus folgende ausländische Einmischung in die lokale arabische Politik führten dazu, daß interessierte Fremdstaaten wesentlich zur Stärkung der Polizeikräfte, dem Aufbau von Staatssicherheitsdiensten und zur Einführung neuer Verhörmethoden und verfeinerter Foltertechniken beigetragen haben.

Obwohl der Schutz der menschlichen Person gegen Mißhandlungen in vielen Verfassungen verankert ist, dient die Folter weithin als Mittel zur Erlangung von Informationen und Geständnissen sowie als Methode der Einschüchterung.

Unbekannt ist, in welchem Ausmaß in diesem oder jenem Land die Anwendung von Folter politische Praxis ist beziehungsweise inwieweit sie der persönlichen Eigenmächtigkeit des Gefängnispersonals zuzuschreiben ist. Kein Staat wird zugeben, daß er an der Folterung von Gefangenen schuldig ist. Aber es ist auch nicht bekannt, daß die zuständigen Behörden jemals irgendwelche Untersuchungen oder Ermittlungen angestellt hätten.

Die Schwierigkeiten, im Nahen Osten Beweismaterial zur Anwendung von Folter zu sammeln, sind groß: erstens, weil als überlieferter Brauch verstanden wird, was westlichen Augen als Mißhandlung erscheinen würde; zweitens, weil die Folter als Einschüchterungsmittel und die Furcht vor Vergeltungsakten die Menschen hindern, sich an internationale Organisationen wie Amnesty zu wenden; und drittens, weil viele Informationen, die Amnesty vorliegen, fragwürdig sind, da sie von Exilgruppen stammen, die im politischen Kampf gegen die betreffenden Regierungen stehen.

Vor diesem Hintergrund muß der folgende Bericht gesehen werden. Die Informationsmenge über irgendein Land kann in keiner Weise das Ausmaß der Folterungen in diesem Land anzeigen. Der Umstand, daß einige Länder — Kuwait, Jordanien, Libyen, Libanon, Republik Jemen — ausgelassen worden sind, ist kein Hinweis darauf, daß die Folter dort nicht angewendet würde oder daß Amnesty keine Mitteilungen über Folter vorlägen, sondern besagt nur, daß die Beweise dürftig sind. Nur in den Fällen Israels und des Protektorats Aden (jetzt Volksdemokratische Republik Südjemen) hat Amnesty International Ermittlungen angestellt und die Ergebnisse veröffentlicht.

Man sollte außerdem bedenken, daß sich die Rechtssysteme des Iran und Israels von denjenigen der arabischen Staaten unterscheiden, und daß Quellenmaterial über Folterungen in Israel dank der Offenheit des politischen Systems relativ gut zugänglich ist, während Informationen über die Anwendung von Folter im Iran weit schwieriger zu erhalten sind.

Ägypten

Bis in die späten 60er Jahre sollen Mißhandlungen und Folterungen politischer Gefangener beinahe eine Routineangelegenheit gewesen sein. 1966 wurden vier verschiedene Gruppen angeblicher Verschwörer beschuldigt, den Sturz Präsident Nassers geplant zu haben, und zahlreiche Verdächtige wurden verhaftet; ihre Gesamtzahl wurde auf 4000 bis 20 000 geschätzt. Nach umlaufenden Gerüchten sollen viele von ihnen den entsetzlichsten Folterungen unterzogen worden sein. Die französische Zeitung »L'Observateur« berichtete,

daß einer der Häftlinge, ein Atomphysiker namens Salah Khalifa, nach einer Folter wahnsinnig geworden sei, bei der man ihm unter anderem Metallbänder um den Kopf gelegt und immer enger angezogen habe.
Nach dem Krieg gegen Israel im Juni 1967 gab es Meldungen, daß Juden festgenommen und mißhandelt worden seien. Im Januar 1973 erschien ein Buch, in dem die Erfahrungen eines Israeli namens Yair Dori beschrieben sind, der im Mai 1970 bei einem Stoßtruppunternehmen über den Suezkanal von ägyptischen Soldaten gefangengenommen wurde. Elf Monate später wurde er freigelassen, nachdem er brutale Folterungen erlitten hatte.
Jüngste Klagen über Folter bei Vernehmungen scheinen auf einen Rückfall der gegenwärtigen Regierung in alte Gewohnheiten hinzudeuten. Trotz der erklärten Absicht, eine Politik zunehmender Liberalisierung zu verfolgen, festigte Präsident Sadat durch verschärfte Repression seine innen- und außenpolitische Position, die er durch die wachsende Kritik und Unruhe der intellektuellen Kreise im Lande bedroht sieht. Die Studentenunruhen Ende 1972 und Anfang 1973 wurden gewaltsam unterdrückt, und es gab viele Verhaftungen. Die französische Zeitung »Le Monde« berichtete im April 1973, daß 22 Frauen, darunter Studentinnen und Intellektuelle, die bei Barrages in der Nähe von Kairo gefangengehalten wurden, mißhandelt worden seien. Im Mai meldete das gleiche Blatt, daß Nabil Sohi, ein militanter Linker, in einem psychiatrischen Krankenhaus in Abbassieh sei, nachdem er schrecklich gefoltert worden sei. Diese Meldung wurde allerdings von einem Sprecher der ägyptischen Regierung dementiert.

Bahrain

In einer 1969 von einem ehemaligen Gefangenen erhaltenen eidesstattlichen Erklärung schildert dieser seine und die Behandlung seiner Mitgefangenen während der Jahre 1964 bis 68 im Gefängnis auf der Insel Sitra. Die Häftlinge waren Gewerkschafter, Teilnehmer an Streiks und Demonstrationen und sonstige Regimegegner. Sie alle litten unter den erbärmlichen Haftbedingungen und der Gefängniskost. Die von den Gefängnisaufsehern praktizierten Folterungen waren sowohl physischer wie psychischer Art, da lange Perioden absoluter Einzelhaft schwere psychologische Wirkungen hatten. Der Autor der eidesstattlichen Erklärung sagte aus, daß er im Juni 1968, nachdem er von zwei Wärtern geschlagen worden sei, während der Vernehmung von einem Geheimdienstbeamten

und zwei Ortspolizisten mißhandelt wurde. Wie seine Mitgefangenen sei er niemals unter Anklage gestellt oder vor Gericht gebracht worden.
Alle Angaben über Mißhandlungen stammen aus der Zeit vor der Unabhängigkeit, doch gibt es Gründe für die Annahme, daß sich am Gebrauch der Folter seit Erlangung der Unabhängigkeit im Jahre 1971 nichts geändert hat.

Irak

Seit 1963 hat es zwischen dem gemäßigten und dem radikalen Flügel der Baath-Partei anhaltende Machtkämpfe gegeben, verbunden mit Säuberungen, Unterdrückungen und physischer Eliminierung aller Opposition gegen das jeweils herrschende Regime. Solche Opposition kommt weiterhin von linken Baathisten, Kommunisten, Kurden, Schiiten, religiösen Führern und Gelehrten. Der »Nationale Sicherheitsdienst« ist zusammen mit der Geheimpolizei für die Unterdrückung jeder abweichenden Meinung verantwortlich und besitzt die Autorität zu verhaften, in Haft zu halten, zu foltern und sogar zu töten. Weder die von der Baath-Partei erlassenen Gesetze noch die elementarsten Regeln und Förmlichkeiten werden respektiert.
Amnesty International hat seit vielen Jahren allgemein gehaltene Anschuldigungen über Folter als administrative Praxis im Irak erhalten, doch erst seit 1968 sind die Informationen von spezifischer Art und enthalten zitierte Erklärungen, Namenslisten, Beschreibungen von Foltertechniken und Darstellungen von Einzelfällen. Der größte Teil des Materials wurde Amnesty von politischen und religiösen Gruppen außerhalb des Irak, die mit den Opfern in Verbindung stehen, zur Verfügung gestellt. Beispielsweise haben andere kommunistische Parteien im Nahen Osten über Mißhandlungen berichtet, die irakische Kommunisten erlitten.
Vernehmungen finden meistens im Gefängnis Kasr al-Nihaya in Bagdad statt, obgleich auch andere Haftanstalten dazu benützt wurden. Häftlinge werden gefoltert, damit sie Informationen über Gesinnungsgenossen preisgeben, ihren politischen Meinungen abschwören und sich verpflichten, von weiterer politischer Aktivität abzulassen. Einige Opfer werden nach einem Monat entlassen, zweifellos um andere Oppositionelle einzuschüchtern und durch ihr Schicksal abzuschrecken. Die Foltermethoden sind als brutal bekannt und schließen Entstellungen des Körpers und Verletzungen mit Messern und scharfen Instrumenten ein, die bleibende physische und psychi-

sche Schäden verursachen und in vielen Fällen zum Tod führen. Amnesty International besitzt die Namen von 18 Männern, die unter der Folter gestorben sind. Im Fall eines Kurden zeigen die Fotos der Leiche und der Autopsiebericht eines Arztes Verletzungen, die sich mit Berichten über die Foltermethoden der irakischen Behörden decken. Diese gaben 1970 zu, daß drei Männer im Gefängnis Kasr al-Nihaya gestorben waren, doch statt die Verantwortlichen zur Rechenschaft zu ziehen, boten sie den Familien der Ermordeten finanzielle Entschädigungen an.
Außer diesen wurden in den vergangenen fünf Jahren 60 namentlich bekannte Todesfälle sowie 40 Fälle von namenlosen Opfern gemeldet – Studenten, Arbeiter, Lehrer, Kommunisten und Bauern. Einem früheren Ministerpräsidenten, Abdul Rahman al-Bazzaz, sollen während der »Untersuchungshaft« vor seinem Geheimprozeß im Jahre 1968 Arme und Beine gebrochen und ein Auge ausgestochen worden sein; als er nach einem Jahr entlassen wurde, war er linksseitig gelähmt.
Die Juden, von denen etwa 450 verblieben sind, nachdem sie vor 20 Jahren noch 130 000 Köpfe gezählt hatten, sind im Irak hart unterdrückt worden. Ihre Situation verschlechterte sich besonders nach dem arabisch-israelischen Krieg von 1967: kleine Gruppen von Juden wurden verhaftet und einige Tage lang gefoltert, während man sie über ihre Verbindungen mit Israel und dem Zionismus verhörte, dann wurden sie nach Zahlung einer Abstandssumme durch die Gemeinde wieder freigelassen. Ein westlicher Beobachter meldete der israelischen Zeitung »Haaretz« im Juni 1971, ein elfjähriges Mädchen habe nach drei Tagen der Folter und Vergewaltigung seine Mitgliedschaft in einem »zionistischen imperialistischen Spionagering« gestanden. Berichte aus jüngster Zeit behaupten, daß 20 Juden, die seit November 1972 verschwunden sind, während ihrer Vernehmungen durch die Geheimpolizei zu Tode gefoltert worden seien.

Iran

Der Iran ist eine konstitutionelle Monarchie. Theoretisch ist das Parlament der Souverän, in der Praxis aber ist die Krone die einzige Quelle der Macht. Der Schah ist auch Oberbefehlshaber der Streitkräfte. Deshalb konzentriert sich die Opposition innerhalb und außerhalb des Landes auf die Kritik am Schah und seiner Politik.
Nicht alle politischen Gefangenen werden Mitglieder illegaler oder anderer politischer Gruppen gewesen sein; es mögen

manche unter ihnen sein, die einfach mit einer Gruppe von Freunden verbunden waren, die über Politik diskutierten. In den letzten Jahren hat es eine gewisse Guerillatätigkeit gegeben, die extreme Unterdrückungsmaßnahmen der Behörden hervorgerufen hat. 1969 war der Iran Gastgeber einer großen internationalen Konferenz über Menschenrechte, aber eine Sorge um die Menschenrechte scheint sich in seiner innenpolitischen Praxis nicht einmal in Ansätzen widerzuspiegeln.

Es wird behauptet, daß die Folterung politischer Gefangener bei Vernehmungen im Iran seit vielen Jahren eine gewohnheitsmäßige Praxis sei. Die früheste detaillierte Erklärung über Folter, die Amnesty bekannt ist, datiert vom 23. Dezember 1963 und beschreibt eine Folterung, die am 17. Dezember 1963 stattgefunden haben soll. Gegner des iranischen Regimes behaupten jedoch, daß die Folter seit dem Sturz des Ministerpräsidenten Mossadegh im Jahre 1953 praktiziert werde.

Die iranische Regierung hat die Anwendung von Folter stets beharrlich abgestritten; da die Anschuldigungen aber niemals offiziell und systematisch überprüft worden sind, kann ihre Stichhaltigkeit nur aufgrund des verfügbaren Materials beurteilt werden. Amnesty besitzt nur eine unterzeichnete Folteranschuldigung; der größte Teil der vorliegenden Informationen ist in Berichten von Prozeßbeobachtern enthalten, die Gerichtsverfahren über politische Gefangene im Iran beiwohnten. Fast alle dieser Gefangenen haben ihre Geständnisse vor Gericht mit der Begründung widerrufen, daß sie unter der Folter abgelegt wurden und deshalb ungültig seien. Die Anschuldigungen beziehen sich auf die Zeit der Untersuchungshaft, die mehrere Monate dauern kann. Während dieser Zeit führt der SAVAK, der iranische Geheimdienst, die Ermittlung in Fällen angeblicher politischer Verbrechen und bereitet die Anklageakten vor, die zur Grundlage der Prozeßführung gemacht werden.

M. Nuri Albala, der als Prozeßbeobachter an einer Gerichtsverhandlung im Januar/Februar 1972 teilnahm, berichtete, daß einer der Angeklagten, der später hingerichtet wurde, »plötzlich vor aller Augen seinen Pullover auszog und mir schreckliche Brandmale auf seinem Bauch und seinem Rücken zeigte; sie schienen einige Monate alt zu sein«. Andere Angeklagte sagten im selben Prozeß über erlittene Folterungen aus und erklärten, daß einer von ihnen infolge der ihm zugefügten Verletzungen gehunfähig sei; ein weiterer sei in der Folterkammer gestorben. Albala schloß seinen Bericht: »Die Zeitdauer, die ein Gefangener vor der Verhandlung in Haft gehalten werden kann, ist unbegrenzt; SAVAK hat während dieser Zeit völlig freie Hand; bei den Personen, die er in seiner Gewalt hat, schreckt er nicht vor Folterungen zurück, die manchmal zum Tode führen.«

Auch andere Beobachter erwähnen in ihren Berichten Folteranschuldigungen; einige haben aus dem, was sie im Gerichtssaal sahen und hörten, auf Folter geschlossen; andere erklärten, daß sie keine Möglichkeit gehabt hätten, den Wahrheitsgehalt der Beschwerden zu überprüfen, und deshalb mit ihrem Urteil zurückhalten müßten. Abgesehen von diesen Berichten wurden Informationen über Folterungen aus Gefängnissen hinausgeschmuggelt und außerhalb des Iran veröffentlicht. »Le Monde« brachte im Februar 1972 den ausführlichen Bericht eines aus dem Iran geflüchteten politischen Gefangenen, und auch andere Zeitungen übernahmen in der Folgezeit den Artikel. Der Autor schilderte darin die allgemein angewendeten Foltermethoden und kam dann auf besondere Fälle zu sprechen, die er als Augenzeuge miterlebt hatte.

Viele Foltermethoden, sowohl physischer wie psychologischer Art, scheinen gebräuchlich zu sein, am meisten werden jedoch genannt: Schlagen auf die Füße, mit Gewichten beschwerte Handschellen, Einführen eines präparierten elektrischen Schlagstocks oder einer Flasche in den Mastdarm und Rösten des Gefangenen auf einem elektrischen Grill. Bei der letzteren Methode sollen einige Opfer soweit gelähmt worden sein, daß sie nicht mehr gehen, sondern nur noch auf allen Vieren kriechen konnten. Wie der Berichterstatter schreibt, würden Nachforschungen über diese Fälle durch den Umstand erschwert sein, daß die genannten Opfer hingerichtet worden seien.

Von Februar 1972 bis Juni 1973 war es keinen ausländischen Prozeßbeobachtern oder Journalisten gestattet, politischen Prozessen im Iran beizuwohnen. Es gibt nur wenige Informationen, aber soviel bekannt wurde, war die Öffentlichkeit von all diesen Verfahren ausgeschlossen. Viele endeten mit Todesurteilen und Hinrichtungen. Aus diesem Grund gibt es kaum neue Informationen über Folterungen im Iran, obgleich oppositionelle Gruppen außerhalb des Iran erklären, daß die Folterung politischer Gefangener andauere. Eine französische Anwältin, Françoise Rozelaar-Vigier, die im Dezember 1972 mit der Absicht in den Iran reiste, für den Internationalen Bund Demokratischer Rechtsanwälte eine Gerichtsverhandlung zu beobachten, wurde von den iranischen Behörden vorsätzlich irregeführt und erhielt die Auskunft, daß keine politischen Verfahren anhängig seien, während, wie sie später erfuhr, tatsächlich ein Prozeß geführt wurde, als sie sich in Teheran aufhielt. Im Zusammenhang mit diesem Prozeß

wurde behauptet, daß zumindest einer der Angeklagten gefoltert und nach seiner Verurteilung hingerichtet worden sei.
Zieht man die konstanten Faktoren in allen Folterbeschuldigungen der letzten zehn Jahre in Betracht und würdigt man die zusammengetragenen Details über Opfer, Methoden, Namen der Folterer, Orte und Zeitpunkte, so gelangt man zu dem Schluß, daß genug zur Glaubwürdigkeit hinreichende Beweise vorhanden sind, um eine offiziell eingesetzte Untersuchung zu rechtfertigen.

Israel

Im April 1970 veröffentlichte Amnesty International einen Bericht über die Behandlung bestimmter Gefangener während ihrer Vernehmung in Israel. Im Laufe von drei Besuchen in Israel hatten Vertreter von Amnesty International zwischen Dezember 1958 und Januar 1970 das Material gesammelt, auf dem dieser Bericht beruhte. Er enthielt Aussagen und Erklärungen von Personen, die Folteranschuldigungen erhoben hatten, Fotografien und ärztliche Atteste. Die Erklärungen gaben detaillierte Auskünfte über die Schauplätze der angegebenen Folterungen und die Namen – oder Pseudonyme – der beschuldigten Folterer. Die meisten Vorwürfe bezogen sich auf die Periode der Ermittlungen und Vernehmungen während der Untersuchungshaft, bevor die Gefangenen vor Gericht gebracht oder in Internierungshaft genommen wurden.
Die nach den vorliegenden Informationen angewendeten Foltermethoden waren unter anderen: Elektroschocks in die Genitalien und andere Körperteile, Aufhängen an Handschellen, Schläge, Tritte und Stöße in alle Körperteile und das Brennen mit Zigaretten. Auch wurde erklärt, daß Hunde auf Gefangene gehetzt worden seien.
Amnesty legte der israelischen Regierung im April 1969 eine frühe Version des Berichts vor und empfahl in Anbetracht des Umstandes, daß es zur Glaubwürdigkeit hinreichende Beweise gab, die Regierung möge eine Untersuchungskommission zur Prüfung des Beweismaterials ins Leben rufen, vorzugsweise aus Personen, die von außenstehenden internationalen Organisationen wie der Internationalen Juristenkommission, dem Internationalen Komitee des Roten Kreuzes oder Amnesty International nominiert würden.
In ihrer Antwort auf den Amnesty-Bericht gab die israelische Regierung an, nach »peinlich genauer Prüfung ... des verfügbaren Materials ...« habe sich ergeben, »... daß die im Bericht und seinen Anhängen erwähnten Beschuldigungen

gegenstandslos sind.« Ferner erklärte sie: »Es ist wohlbekannt, daß Israel ein Staat ist, in dem die Gesetzlichkeit vorherrscht. Jede Beschwerde über Machtmißbrauch durch Regierungsbehörden wird untersucht, von welcher Person sie auch kommen mag; wo zur Glaubwürdigkeit hinreichende Beweise vorliegen, die eine solche Beschwerde rechtfertigen, unternimmt die Regierung von sich aus rechtliche Schritte gegen die möglichen Schuldigen. Detaillierte und sorgfältig ausgearbeitete Bestimmungen regeln die Behandlung aller Gefangener und sichern den vollen Schutz ihrer Rechte. Die tatsächliche Befolgung dieser Bestimmungen wird ständig überwacht. Rechtshilfe für alle Gefangenen ist selbstverständlich und wird, wenn nötig, auf Kosten des Staates gewährleistet. Jeder Gefangene erfreut sich des freien Zugangs zu gerichtlichen Körperschaften und hat ein Recht auf richterliche Anhörung. Die Unabhängigkeit der israelischen Gerichtshöfe wird überall anerkannt.«

Eine genaue Prüfung der Antwort der israelischen Regierung lieferte nach Ansicht von Amnesty keine Grundlage für eine Widerlegung der Anschuldigungen. Die Verhandlungen mit der israelischen Regierung wurden fortgesetzt, und im Januar 1970 besuchten drei Vertreter von Amnesty Jordanien und Israel, um weitere Ermittlungen durchzuführen. Sie sammelten zusätzliche Erklärungen und meldeten: »Unsere wohlüberlegte Meinung ist, daß hinreichende Beweise für Mißhandlungen von Gefangenen während ihrer Vernehmungen durch die israelischen Behörden erbracht worden sind, und daß darum eine gründliche, unparteiische Untersuchung gerechtfertigt und geboten ist.«

Ende Januar 1970 erhielt Amnesty International ein Memorandum vom israelischen Außenministerium, in dem es hieß, daß die israelische Regierung, ». . . motiviert von dem aufrichtigen Wunsch, den wie auch immer gearteten Wahrheitsgehalt in den oben erwähnten Beschwerden festzustellen, beschlossen hat, den jetzt in Feindstaaten lebenden Beschwerdeführern die nötigen Einreiseerlaubnisse in israelisch besetzte Territorien zu gewähren, so daß sie ihre Klagen in Übereinstimmung mit existierenden Rechtsprozeduren vor Gericht bringen können. Sollten die Beschwerdeführer es wünschen, wird ihnen weiterhin erlaubt werden, örtliche Rechtsbeistände ihrer Wahl zu bestimmen, damit sie ihnen bei der Unterbreitung von Beschwerden oder Beweismitteln helfen. Die Regierung von Israel würde selbstverständlich die Sicherheit der Beschwerdeführer während ihres Aufenthalts in israelisch kontrollierten Gebieten wie auch ihr Recht auf Ausreise ga-

rantieren.«
In weiterer Korrespondenz mit den israelischen Behörden versuchte Amnesty zu klären, was die erwähnten »existierenden Rechtsprozeduren« im einzelnen wären, doch eine befriedigende Antwort blieb aus. Man gelangte zu der Überzeugung, daß das israelische Angebot die Erfordernisse der Situation aus verschiedenen Gründen nicht erfüllen würde; viele von den Beschwerdeführern weigerten sich, die Gültigkeit der israelischen Jurisdiktion über die besetzten Territorien anzuerkennen, und es spielte auch der Gedanke mit, daß die normalen Gerichtsverfahren sich über Jahre hinziehen würden und darum eine Untersuchungskommission wünschenswert sei, um die Wahrheit oder Unwahrheit der Anklagen so rasch wie möglich festzustellen.
Im März 1970 kam das Internationale Exekutivkomitee von Amnesty International zu dem Schluß, daß die israelische Regierung nicht die Absicht hatte, eine Untersuchungskommission ins Leben zu rufen, und daß Amnesty darum einen Bericht veröffentlichen sollte, der auf dem verfügbaren Material beruhte. In diesem Bericht wurde festgestellt: ». . . Amnesty International beschränkt sich auf die Forderung, daß die schwerwiegende Natur dieser Anklagen eine sofortige Untersuchung rechtfertigt, um ihren Wahrheitsgehalt zu prüfen und den Folterpraktiken, falls sie existieren, sofort ein Ende zu machen.«
Delegierte des Internationalen Komitees des Roten Kreuzes haben seit dem Ende des Junikrieges von 1967 Gefängnisse in Israel und den besetzten Gebieten besucht, doch wurden die Berichte der Delegierten in Übereinstimmung mit der üblichen Praxis nicht veröffentlicht. In der »International Review of the Red Cross« vom September 1970 wurde konstatiert: »Während der Besuche begegneten die Delegierten zuweilen Häftlingen, deren Körper Spuren von Mißhandlungen zeigten, die den Gefangenen nach ihrer Auskunft während den Vernehmungen zugefügt wurden. In Übereinstimmung mit der allgemeinen Praxis des ICRC wurde jeder Einzelfall den Militärbehörden zur Kenntnis gebracht, so daß sie Ermittlungen anstellen konnten, ob die Klagen der Gefangenen berechtigt sind, und im zutreffenden Falle die Schuldigen bestrafen können, wie es von der Genfer Konvention und den Landesgesetzen vorgeschrieben ist.«
Die Aktivitäten der Vereinten Nationen im Hinblick auf israelische Verstöße gegen die Menschenrechte der Bevölkerung in den besetzten Gebieten wurden in Kapitel 2 dieses Berichts behandelt.

Von der Veröffentlichung ihres zweiten Berichts im April 1970 an erhielt Amnesty International bis Ende 1971 keine Folteranschuldigungen, die als hinreichend begründet angesehen wurden, um weitere Aktionen zu rechtfertigen. Im Januar 1972 wurde der israelische Botschafter in London auf drei spezifische Berichte über Mißhandlungen arabischer Gefangener hingewiesen. Im März erhielt Amnesty die offizielle Mitteilung, daß man diese Fälle untersucht habe, und daß die Folteranschuldigungen unbegründet wären. Die Gefangenen seien freigelassen worden.

Im Laufe des Jahres 1972 erhob die Israelische Liga für Menschen- und Bürgerrechte von Zeit zu Zeit Vorwürfe wegen Mißhandlungen von Arabern während ihrer Vernehmung. Die Zahl der ausführlich belegten Folteranschuldigungen erhöhte sich im Dezember 1972 und Januar 1973 mit der Verhaftung von mindestens 40 Personen, darunter israelischen Juden, als ein angeblich von Syrien gesteuerter Spionage- und Sabotagering aufgedeckt wurde. Anwälte legten im Namen ihrer Mandanten offiziell Haftbeschwerde wegen Folterung ein, und ein kommunistischer Abgeordneter der Knesseth (dem israelischen Parlament) beklagte sich gegenüber der Presse und bei Amnesty über die polizeiliche Mißhandlung seines Sohnes, eines der sechs verhafteten Juden. Die Folteranschuldigungen wurden von der Polizei offiziell zurückgewiesen, aber soweit bekannt ist, hat es keine amtliche Untersuchung dieser Vorwürfe gegeben.

Zu Folteranschuldigungen nach dem Nahostkrieg 1973 siehe unter Syrien.

Oman

Die meisten Berichte über Folterungen kommen von der Volksfront für die Befreiung Omans und des Arabischen Golfs, deren Guerillatätigkeit in der Provinz Dhofar für das feudalistische Regime des Sultans Qabus bin Said bin Taimur eine ernste Herausforderung darstellt. Eine Meldung berichtet, daß vierzehn Dhofaris, die am 17. Juni 1965 verhaftet wurden, während der Vernehmungen in Salalah zwei Tage lang gefoltert wurden, worauf man sie nach Bait al Falaj verlegte, wo sie weitere sechs Monate Folterungen und Verhöre erwarteten.

Andere Berichte betreffen religiöse Führer der islamischen Ibadi-Sekte, der die Mehrheit der Omanis angehört und die die Ansicht vertritt, daß das Oberhaupt eines moslemischen Staates ein gewählter Imam sein sollte. 1969 erhielt Amnesty einen Bericht, nach dem Al Jabiri und ein Richter namens Zaid Ibn Saif im Jahre 1963 wiederholt schwer mißhandelt worden waren. Al Jabiri wurde auf einem Wagenheber gefoltert, wie man ihn in Werkstätten antrifft, aber mit einer ebenen hölzernen Plattform ausgestattet, auf die man ihn legte. Dann hob man die Plattform bis Al Jabiri gegen die Decke gepreßt lag, und ließ ihn lange Zeit unter erheblichen Schmerzen in dieser Position. Die Regierung des Sultans ließ die beiden Männer foltern, um ihre Geständnisse und einen Widerruf ihres Glaubens als Mittel zur Überzeugung der Öffentlichkeit zu gebrauchen.

Die Foltervorwürfe der Volksfront für die Befreiung Omans und des Arabischen Golfs sollten trotz ihrer unleugbaren Voreingenommenheit ernst genommen werden, denn sie werden durch verläßliche Informationen gestützt, die Amnesty zugegangen sind und hauptsächlich die allgemeinen Haftbedingungen betreffen. Die omanischen Behörden nahmen diese Berichte nicht zum Anlaß, irgendwelche Untersuchungen einzuleiten, und haben dem Roten Kreuz und dem Roten Halbmond das Betreten des Landes verboten.

Saudi-Arabien

In jüngster Zeit erhielt Amnesty International Berichte über Folterungen in Saudi-Arabien, die, obgleich sie in keiner Weise untersucht worden sind, schwerwiegend genug erscheinen, um die Aufnahme in diesen Bericht zu rechtfertigen. Es gibt reichhaltige Informationen über traditionelle Strafen, die kriminellen und politischen Missetätern zugemessen werden und zu denen öffentliche Auspeitschungen und Hinrichtungen oder das Abschneiden einer Hand oder eines Fußes für Diebstahl gehören. Die Annahme, daß Folter und Gefangenenmißhandlung alltägliche Ereignisse sind, erscheint daher vernünftig. Unbekannt jedoch ist, wie verbreitet und wie systematisch ihre Anwendung ist.

Die meisten der Amnesty International vorliegenden Meldungen über Folter beziehen sich auf die Periode nach 1969 und betreffen Personen, die wegen angeblicher Verschwörung zum Sturz der Regierung in Haft gerieten. Unter den Opfern sollen sowohl Luftwaffen- und Armeeoffiziere als auch Regierungsbeamte, Studenten, Arbeiter etc. sein. Amnesty International hat die Namen von neun Personen, die unter der Folter oder an ihren Folgen gestorben sein sollen.

Der saudi-arabische Geheimdienst, der gemeinsam mit dem Innenministerium für Verhaftungen und Vernehmungen po-

litisch Verdächtiger verantwortlich ist, rekrutiert sich zu einem großen Teil aus Arabern anderer Nationalität, und es gibt Hinweise, daß nach 1969 US-Berater und amerikanische Folterausrüstungen importiert worden sind. Es wird berichtet, daß die rohen alten Foltertechniken, die nicht selten zum schnellen Tod des Opfers führten, seit 1969 von den verfeinerten psychologischen Vernehmungs- und Foltermethoden der amerikanischen Berater zurückgedrängt worden seien. Zu diesen neuen Methoden gehörten sehr lange Zeiträume in Einzelhaft, manchmal mit dem Koran als der einzigen Lektüre. Immerhin soll es auch direktere Techniken geben, zu denen eine Maschine zum Zusammenpressen des Kopfes oder der Brust, Elektroschocks und extreme Temperaturveränderungen zur geistigen Desorientierung gehören.
Die Körper von Gefangenen, die an Folterungen gestorben sind, werden gewöhnlich den Familien zurückgegeben, meistens mit der Erklärung, daß der Tod durch Krankheit eingetreten sei. Wundmale und andere Spuren an den Leichen bezeugten jedoch die Zufügung von Folter.
In Übereinstimmung mit öffentlichen Hinrichtungen und Auspeitschungen scheint die Folterung von Gefangenen ebenso eine Methode zur Einschüchterung, Abschreckung und Bestrafung zu sein wie ein Mittel, Informationen zu erhalten.

Volksrepublik Südjemen

Ende 1963 kam es zu gewalttätigen Ausschreitungen gegen die britische Präsenz im Protektorat Aden, in deren Gefolge der Ausnahmezustand verhängt wurde, der unbegrenzte Inhaftierung ohne Gerichtsverfahren gestattete. Im Sommer 1966 entsandte Amnesty International einen Beobachter nach Aden, um Anschuldigungen zu untersuchen, nach denen die örtlichen britischen Behörden Gewaltmethoden zur Abnötigung von Geständnissen gebrauchten. Er erhielt keine Erlaubnis, Internierungszentren zu besuchen, noch durfte er die Gefangenen sprechen, und der Hochkommissar leugnete kategorisch, daß es in britischen Vernehmungszentren Mißhandlungen und Folter gebe. Ehemalige Häftlinge und Angehörige von Personen, die während der Anwesenheit des Beobachters noch in Haft waren, beklagten sich, daß im Vernehmungszentrum gefoltert werde. Der Gewährsmann von Amnesty International erhielt eine Anzahl eidesstattlicher Erklärungen, welche die Folteranklagen erhärteten.
In der Folgezeit führte der Geheime Justizrat Roderick Bowen im Namen der britischen Regierung Ermittlungen durch (»The

Bowen Report«, 14. November 1966), die erkennen ließen, daß Berichte über körperliche Mißhandlungen und Bitten um ihre Untersuchung Ende 1965 das Büro des Hochkommissars erreicht hatten. So hatte der Direktor des Gesundheitsamts am 14. November 1965 das folgende Memorandum abgefaßt und dem stellvertretenden Hochkommissar zugeleitet: »Die Verletzungen, die von den aus dem Vernehmungszentrum gebrachten Gefangenen erlitten wurden, lassen erkennen, daß ihrer Vernehmung mit physischer Gewalt Nachdruck verliehen wurde ... Ich wäre dankbar, wenn die Klagen über Mißhandlungen, die durch Blutergüsse und geplatzte Trommelfelle etc. bestätigt wurden, untersucht werden könnten.« Bowen folgerte in seinem Bericht, daß »ein höchst bedauerliches Versagen vorlag, rasch und angemessen auf die Klagen über Mißhandlungen im Vernehmungszentrum zu reagieren«.

Amnestys Ermittlungsergebnisse in Aden wurden endlich bestätigt, als im Jahre 1972 militärische Vernehmungsmethoden in Nordirland ins Kreuzfeuer der Meinungen gerieten, und Lord Gardiner in seinem Minderheitenbericht sagte: »Diese Vernehmungsprozeduren, nämlich das Verhüllen des Kopfes, eine Geräuschmaschine, das Stehen an der Wand und der Entzug von Nahrung und Schlaf ... sind seit einiger Zeit in einem Zentrum des militärischen Geheimdienstes in England im mündlichen Unterricht gelehrt worden, und zwar zur Anwendung in Notstandssituationen und bei kolonialen Unruhen. Sie wurden auch in Aden angewendet, obwohl aus dem Bericht von Mr. Roderick Bowen über Vernehmungen in Aden überraschenderweise nicht hervorgeht, ob er jemals entdeckte, daß diese Vernehmungsprozeduren dort angewendet wurden.« (Bericht des Ausschusses der Geheimen Staatsräte zur Prüfung autorisierter Verfahren für die Vernehmung des Terrorismus verdächtiger Personen, März 1973, Cmnd. 4901).

Seit Errichtung der demokratischen Volksrepublik Südjemen im Jahre 1967 scheint die am meisten bekanntgewordene Methode zur Behandlung politischer Dissidenten die summarische Hinrichtung zu sein, obgleich gelegentlich Meldungen über Folterungen ins Ausland gelangen. Eine solche Meldung aus einer verläßlichen Quelle besagte, daß Anwer Ramsu, ein ehemaliger Finanzminister, im Dezember 1971 der Bestechung und Unterschlagung für schuldig befunden und zum Tode verurteilt wurde, aber wenige Stunden vor seiner Hinrichtung an den Folgen der erlittenen Folter starb.

Syrien

Bis in die jüngste Zeit waren Einkerkerung und Folter Routineereignisse für Kritiker und Gegner der Regierung: 17 frühere Minister, die nach dem Staatsstreich von 1970 verhaftet wurden, sollen im Militärkrankenhaus Al Mezze in Damaskus gefoltert und für einige Zeit inhaftiert worden sein. Wie es heißt, erlitten drei von ihnen Schädelbrüche, die zu nervösen Beschwerden führten, ein weiterer trug einen gelähmten Arm davon, und ein fünfter verlor auf einem Auge das Sehvermögen. Sie befinden sich jetzt im Wüstengefängnis von Palmyra, ohne daß Anklage erhoben oder ein Gerichtsverfahren eröffnet worden wäre. Anderen Meldungen zufolge wurden 1970 mehrere Mitglieder der kommunistischen Partei, zu der Zeit eine oppositionelle politische Gruppierung, aber gegenwärtig Teil der neugebildeten Nationalen Front, verhaftet und schwer gefoltert, in einigen Fällen mit Todesfolge. Ein führender Parteifunktionär wurde entführt, gefoltert und seiner Familie in einem Sarg zurückgegeben. Immerhin erhielt Amnesty International in den letzten drei Jahren weniger Berichte und Folteranschuldigungen, worin sich vielleicht das Selbstvertrauen der gegenwärtigen Regierung nach drei Jahren an der Macht widerspiegelt.

Andere Meldungen betreffen völkische Minoritäten. Der kurdische Bevölkerungsteil von einer halben Million Menschen, seit vielen Jahren unterdrückt, wurde in seinem Ringen um Wiedererlangung der nationalen Rechte Einkerkerungen und Mißhandlungen unterworfen. Auch Juden wurden mißhandelt. Ende November 1971 sprach ein Mitglied von Amnesty International mit einem Juden, der aus Syrien entkommen war. In seinem Bericht, den er Amnesty in Form einer eidesstattlichen Erklärung übergab, sagte er aus, daß es syrischen Juden zur Gewohnheit geworden sei, verhaftet, mißhandelt und gefoltert zu werden, und daß er selbst mit seinem Vater und Bruder eingekerkert gewesen sei, und daß sie alle körperlichen und sexuellen Folterungen unterzogen worden seien, an deren Nachwirkungen sie noch immer litten. Im Juni 1973 berichteten drei israelische Piloten, die nach dreijähriger Kriegsgefangenschaft in Syrien repatriiert worden waren, der Presse, daß man sie unter extrem harten Bedingungen gehalten habe, und daß zwei von ihnen Prügel und Elektroschocks und Stockschläge auf die Fußsohlen erhalten hätten. Sie gaben auch an, daß sie, als sie ihre Bewacher an die Genfer Konvention über die Behandlung von Kriegsgefangenen erinnerten, die Antwort erhalten hätten, daß die Konvention nicht für Juden gelte.

Ein Komplex von Folteranschuldigungen, die sich auf Syrien wie auf Israel beziehen, ergab sich aus dem Oktoberkrieg 1973 im Nahen Osten und der Behandlung von Kriegsgefangenen durch die kriegführenden Staaten. Genaugenommen fällt die Behandlung von Kriegsgefangenen unter die Autorität des Internationalen Komitees des Roten Kreuzes und weniger unter das Mandat von Amnesty International. Nichtsdestoweniger ist Folter in jeder Form und unter allen äußeren Umständen das Anliegen von Amnesty, und die Anschuldigungen sollten hier erwähnt werden.

Kurz nach dem Ende der Hauptkämpfe beschuldigte die israelische Regierung sowohl die ägyptische wie die syrische Regierung, für die Folterung israelischer Kriegsgefangener verantwortlich zu sein; Gegenbeschuldigungen wurden von den Ägyptern und Syrern gegen die israelische Regierung erhoben. Innerhalb einiger Monate tauschten Ägypter und Israelis ihre Kriegsgefangenen aus, und bis auf einige wenige Pressenotizen wurde die Angelegenheit von keiner der beiden Seiten offiziell weiterverfolgt, anscheinend weil die Beteiligten das bevorstehende Abkommen über das Auseinanderrücken der Truppen auf der Sinai-Halbinsel nicht gefährden wollten.

Israel drängte jedoch weiterhin auf Untersuchungen über die Behandlung seiner Kriegsgefangenen in Syrien. Nachdem die zwei Staaten im Juni 1974 ihre Gefangenen ausgetauscht hatten, gab die israelische Regierung an, daß jeder einzelne von ihren 67 Männern mit schweren Schlägen, Elektroschocks und Hungerrationen gefoltert worden sei. Einige israelische Piloten behaupteten, man habe so auf ihre Ohren geschlagen, daß sie in Zukunft keine Kampfeinsätze mehr würden fliegen können. Die syrische Regierung erwiderte, daß viele ihrer Kriegsgefangenen in Israel psychologische Folterungen und unzureichende medizinische Versorgung durch die israelischen Militärärzte erlitten hätten. Ein syrischer Pilot sagte aus, daß israelische Ärzte ihm ohne Notwendigkeit beide Beine amputiert hätten. Diese Anschuldigungen waren Gegenstand einer Ermittlung durch Amnesty International.

Schlußbemerkungen

Gegenwärtig gibt es nur wenige wirksame Mittel, der Folter Einhalt zu gebieten. Wir haben gesehen, daß nur im Fall Griechenlands die Anwendung von Folter durch eine internationale juristische Untersuchung auf Regierungsebene bewiesen wurde. Die vom Compton-Ausschuß und von Amnesty International in Nordirland durchgeführten Ermittlungen stimmten in ihren Tatsachenergebnissen überein, gelangten aber zu unterschiedlichen Schlußfolgerungen. Südafrika und Brasilien erhielten viel internationale Aufmerksamkeit, aber ihre Regierungen haben keine spezielle interne Untersuchung zur Prüfung der Folterfrage veranlaßt und sich scharf jeder Anregung widersetzt, eine Untersuchung durch auswärtige Gruppen vornehmen zu lassen. Amnesty International hat auch Beschwerden aus Aden und Israel untersucht. Mit Ausnahme Griechenlands trafen die internationalen Ermittlungen in keinem dieser Fälle auf Kooperationsbereitschaft von Seiten der lokalen Behörden.

Wir haben die Situation in jenen Ländern beschrieben, in denen Untersuchungskommissionen dieser oder jener Art eingesetzt worden sind. Wir haben auch versucht, viele andere Situationen zu beschreiben. Wir sind uns der Mängel unserer Informationen und der Schwierigkeit ihrer Bewertung voll bewußt. Es gibt gegenwärtig keine zentrale Registrierstelle für Folterklagen.

Auch haben wir in dem Bericht bestimmte neue Entwicklungen vermerkt. In vielen Ländern werden verfeinerte Foltermethoden eingeführt. Vernehmungstechniken werden ständig weiter vervollkommnet. Aber die Folter wird nicht allein zur Erlangung von Information angewendet. Sie wird auch zur Beherrschung politisch Andersdenkender eingesetzt. Oft verbinden sich die beiden Hauptimpulse in einer abstoßenden Praxis.

Es gibt auch Beweise, daß die Praxis der Folter internationalisiert wird. Regierungen liefern Experten, Ausbildung und Folterausrüstung in andere Staaten. Im Inneren wird die Verantwortlichkeit für den Gebrauch der Folter erweitert und bezieht andere Behörden als die Polizei oder die Sicherheitspolizei mit ein. Der Trend scheint zur verstärkten Beteiligung und in einigen Fällen zur ausschließlichen Zuständigkeit des

Militärs auf Kosten der Polizei zu gehen. Spezialeinheiten werden nicht nur in Kriegssituationen und in einem besetzten Gebiet gebraucht: der Fall Vietnam wird in diesem Bericht erwähnt. Die Praxis wurde auch von Ländern übernommen, die sich nicht im Kriegszustand befinden und die keine ausgedehnten inneren Aufstände niederzukämpfen haben. Zum Beispiel foltert das Militär in Uruguay, Brasilien, Indonesien, Griechenland und der Türkei Zivilisten aus innenpolitischen Gründen. Diese Entwicklung spiegelt den wachsenden Einfluß des Militärs auf die Politik wider, die wachsende Zahl von Militärregierungen sowie die zunehmende Beschäftigung der Militärexperten mit Theorien zur Subversions- und Guerillabekämpfung.

Die Verantwortlichkeit für die Folter ist jedoch nicht länger auf Regierungen beschränkt. Beschuldigungen wegen Mißhandlung und Brutalität, die zuweilen an Folter heranreichen, sind gegen mehrere oppositionelle Bewegungen erhoben worden, die Gewalt anwenden und von Zeit zu Zeit Gefangene oder Geiseln festhalten. Obwohl dies eine vergleichsweise junge Entwicklung ist, muß sie ernst genommen werden. Sie trägt zur Eskalation der Gewalt bei. In solchen Konfrontationen zwischen den Streitkräften der Regierung und den Streitkräften der Opposition bleibt das Individuum völlig ungeschützt.

Folter kann in jeder Gesellschaft vorkommen. Aus dieser Studie haben sich gewisse Hinweise auf diejenigen Situationen ergeben, wo Folter wahrscheinlich auftritt. Zum Beispiel ist es irreführend zu glauben, daß Armut zu Folter führe, während Reichtum sie verhüte. Folter erwächst aus Konfliktsituationen.

Die Rechtssituation — die Beachtung oder Mißachtung der Gesetze und rechtlichen Verfahrensformen — scheint von größerer Relevanz zu sein. Ermächtigungsgesetze, Kriegsrecht, Belagerungszustand oder Ausnahmezustand: wo immer die Gesetzlichkeit suspendiert worden ist, findet der Folterer freie Bahn. Wenn der Bürger sich auf ein Gesetz berufen kann, das die Inhaftierung ohne gerichtlichen Befehl beziehungsweise Untersuchung verbietet, wenn er freien Zugang zu einem Rechtsbeistand oder zu einer freien Presse hat, ist er besser geschützt. Es ist dem Staat nicht unmöglich, ihn zu foltern, aber es ist sehr viel schwieriger.

Experimentell gewonnene und psychologische Beweise zeigen, daß das Potential zu foltern im Menschen angelegt ist und daß nur die Auferlegung institutioneller, rechtlicher oder religiöser Zwänge Gewißheit bieten kann, daß dieses Potential nicht eingesetzt wird. Andererseits ist die Entscheidung des Staates zur Nutzung des Potentials häufig von Kampagnen begleitet gewesen, die darauf abzielten, eine Gruppe von Individuen zu isolieren und außerhalb der Menschheit zu stellen. Die ideologischen Konflikte des 20. Jahrhunderts haben solche Kampagnen erleichtert. Rassische Minderheiten, Klassengegner und »Volksfeinde« sind besonders gefährdet.

Aus alledem wird deutlich, daß es die Suspendierung der Gesetzlichkeit ist, häufig begleitet von Diskriminierung bestimmter Personengruppen, die den Boden für das Wachstum der Folter bereitet.

Die Folter ist direkt mit der Politik verbunden, da manche Regierungen den Einsatz der Folter als notwendig für ihr Überleben ansehen können. Sie ist auch die heikelste aller politischen Fragen. Ein Staat mag zugeben, daß er politische Gefangene in Haft hält, doch wird er niemals zugeben, daß er foltert. Die Konfrontation zwischen dem Individuum und der grenzenlosen Staatsgewalt, zwischen dem Folterer und seinem Opfer, findet im dunkelsten Winkel politischer Macht statt.

Bisher sind wenige Versuche unternommen worden, die Anwendung von Folter zu erklären und schließlich auszurotten. Es ist das Hauptanliegen dieses Berichts, zur Schärfung des öffentlichen Bewußtseins beizutragen und den Widerstand gegen die Praxis der Folter zu stärken. Wir haben erwähnt, daß nationale Hilfsmittel, wenn sie verfügbar sind, wirksam sein können. Im internationalen Recht wurde der Grundsatz der individuellen Verantwortlichkeit vor langer Zeit in Nürnberg niedergelegt. Nun muß die internationale Gemeinschaft den Versuch unternehmen, wirksame Hilfsmittel für die Verhütung der Folter zu schaffen.

Auswahlbibliographie

BASTIAANS, J. *Vom Menschen im KZ und vom KZ im Menschen,* Wien 1971.

BASTIAANS, J. ›Over der specificiteit en de behandeling van het KZ-syndroom‹, *Net. Mil. Geneesk. Tijdschrift,* 1970.

BASOWITZ, H. et. al. *Anxiety and Stress: An Interdisciplinary Study of a Life Situation,* New York, 1955.

BAUER, R. A. ›Brainwashing: psychology or demonology‹, *Journal of Social Issues,* 13, 41–7, 1957.

v. BAYER, W., HÄFNER, H. & KISKER, K. P. *Psychiatrie der Verfolgten,* Berlin, Göttingen, Heidelberg, 1964.

BEXTON, W. H., HERON, W. & SCOTT, T. H. ›Effects of decreased variation in the sensory environment‹, *Canadian Journal of Psychology,* 8, 70–6, 1954.

BIDERMAN, A. D. ›Communist attempts to elicit false confessions from Air Force prisoners of war‹, *Bulletin of New York Academy of Medicine,* 9, 33, September 1957.

BIDERMAN, A. D. ›Social-psychological needs and »involuntary« behaviour as illustrated by compliance in interrogation‹, repr. from *Sociometry,* 23, 2, June 1960, Bureau of Social Science Research Incorporated, Washington D. C.

BIDERMAN, A. D. & ZIMMER, H. (Hrsg.) *The Manipulation of Human Behavior,* New York, 1960.

BURNS, T. ›Friends, enemies and the polite fiction‹, *American Sociological Review,* 18, 654–62, 1953.

COHEN, E. A. ›Het post-concentratiekampsyndroom‹, *Ned. Tijdschr. v. Geneesk. Jrg.,* 113, 46, 2049–54, November 1969.

DAVIS, A. *Lectures on Liberation,* Berkeley and Los Angeles, 1969.

DEBENHAM et al. ›Treatment of war neuroses‹, *Lancet,* 1, 107, 1941.

DOUGLASS, F. *The Life and Times of Frederick Douglass,* London, 1962.

EITENGER, L. ›Rehabilitation of concentration camp survivors following concentration camp trauma‹, *Proc. 7th Int. Congr. of Psychotherapy.* Wiesbaden, 1967–1969.

EITENGER, L. *Concentration Camp Survivors in Norway and Israel,* Oslo, 1964; repr. Den Haag, 1972.

EITENGER, L. & STROM, A. *Mortality and Morbidity After Excessive Stress,* Oslo, 1973.

FANON, F. *Die Verdammten dieser Erde,* Frankfurt/M., 1965 *[Les Damnés de la Terre].*

FARBER, I. E., HARLOW, H. F. & WEST, L. J. ›Brainwashing, conditioning and DDD‹ *Sociometry,* 20, 4, December 1957.

FEDERN, E. ›The endurance of torture‹, *Complex,* 4, 34–41, 1951.

GROUP FOR THE ADVANCEMENT OF PSYCHIATRY, ›Factors used to increase the susceptibility of individuals to forceful indoctrination: observations and experiments‹, *Symposium No. 3,* New York, 1970.

GROUP FOR THE ADVANCEMENT OF PSYCHIATRY, ›Methods of forceful

indoctrination: observations and interviews‹, New York, July 1957.
HINKLE, L. E. Jr. & WOLFF, H. G. ›Communist interrogation and indoctrination of the enemies of the state‹, *Arch. Neurological Psychiatry*, Chicago 76, 115–74, 1956.
KLUGE, E. ›Über die Folge schwerer Haftzeiten‹, *Nervenarzt* 29, 462, 1958.
KLUGE, E. ›Über den Defektcharakter von Dauerfolgen schwerer Haftzeiten‹, *Med. Sachverst.* 57, 185, 1961.
KLUGE, E. ›Über Ergebnisse bei der Begutachtung Verfolgter‹, *Nervenarzt*, 36, 321, 1965.
KLUGE, E. ›Über Defektzustände nach schweren Haftzeiten‹ in: von Paul u. Herbert, *Psychische Spätschäden nach politischer Verfolgung*, Basel-New York 1967.
KLUGE, E. ›Chronische Schädigung durch Extrembelastungen in der Psychiatrie‹, *Fortschritte der Neurologischen Psychiatrie*, 40, 1, 1972.
KORANYI, E. K. ›A theoretical review of the survivor syndrome‹, repr. from *Diseases of the Nervous System, GWAN*, supp. vol. 30, 115–18, February 1969.
KRAL, V. A., PAZDER, L. H. & WIGDOR, B. T. ›Long-term effects of a prolonged stress experience‹, *Canad. Psychiat. Ass. Journ.*, 12, 175–81, 1967.
KRYSTAL, H. *Massive Psychic Trauma*, New York, 1968.
LAING, R. D. ›The Obvious‹, in *To Free a Generation*, New York, 1968.
LILLY, J. C. ›Mental effects of reduction of ordinary levels of physical stimuli on intact healthy persons‹, *Group for Advancement of Psychiatry, Symposium No. 2, Illustrative Strategies for Research on Psychopathology in Mental Health*, New York, 1956.
LÖNNUM, A. *Helsesvikt en senfölge av krig of katastrofe*, vervielfältigter Bericht, 1969, ins Englische übersetzt auf Veranlassung der Norwegischen Vereinigung der Kriegsversehrten (sehr wichtiger Überblick).
MATUSSEK, P., et al. *Die Konzentrationslagerhaft und ihre Folgen*, Berlin, Göttingen, Heidelberg, 1971.
MEERLOO, J. A. M. ›Pavlovian strategy as a weapon of menticide‹, *American Journal of Psychiatry*, 110, 809–13, 1954.
MILGRAM, S. ›Some conditions of obedience and disobedience to authority‹, *Human Relations*, 18, 57–74, 1965.
NIREMBERSKI, M. ›Psychological investigation of a group of internees at Belsen Camp‹, *Journal of Mental Science*, 92, 60–74, 1946.
RUSK, H. A. ›Aftermath of torture‹, *New York Times*, 7 July 1968.
SANTUCCI, P. S. & WINOKER, G. ›Brainwashing as a factor in psychiatric illness‹, *Archives of Neurology and Psychiatry*, 74, 11–16, 1955.
SARGANT, W. *Battle for the Mind*, London, 1957.
SCHEIN, E. H. ›Man against man: brainwashing‹, *Corrective Psychiatry and Journal of Social Therapy*, 8, 2, 90–7, 1962.
SCHILLING, P. *Brasil: Seis anos de dictadura y torturas*, *Quadernos de marcha* No. 37, Montevideo, 1970.
SEDMAN, G. ›Brainwashing and sensory deprivation as factors in

the production of psychiatrie states: the relation between such states and schizophrenia‹, *Confinia Psychiatrica*, 4, 28–44, 1961.
SHALLICE, T. ›The Ulster depth interrogation techniques and their relation to sensory deprivation research‹, *Cognition*, 1973.
SHURLEY J. T. ›Stress and adaptation as related to sensory/perceptual isolation research‹, *Military Medical*, 131, 254–8, 1966.
SOLOMON, P. et al. (Hrsg.) *Sensory Deprivation*, Cambridge, Mass., 1961.
STROM, A. *Norwegian Concentration Camp Survivors*, Oslo, 1973.
SWANK, R. L. ›Combat exhaustion‹, *Journal of Nervous and Mental Disorders*, 109, 475, 1949.
SWANK, R. L. & MARCHAND, E. ›Combat neurosis: development of combat exhaustion‹, *A. M. A. Archives of Neurology and Psychiatry*, 55, 236–47, 1946.
U.S. GOVERNMENT, *POW: The Fight Continues After the Battle, Report of the Secretary of Defence's Advisory Committee on Prisoners of War*, Washington D. C., 1955.
VIETNAM VETERANS AGAINST THE WAR, *The Winter Soldier Investigation*, New York, 1972.
WADE, N. ›Technology in Ulster: rubber bullets hit home, brainwashing backfires‹, *Science*, 176, 1102–5, 1972.
WEXLER, D., MENDELSON, J., LEIDERMAN, H. L. & SOLOMON, P. ›Sensory deprivation‹, *Archives of Neurology and Psychiatry*, Chicago, 79, 225–233, 1958.
WINNEK, H. Z. ›Further comments concerning problems of late psychopathological effects of Nazi persecution and their therapy‹, *Ann. Psychiat.*, 5, 1–6, 1967.
WOLF, S. & RIPLEY, H. S. ›Reactions among Allied prisoners subjected to three years of imprisonment and torture by the Japanese‹, *American Journal of Psychiatry*, 104, 180–93, 1947.
ZUBEK, J. P. (Hrsg.) *Sensory Deprivation: Fifteen Years of Research* New York, 1969.
ZUCKERMAN, M. ›Perceptual isolation as a stress situation: a review‹, *Archives of General Psychiatry*, 11, 255–76, 1964.
ZUCKERMAN, M. et al. ›Experimental and subject factors determining responses to sensory deprivation, social isolation and confinement‹, *Journal of Abnormal Psychology*, 73, 183–94, 1966.

Zur Arbeit von Amnesty International

Die Geschichte von Amnesty International beginnt mit einem Zeitungsartikel. Am 28. Mai 1961 erinnerte der englische Rechtsanwalt Peter Benenson im Londoner »Observer« an jene Menschen, die in zahlreichen Ländern der Welt allein ihrer politischen, religiösen oder sonstigen Überzeugung wegen oder aufgrund ihrer ethnischen oder rassischen Zugehörigkeit verfolgt und in Gefängnissen oder Lagern festgehalten werden. Benenson nannte diese Gefangenen »die vergessenen Gefangenen«. Die Wirkung dieses Artikels war so stark, daß sich bald darauf die internationale Organisation für politische Gefangene, Amnesty International, gründete.
Benenson hatte in seinem Artikel sogleich einige Begriffe eingeführt, die für die künftige Arbeit von Amnesty im Zentrum stehen sollten. So nannte er die Menschen, zu deren Unterstützung er in seinem *»Appeal for ›Amnesty‹«* aufrief, *»Prisoners of Conscience«* (Gewissensgefangene) und gab für diese Bezeichnung folgende Definition: »Jede Person, die in der Freiheit, ihre Überzeugung durch Worte oder Taten zu äußern, durch Gefängnis oder auf andere Weise eingeschränkt wird, und die Gewalt weder anwendet noch befürwortet«. Hiermit war auch schon von Anfang an die später viel diskutierte, in der Satzung verankerte Gewaltklausel fixiert. Außerdem bekannte sich Benenson zu Neutralität und Internationalität, zwei Merkmale, die für Amnesty International von der ersten Stunde an bis heute bestimmend waren.
Auf Benensons Appell hin – der 28. Mai 1961 gilt als Gründungstag von Amnesty – wurden in einem Londoner Kellerraum ein Büro und eine Bibliothek eröffnet, in denen freiwillige Mitarbeiter tätig waren (bis 1965 blieb der Keller die Zentrale von Amnesty). Mit Beginn der Arbeit führte man sogleich ein Grundprinzip für Amnesty ein, das sogenannte Dreierprinzip, das sich *»Threes' Network«* nannte; danach adoptiert jede Amnesty-Gruppe drei Gefangene aus verschiedenen geographischen und politischen Bereichen. 1961 wurde auch der gemeinnützige »Fonds für die Gewissensgefangenen« eingerichtet.
Die erste internationale Tagung, die im Gründungsjahr in Luxemburg stattfand, versammelte Vertreter aus Belgien, England, Frankreich, der Bundesrepublik Deutschland und

Irland.
1962 konnte Amnesty International – so hieß die Organisation nun endgültig, nachdem sie unter dem Namen »*Appeal for Amnesty 1961*« begonnen hatte – ihren ersten Jahresbericht vorlegen: 1200 Fallberichte politischer Gefangener hatte die Londoner Bibliothek im Entstehungsjahr von Amnesty International (AI) gesammelt; 210 Gefangene konnten von 70 Gruppen in 7 Ländern (Australien, England, Irland, Norwegen, Schweden, Schweiz, USA) adoptiert werden. AI sandte im ersten Jahr auch schon Missionen in verschiedene Länder: nach Ghana, in die Tschechoslowakei (um den Fall von Erzbischof Beran in Prag aufzugreifen), nach Portugal und in die DDR, wo man das Verschwinden des westdeutschen DGB-Mitglieds Heinz Brandt aufzuklären suchte.
1963 konnte das Internationale Sekretariat mit der Ermittlungsabteilung in London eingerichtet werden. Für dessen Kontrolle wählte man beim 3. internationalen Jahrestreffen in Königswinter ein fünfköpfiges Internationales Exekutivkomitee (IEC), dessen Vorsitzender der frühere irische Außenminister Sean MacBride wurde. Er behielt den Vorsitz bis 1974. Der Jahresbericht 1963 nannte nach zwei Jahren Amnesty-Arbeit 770 adoptierte Gefangene; 140 Gefangene waren entlassen worden; es gab nun 260 Gruppen in 12 Ländern, zu denen auch die Bundesrepublik Deutschland gehörte.
In den folgenden Jahren wuchs die Zahl der adoptierten und auch der entlassenen Gefangenen, ebenso die der Gruppen, der Nationalen Sektionen, die sich aus den Gruppen jeweils eines Landes zusammensetzen, und der Einzelmitglieder. Der Jahresbericht 1973/74 gibt in Zahlen an: 1483 Gruppen in 30 Ländern, mehr als 38 000 Einzelmitglieder in 57 Ländern, 3640 adoptierte Gefangene; während des Kalenderjahres 1973 wurden 1059 Gefangene entlassen. 1973/74 arbeitete Amnesty in mehr als 100 Ländern für politische Gefangene, in 27 Länder wurden Missionen und Beobachter entsandt.
Bis heute blieb Amnesty International eine Bewegung, deren Schwergewicht im Hinblick auf die Mitgliederzahl in den Ländern Nordwesteuropas liegt, vor allem in Großbritannien, den skandinavischen Ländern, den Niederlanden und in der Bundesrepublik Deutschland. Die Bundesrepublik bildet seit langem die größte Sektion mit inzwischen rund 535 Gruppen. Doch 1973/74 hat speziell die Sektion der Vereinigten Staaten einen erheblichen Sprung nach vorne getan und die Zahl ihrer Gruppen vervierfacht. Schwierigkeiten in ihrer Entwicklung haben insbesondere Sektionen in einigen Ländern Asiens, Afrikas und Lateinamerikas.

Die erste deutsche Amnesty-Gruppe entstand bereits im Sommer 1961. Sie wurde von einigen Kölner Journalisten gegründet, zu denen die bekannte Publizistin Carola Stern und der frühere Fernsehkorrespondent Gerd Ruge gehörten. Doch trotz größter Bemühungen ihrer Initiatoren wuchs die Sektion der Bundesrepublik Deutschland bis 1968 außerordentlich langsam. Erst die zunehmende Politisierung des gesamten öffentlichen Lebens Ende der 60er Jahre und das wachsende soziale Bewußtsein der Bevölkerung ließen auch die Zahl der deutschen Amnesty-Gruppen rapide in die Höhe schnellen, so daß die Sektion der BRD in ihrem Umfang bald die Sektionen der anderen Länder überholt hatte.
Wie aber sieht die Kleinarbeit einer Amnesty-Gruppe aus? Wie setzt sie sich zusammen? In einer einzelnen Gruppe wirken etwa 5 bis 15 Personen mit, die den unterschiedlichsten Berufsschichten und Altersklassen entstammen: Schüler finden sich in ihnen ebenso wie Lehrer, Studenten ebenso wie Angestellte, Ärzte, Rechtsanwälte, Geschäftsleute oder Wissenschaftler. Sie alle sind ehrenamtliche Mitarbeiter. Amnesty International, die chronisch unter Geldmangel leidet, kennt nur wenige bezahlte Kräfte, die in einigen nationalen Sekretariaten und im Internationalen Sekretariat angestellt sind.
Die Gruppe erhält die Unterlagen zu den Fällen ihrer drei Gefangenen, die sogenannten *»Case Sheets«*, aus dem *»Research Department«*, der Ermittlungsabteilung des Internationalen Sekretariats in London. Diese Unterlagen sowie die Aktivitäten der Gruppen sind streng an die Satzung gebunden, die unter anderem strikte Neutralität garantiert: Amnesty identifiziert sich niemals mit spezifischen politischen Meinungen, sondern stets nur mit dem widerrechtlich verfolgten Menschen. Deshalb das Dreierprinzip, nach dem die von einer Gruppe adoptierten Gefangenen völlig verschiedenen Herrschaftsbereichen zugehören. Deshalb auch betreut eine Gruppe niemals Gefangene im eigenen Land.
Die Satzung hat ihre Wurzeln in der Allgemeinen Erklärung der Menschenrechte, vornehmlich in den Artikeln 5, 9, 18 und 19, die bestimmen, daß kein Mensch willkürlich verhaftet oder der Folter unterworfen werden darf, und die das Recht eines jeden auf Gedanken- und Religionsfreiheit sowie das Recht auf freie Meinungsäußerung schützen sollen.
Oft genug sind die Angaben der *»Case Sheets«* allzu kärglich: Auch im Internationalen Sekretariat weiß man häufig nicht, wo ein Gefangener inhaftiert ist, wo seine Familie lebt, wie sein Gesundheitszustand ist und vieles andere mehr. Dann beginnen für die Gruppe erst einmal die eigenen Recherchen

(Spezialgruppen für die jeweiligen Länder leisten hier wertvolle Hilfe.). Sobald sie einen Gefangenen adoptiert hat, unternimmt die Gruppe alles nur Erdenkliche, um dessen Freilassung zu erwirken. Sie knüpft Kontakte zu Regierungen, Botschaften, Behörden — auch im eigenen Land —, Berufsorganisationen, Gefängnisleitungen; sie sucht Verbindungspersonen zu Land und Gefangenem, wo auch immer es geht. Natürlich ist die Freilassung des Inhaftierten das wichtigste, aber auch am schwersten zu erreichende Ziel.

In dessen Vorfeld liegt das Bemühen um einen Prozeß, denn in den meisten Ländern, in denen Amnesty Gefangene betreut, sitzen diese jahrelang ohne Anklage und Gerichtsverfahren in Haft, meist unter schlimmsten Bedingungen. Kommt es zu einem Prozeß, gilt es, dem adoptierten Gefangenen einen Verteidiger zu stellen und ihn zu finanzieren. Wo es möglich ist, korrespondiert die Gruppe mit dem Gefangenen. Fast immer gehört zur Betreuung auch die Finanzierung der Familienangehörigen (wenn man diese — gerade in sehr fernen Ländern — überhaupt herausfinden kann), denn automatisch geraten sie mit der Inhaftierung eines Angehörigen in finanzielle Not, sei es, weil man sie ihrerseits an der Berufsausübung hindert, sei es, weil der Ernährer durch die Haft ausfällt. Für die Kinder der Gefangenen ist es meist lebensnotwendig, daß die Amnesty-Gruppe das Schulgeld zahlt. Kommt es zu einer Freilassung, bedarf es häufig finanzieller Nachbetreuung.

All das erfordert viel Kombinationsgabe und auch viel Geld. Die Gruppen müssen nicht nur alles, was finanziell für die Betreuung »ihrer« Gefangenen nötig ist, selbst aufbringen, sondern auch das Internationale Sekretariat als ihr unentbehrliches Rückgrat mitfinanzieren.

Die Geldbeschaffung gehört zu den unabdingbaren und auch zeitraubenden Aktionen von Gruppen und Bezirken, die auf regionaler Ebene ein Zwischengremium zwischen Einzelgruppe und Vorstand bilden. Amnesty International — sowohl jede Gruppe als auch die Gesamtorganisation — lebt nämlich allein von Spendengeldern. Durch Informationsveranstaltungen, Basare, Kunstauktionen, Straßenversammlungen, Wohltätigkeitskonzerte und viele andere Aktivitäten versuchen Amnesty-Mitglieder, Geld zusammenzubekommen. Außerdem suchen sie, um die Organisation finanziell zu festigen, nach Förderern als außerordentlichen Mitgliedern. Gerade hier gibt es noch viel Arbeit, denn oft haben Menschen zwar große Sympathien für die Ziele von Amnesty, aber einfach keine Zeit, um sie praktisch zu unterstützen. Als Förderer haben sie die Möglichkeit, wenigstens finanziell ihren Beitrag zu leisten.

Zunehmend mehr Kraft müssen die Gruppen auch in die Öffentlichkeitsarbeit stecken – nicht nur der Geldbeschaffung wegen –, denn es hat sich erwiesen, daß Regierungen, die dafür verantwortlich sind, daß es politische Gefangene in ihrem Land gibt, auf nichts empfindlicher reagieren als auf die breite Information der Öffentlichkeit über diese Gefangenen.

Mit dem Wachstum von Amnesty International nahm auch ihre internationale Reputation ständig zu: 1964 erhielt die Organisation Beraterstatus bei der UNO und beim Europarat, 1969 bei der UNESCO (wo er 1975 durch eine Modifikation noch verbessert wurde) und 1972 bei der Organisation Amerikanischer Staaten. Beobachterstatus hat AI bei der Organisation für Afrikanische Einheit.

Im Lauf ihrer Entwicklung sah und sieht sich Amnesty International immer stärker mit übergreifenden Problemen konfrontiert, die durch das zunächst so einleuchtend und schlicht erscheinende Dreierprinzip der Gruppenarbeit für Gewissensgefangene ausgelöst wurden. So war die Gewaltklausel, die für die Adoption von Gefangenen bis heute gültig geblieben ist, von Anfang an ein heftig diskutiertes Thema. 1964 beschäftigte sich zum erstenmal die Internationale Versammlung mit ihr. Anlaß war der Fall Nelson Mandela, der sich als Opponent der südafrikanischen Regierung zur Gewaltanwendung gezwungen sah. Die Abstimmung ergab eine überwältigende Mehrheit für die Beibehaltung der Klausel, nach der Gefangene nur adoptiert werden können, wenn sie Gewalt weder angewendet noch befürwortet haben. Unabhängig von der nicht zulässigen direkten Betreuung politisch motivierter Gewalttäter durch Gruppen beschloß man jedoch mit den Jahren, daß die gesamte Organisation sich auch bei solchen Gefangenen gegen Folterungen und gegen die Verhängung und Vollstreckung der Todesstrafe einsetzt. Auf der Jahresversammlung des Internationalen Rats 1974 wurde zusätzlich der Beschluß gefaßt, bei *allen* politischen Gefangenen für ein faires Gerichtsverfahren einzutreten, das den Normen eines Rechtsstaates entspricht. Zum wiederholten Male wurde jedoch hier die Einzeladoption inhaftierter politischer Gewalttäter abgelehnt, nachdem sich auf nationaler und internationaler Ebene Kommissionen mit diesem Thema beschäftigt hatten.

1965 rückte die allgemeine Problematik der Todesstrafe in das engere Blickfeld von AI: Amnesty regte eine Resolution an die UNO an, nach der die Todesstrafe für politische Taten in Friedenszeiten aufgeschoben und schließlich abgeschafft werden sollte. Die Internationale Versammlung richtete zugleich einen zentralen Notfonds ein, um dringende Missionen in Fällen, in denen die Todesstrafe wahrscheinlich ist, zu finanzieren (»Karin O'Donavan Fonds«). Die internationale Kampagne zur Beseitigung der Todesstrafe wurde bis heute fortgesetzt. 1973 forderte der Internationale Rat alle Regierungen auf, in deren Ländern die Todesstrafe noch möglich war, sie nicht mehr anzuwenden. Er forderte ebenfalls die Generalversammlung der Vereinten Nationen zu einer Resolution für die Abschaffung der Todesstrafe auf und bat alle nicht-staatlichen Menschenrechtsorganisationen um Mitarbeit bei dieser Kampagne.

1965 begann auch die Postkartenaktion: Monatlich schicken Mitglieder in allen AI-Ländern zugunsten von je drei »Gefangenen des Monats« in verschiedenen Ländern Appelle an die jeweiligen Regierungen und Behörden.

1966 beschloß die Internationale Versammlung, auch Kriegsdienstverweigerer als durch Amnesty zu adoptierende Gefangene anzuerkennen.

Ebenfalls seit 1966 richtete sich die besondere Aufmerksamkeit von Amnesty International auf das Problem der Folter. Nachdem AI 1968 einen Bericht über die Folter in Griechenland veröffentlicht und zwei Jahre lang hartnäckig auf die Verstöße gegen Artikel 5 der Menschenrechtserklärung in diesem Land hingewiesen hatte, trat Griechenland als Folge der Aktivität von AI 1969 aus dem Europarat aus.

1972 wurde dann die umfassende internationale Kampagne zur Abschaffung der Folter gestartet. Folter sollte »so undenkbar werden wie die Sklaverei«. Ein Jahr lang machten die Gruppen aller Amnesty-Länder die Öffentlichkeit darauf aufmerksam, daß in zahlreichen Ländern der Welt politische Gefangene systematisch gefoltert werden. Die Gruppen sammelten international mehr als eine Million Unterschriften unter einen Appell von Amnesty International an die Generalversammlung der Vereinten Nationen, die Folter wirksam zu ächten.

Das Jahr 1974 brachte einen entscheidenden personellen Wechsel an der Spitze der Organisation. Sean MacBride schied als Vorsitzender des Internationalen Exekutivkomitees aus, nachdem er zum UN-Hochkommissar für Namibia ernannt worden war; zum neuen Vorsitzenden wurde das deutsche Mitglied des IEC, Dirk Börner, gewählt. Zur gleichen Zeit, im Herbst 1974, erhielt Sean MacBride zusammen mit dem früheren japanischen Ministerpräsidenten Sato den Friedens-

nobelpreis, eine Ehrung, die auch als Anerkennung seiner Tätigkeit für Amnesty International angesehen werden muß.
Kurz darauf, im Dezember 1974, verlieh die Deutsche Kriminologische Gesellschaft dem Gründer von AI, Peter Benenson, ihre Beccaria-Medaille in Gold; die Gesellschaft wollte damit die Arbeit der gesamten Organisation Amnesty International honorieren.
Wird AI durch solche Auszeichnungen und durch zunehmende Resonanz bei Politikern und in sämtlichen Presseorganen immer mehr zu einer anerkannten Kraft im internationalen öffentlichen Leben, so bedarf ihre Aktivität trotzdem nach wie vor nie nachlassender Zähigkeit; Amnesty-Arbeit bleibt eine Arbeit, die sich in kleinen Schritten vollzieht und selten Anlaß zu großen Erfolgserlebnissen bietet. Sie bleibt leider auch unverändert eine notwendige Arbeit, wenn man bedenkt, daß die Zahl der politischen Gefangenen in aller Welt nach vorsichtigen Schätzungen eine halbe Million beträgt.

Bitte umblättern:

auf den nächsten Seiten informieren wir Sie über weitere interessante Fischer Taschenbücher.

Psychologie

Alfred Adler · Menschenkenntnis (6080); Über den nervösen Charakter (6174); Der Sinn des Lebens (6179); Individualpsychologie in der Schule (6199); Heilen und Bilden (6220); Praxis und Theorie der Individualpsychologie (6236); Die Technik der Individualpsychologie, Teil 1: Die Kunst, eine Lebens- und Krankengeschichte zu lesen (6260); Teil 2: Die Seele des schwererziehbaren Schulkindes (6261); Kindererziehung; (6311)

Alfred Adler / Ernst Jahn · Religion und Individualpsychologie (6283)

August Aichhorn · Psychoanalyse und Erziehungsberatung (6233)

Peter Andreas / Caspar Kilian · Die phantastische Wissenschaft, Parapsychologie: Beweise für das Unglaubliche (1573)

Claus Henning Bachmann, (Hg.) · Psychoanalyse und Verhaltenstherapie (6171)

Charles Brenner · Grundzüge der Psychoanalyse (6309)

Charlotte Bühler · Das Seelenleben des Jugendlichen (6303)

Klaus Dörner · Bürger und Irre (6282)

Sigmund Freud · Studien über Hysterie (6001); Darstellungen der Psychoanalyse (6016); Abriß der Psychoanalyse / Das Unbehagen in der Kultur (6043); Drei Abhandlungen zur Sexualtheorie und verwandte Schriften (6044); Totem und Tabu (6053); Massenpsychologie und Ich-Analyse (6054); Über Träume und Traumdeutungen (6073); Zur Psychopathologie des Alltagslebens (6079); Der Witz und seine Beziehung zum Unbewußten (6083); »Selbstdarstellung«. Schriften zur Geschichte der Psychoanalyse (6096); Der Wahn und die Träume in W. Jensens »Gradiva« mit dem Text der Erzählung von Wilhelm Jensen (6172); Der Mann Moses und die monotheistische Religion (6300)

Funk-Kolleg Pädagogische Psychologie Band 1 und 2 (6115/6116)

Reader zum Funk-Kolleg Pädagogische Psychologie
Band 1: Entwicklung und Sozialisation (6113),
Band 2: Lernen und Instruktion (6114)

Peter Groskurth / Walter Volpert · Lohnarbeitspsychologie (6288)

Eberhard Haas · Selbstheilung durch Drogen? (6262)

Klaus Holzkamp · Kritische Psychologie (6505)

Henry Jacoby · Alfred Adlers Individualpsychologie und dialektische Charakterkunde (6230)